新装版
池袋母子
餓死日記
覚え書き（全文）

公人の友社

刊行にあたって

編集部

巨大都市東京のド真ん中、豊島区・池袋のアパートで、七七才の母親が四一才の息子と共に餓死するという事件が起きました。死亡した母子は四月二七日に発見されましたが、死後二〇日以上経過していたということです。

母親は今年三月一一日までA六判のノート一〇冊に綴った日記を残していました。豊島区は六月一四日「餓死した背景を明らかにする社会的意義がある」ということで「豊島区情報公開条例」に基づきこの日記を一般公開しました。

「飽食の時代」といわれるこの豊かな日本で、この母子はなぜ餓死しなければいけなかったのか。

この痛ましい事件に関して、私たち編集部内にも様々な意見がありました。

「行政は一体何をしていたんだ」という意見から「この母子はどうして役所に駆け込まなかったんだろう。役所にはたらきかけさえしたなら、今時餓死なんてあるはずないじゃないか」という意見まで。

いろいろな議論の末、私たち編集部は次の結論に至りました。

① この際母子が役所に救済を求めたか、求めなかったかについて、いろいろ推測してみたところで果たしてどんな意味があるだろうか。むしろ、私たち一人ひとりがこの悲惨な出来事をそれぞれの心の内側にしっかりと受けとめることが大切なのではないでしょうか。

② この『日記』は豊島区の判断で一般に公開され、マスコミ等により断片的に紹介されていますが、日記の内容を正確に知りたいと願う一般の人たちが全文を手にすることはなかなか困難です。

③ 二一世紀の高齢社会に突入寸前の私たちみん

ながが、「自分たちのための「福祉」」について考える上で、これ程貴重な記録はないのではないでしょうか。

④　小賢しい理屈やエゴイスティックで興味本意な議論を何百回繰り返すより、この貴重な記録が私たちにいったい何を訴えているのかを時間をかけ、みんなで静かに考えてみたい。

以上により、私たち編集部はこの貴重な記録の全文を一冊の本として刊行することにしました。

この記録がより多くの方々に読まれ、この様な悲惨な出来事が二度と起こらない社会を作り上げていくことが、亡くなられたお二人への何よりのたむけとなるものと信じます。

お二人のご冥福をお祈りいたします。

合掌

一九九六年七月一〇日

池袋母子 餓死日記 覚え書き〈全文〉目次

1993年（平成５年）12月24日
～
1994年（平成６年）３月14日

覚え書き60

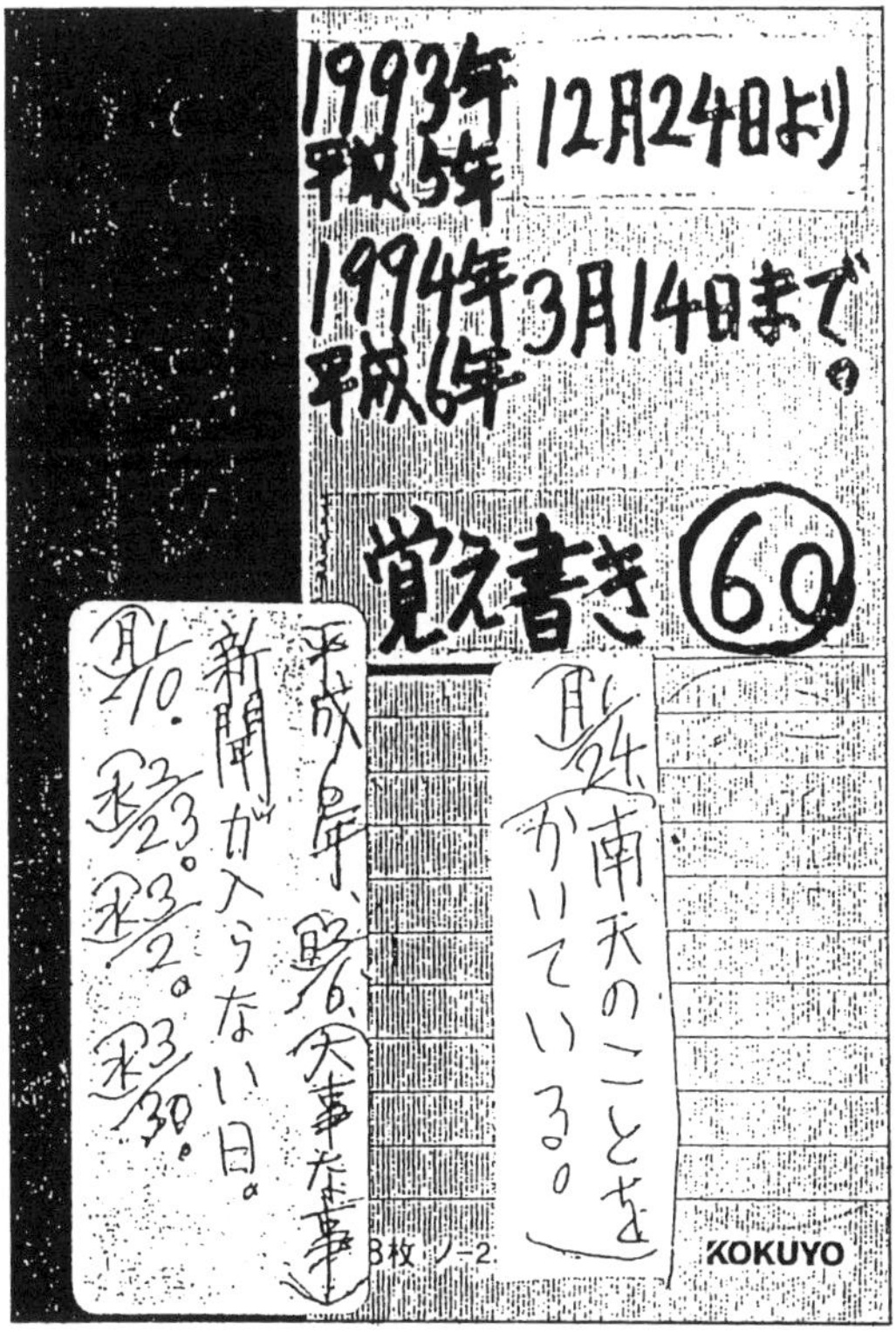

覚え書き(60)

一九九三年（平成五年）一二月二四日より
一九九四年（平成六年）三月一四日まで

一九九三年、平成五年

平成五年四月一九日（月）
夕方、窓を開けて、外の草花を、ながめていた所。只。一筋の心在るのみと、言う、文句が、うかんで来た。

一二月二四日（金）　はれ、（１３・５度）
今日は主人の命日、朝、ミカン、栗マン。吹雪、お茶、お水、後で買ってきた物をお供え、ミカン、干柿。つぶつぶいちご、御飯、梅干。こんぶ、かぼちゃ煮。切干大根煮、大根のサラダ、お茶。お水、どうしても、何を、お供えしてよいのか、今だにわかりません、おゆるし下さい。
朝、９時半頃、郵便局、水道代一一月一二月分３、０６８円おさめた。
その足で、赤札堂、いちごシリアル２０８、大根サラダ１９８、切干大根１８０、カボチャ煮２２０、ツブツブいちご１７８、ナットウ③１１８、ビスケット２３５、白花豆１９８、金時豆１９０、梅干３００ｇ８８０、ラッキョ５００ｇ４９８、ミカン４８０、干柿２９８。（３、９９７円）今月は、新聞の集金が、早いと思って、毎日待っているが、一向にこない、配達の人にまで言ったのに、どうしてこないのか。

一二月二五日（土）　うすぐもり、（１２・６度）
トイレに、サニボンＦ、今日は又、家賃（一月分）を、不動産に、持って行く日だけど、おられるか、どうか、不安である。朝、１０時半すぎ、不動産に行ったが、るすで、魚力で買物して行ったら、おられたので、ほっとした。平成六年一月分八万五千円を上げてきた。不動産のカレンダーをもらった。家賃をすまさせて頂き有難うございました。お陰様で、今年も無事に有難うございました。
魚力１、１８０円、玄米シリアル②３９８×②、７９６、ワカメ１５２、ぜんまい１９８
かえってきて今度はスーパー、豆乳⑩８００、２０×②牛乳２２４０、６５×⑤黒ゴマ⑤３２５、１１８×②グリンスナック②２３６、１１８×②おさつスナック②２３６、１６５×②、１１０×②えんどうスナック②２２０、１６５×②黒アメ②３

30。（2、458円）

一二月二六日（日） はれ、少しあたたかい。（13・6度）

新しいカンソウ剤⑮入れた

朝9時頃から、子供のフトンを上げて、掃除した。私がこの頃、体が、きついので出来ないと、心配していたので、無事させて頂き有難ございました。

一二月二七日（月） はれ、風つよい、あたたかい、（15・3度）

電気支払い用紙きた、1、592円、17円引いてある。

朝9時すぎ、郵便局電気代一二月分、1、592円おさめた。

郵便局よりカレンダーもらってきた。

朝頭髪をふいた。私しは、今年の三月三〇日に散発に行って、洗ってもらった切りだから、しっかりよごれているが、自分で、洗えないので、どうしようも無い、毎年、一年に一回か、二回しか洗ってもらえない今の現状である。

お陰様で、今年も、支払も、色んな用件も、無事に、一年間、すませて頂きまして、有難うございました、ただ、今の所、新聞代の集金が十一月と、十二月が、はら、はらで、十一月分は、十二月一日に、払ったが、今月の十二月分が、こなくて、毎日、毎日待っているのに、何故だろうか、うち丈で、邪魔のためだったら、新聞も、入れ無く成るのではないかと、それが、心配で有る、先月は、四回電話したし、今月も配達の人に、早く、たのんでいるのに

タオルもかえた。玄関掃除ドアふき

夕方、四時半頃、やっと、毎日新聞の集金にこられたので、ホットした。〈毎日夫人〉、紙袋、それに寿としておはし五人前と、お年玉袋③等入っているのもやられた。

今月より、3、850円御心配おかけいたしておりました新聞の集金も、無事にすまさせて頂きまして、有難うございました。これで、一通り今年の分は、全部、無事にすまさせて頂きまして有難うございました。

一二月二八日（火） はれ、（11・2度）

毎日風強い、子供は、綿入りシャツと、ズボン下二枚づつ着たりはいたりしていた上に着ていたのを、肌に直接着て、その上に、毛のシャツと、真冬のズボン下を新しくかえ。パンスかえた。

朝10時時前、赤札堂、ミカン⑫450、カントリーおかし298、アンパン⑩398、480×③こんぶ一口③1、440、だて巻1000、栗きんとん1、480、298黒豆②596、梅干㉒300g、田作280、298×②、干柿②596、里イモ煮と野菜煮物280×②、560。（8、217円）

一二月二九日(水)　はれ、風つよい。(11・3度)
周囲の掃除すませた。
朝9時半頃、赤札堂、豆乳⑩800、ナットウ③450、干柿298、ワカサギ480、里イモ280、野菜煮280、味付カズノコ680。(4、134円)
お陰様で、買物など全部、無事に今年も有難うございました。

一二月三〇日(木)　はれ、少しひえる。(9・6度)
トイレにサニボンF
朝10時時頃、一寸顔そりした。

一二月三一日(金)　はれ、うすぐもり、(16・4度)
お正月の料理、一通り、入れかえや、切ったりして、準備が出来た。お掃除も、無事にすんだ、お陰様で、お正月の用意全部、すまさせて頂きまして、有難うございました。
お陰様で、今年一年間ひどい心配事も無く、無事に、過させて頂きまして、有難う、ございました。ただ心配なのは、来年、私しと、子供は、どうなるのでせうか、後少しのお金で、一年持つか、持たないかの不安と、同時に、其の後は、どんな生活に、成るのでせうか、家賃を無事におさめきるか、そして又、三月には、再契約仕無ければ、おられないけれども、その契約金どころか、毎日、毎月の生活費を、はら、はらした毎日で、来年は、何んとか、決心しなければならないが、相談する人もないし、役所などに相談した所で、最後は、自分で、決めねばならない。子供が、病人である丈に、非常に、心配で、たまらない。私しが、働けるとよいけれど、今の所、全身が悪いのでどうする事も出来無い、ただ、だまって、裸に成る生活をするのだろうか。私しの運命が、本当であれば、はっきりとした道を、どうぞ、教えて下さい。お願します。主人が、人間全部の代表と、今から、三十九年前に、教えられた事は、今年六月六日に、やっと、分からして貰い、私共、三人が、何十年と、苦しんできた原因も、やっと、分からして貰ったけれども、分かった丈で、相変らず、今は、私しと、子供二人は、苦しみから、のがれる事が、出来無い、前、私しの事を、色、色と、教えられた事は、間違いだろうか、本当にしては、不に落無い事と、現実が、あまりにも、悪すぎるのがひどすぎる。

一九九四年、平成六年

一月一日(土)　はれ、ひえる。(9・2度)
風は、つよいが、上天気のお正月
主人に、お正月のお供え、みかんと。干柿。洋かん。栗きんとん。だて巻、一口こんぶ。黒豆。ご飯、お煮〆、後で又御飯、梅干。こんぶ、お茶。お水。
子供と私しも主人に上げたのと同じ物に、数の子、田作り、ご飯、等で、お正月を迎えた。お陰様で、良いお正月を迎えさせて頂きまして有難うございました。昨年は、色々と、御心配のみ、おかけ致しまして、無理なお願のみ、何時も、何時も申しわけございませんでした。昨年は、どうなり過させて頂きましたが、今年は、いよ、いよ、ここでの最後の年に、成るのではないかと、不安でたまりません。
後、少しのお金を、やりくりして使っても、外に収入が無いので、この先、どんな生活を、するのでせうか、お正月、早、早、すみませんが、今後の私共の行くべき道を、お教え下さい。毎日が、どうしてよいか分かりません。

一月二日(日)　はれ、うすぐもり。(9・4度)
後上天気、ひえる。
主人に、お正月二日目のお供え、みかん、洋かん、モナカ、干柿、栗きんとん、だて巻。一口こんぶ。お多福豆、ご飯。お煮〆、後で又御飯に、梅干。こんぶ
子供と私しも主人に上げた物と同じに数の子、ワカサギ、田作、黒豆、ご飯等頂いた。領収書等少しせいりした。

一月三日(月)　うすぐもり、ひえる。(9・7度)
主人に、お正月三日目のお供え、みかん、干柿、洋かん。栗きんとん、だて巻、一口こんぶ。白福豆。お煮〆、洋がし三通り、御飯、後で又御飯に梅干、こんぶ、お茶、お水
子供と私しも主人に上げた物と同じに数の子、ワカサギ、田作、御飯等で頂く。
明日まで、御飯を、たくつもりにしている。
子供は、かゆみがするとて、朝、四時頃、パンスをかえ。アクリルと毛の入った真冬のシャッ上下を一番下にきていたシャツズボン下ぬいで二番目にきた。(ハイ色)
平成六年のお正月が、来たのと、同時に、日に、日に、今年のこれから先の不安が、ひどく成って来た。毎日は、目の前丈は、習慣で送っても、何ケ月か先は、どうして、生活をしたらよいのか、家は。お金は、子供や、私しの具合が、さっぱりと、無い現状で、何か仕事と思っても、体が、出来無いし、誰一人、相談する人も無いので、一人で、あれ、これ、考えても、現実は、思う様に、行か無いので、ただつかれるばかり。昔の様に、私しが、仕事が、出来るとよいけれど、何十年と、やめているので、自分の事さえ分から成い現在で、人の事など、分かるはずが無いので、その方の仕事は、だめである。フロウ者に成る以外、外に、方法は、成いのだろうか。

一月四日(火)　はれ、上天気。(12・9度)

お正月の残りのおかずで、今日まで、御飯で頂く。

私しは昨日夕方頃、急にはき気がして、気分が悪く成り、しばらくして、おさまったが、今朝、5時頃、起きようとしたところ、突然、かるくはあったが、目まいがして、後で、心臓も苦しく、寒気もするなど、大変気分わるく、正月早々、だけど、朝、9時半頃より、お昼頃までフトンに、やすんだ。

一月五日(水)　はれ、寒の入り。(10・3度)

私しは、今朝、起立ちは、そうなかったのが、後、だん、だんと、頭痛、ふらつき、熱がひどく、昨日も頭は、冷やし通しだけど、今日も、ずーと、冷やしていたが、たまらなく成って、又フトンに、やすんだ、どうも、頭痛が、昨日、今日と、ひどくて取れない、熱がしっかり有って、少、少、冷やしても、すぐに、熱く成って、ひどい、なぜだろう。

一月六日(木)　はれ、ひえる。(9・2度)

今朝は、上衣のボタン付等していたが、やはり、今日も、気分悪るく、一寸やすんだ、風邪ぎみで、頭痛と熱は取れないし、ふらつき、それに、食事が、味がしなくて困る。今年も又、正月、早、々から、こんな風で、今後が、どうなる事やら、ここ、何年と、全身が、きつくて、動くのが苦しい、腰は、痛いし、耳なりもひどい。鼻は。ぐす、ぐす。

夕方。電話支払用紙きた。一、九五七円

一月七日(金)　はれ、風がつよい。大変ひえる。(9・5度)

朝、一寸顔そりした。

朝、10時すぎ郵便局、電話代一二月分を、1、957円おさめた。

その足で、スーパー豆乳⑧640、120×二牛乳②240、カボチャ180、ポテトサラダ180、ビスケット178、おさつスナック118、えんどうスナック②220、グリンスナック118。(1、930円)

一月八日(土)　くもり、後、はれ、冷える、(5・6度)

今年は、寒さがひどい、昨年十二月から、冷えが、ひどくて手のしもやけもひどい。右手までしもやけ。

朝、10時時前、赤札堂、豆乳③240、大福⑥360、うずら豆一九八、ナットウ③一二八、ムギチョコ100、野菜煮280、うの花170、ビジキ17、干柿②596。ミカン⑧398、レーズンクッキー118。(2、840円)

ガス検針きた。

私しは、毎日、毎日、全身がきつくて、動くのが、大変苦しい。

一月九日(日)　はれ、(10・9度)
子供は、パンスかえた。私しは、西武のニット、上品なブラウスに、三越のアヅキ色よこガラ入りカーデーガン、三越の黒紺スラック。茶と白のななめじまコート。
明治堂680×二ザーネ②1、360。(1、400円)
太子堂、串ダンゴ⑤200、クッキー230、ピーナツ揚210。(659円)
ショッピング、バナナ⑧206円

一月一〇日(月)　くもり、後雨(11・5度)
朝刊が、こなかった。二回目
朝刊を同じ人が、よそには入れて、うちに入れないので、何回も電話しているが、通じない。朝5時前に、配達していた。七時すぎに電話してやっと、七時半頃、もってこられた。
トイレにサニボンF
私しは毎日、全身がきつい、そして頭痛と熱で毎日苦しんでいる。今日も、しばらくやすんだ。今年一年も又、こんな状態が、つづくのだろうか。

一月一一日(火)　雨、冷えたり、むし暑かったり。(7・7度)
邪魔の本家を、断わって、こらせない様にしたために、その腹いせを、外の小分達を、使って、私共にいろんなイヤがらせやジャマをしている。それが、日増に、ひどくなっている、身近にいるので。

一月一二日(水)　はれ、(11・8度)
朝、10時頃、スーパー　豆乳⑥480、120×③牛乳③360、黒アメ165、カボチャ180、ポテトサラダ180、ジャンボコーン126、グリンスナック118、えんどうスナック110。(1、770円)

一月一三日(木)　くもり、冷える(8・2度)
朝10時前、赤札堂、切干大根180、ヒジキ170、ナットウ③118、アンパン398、298干柿②五九六、金時豆178、コンブ豆178、498ラッキョ五〇〇g、伊予柑⑤498。(2、879円)

一月一四日(金)　初雪、冷える、(7・1度)
かなりつもって、ぼたん雪もふり、ぬかるみがひどい。
ガス支払用紙が夕方きた。
1、478円
18円引下げ

一月一五日(土)　朝一寸顔そりした。

トイレ、サニボンF

昨年十二月から、今年にかけて、寒さがきびしく、冷えがひどい、暖房がないので、手など、たまらない程冷える。

一月一六日(日) 朝、10時前赤札堂、78×②イチゴシリアル②三五六、ビスケットマリ178、カボチャ220、ポテトサラダ178、ナットウ118、梅干300g880、おかし100、ビスケット235、ツブツブイチゴ168、ミカン⑧398、298×②干柿②596。(3、529円)

一月一七日(月) はれ、時々くもり(16・8度)

朝9時、郵便局(ガス代)一月分1、478円おさめた。今日からゴミ袋は、東京都の袋に変った。

その足でスーパー

豆乳④320、120×②牛乳②240、トウフ50、110×②えんどうスナック②220、グリンスナック118。(976円)

一度かえってきて、本町のスーパー豆乳⑥480、おさつスナック②236、100×⑤きなこ⑤500、148×②揚せん②296、128×②ココナツ②256。(1、821円)

一月一八日(火) うすぐもり、あたたかい、(11・7度)

朝9時前、スーパー、掃除紙のチリ紙が、安いので、買ってきた。ソフトペーパー220×③(679円)

子供はパンスかえた。

一月一九日(水) はれ、ひえる、(8・3度)

私しは紙の後だけ切った。

私しは昨年三月三〇日に散発店で、髪毛を切ってもらって洗ってもらった丈で、後は、今日まで、髪洗いはしてない。後の髪毛は、昨年夏、自分で切ったけれど、この頃、のびすぎて困っていたので、今日思い切って、自分で、後の髪毛を、カミソリと、髪切り用で切って、後は、お湯で、頭の地肌をふいただけ。八、九年

もう、七、八年以上、私しはゆびのひようそうで、自分では洗えないので散発店に、一年に、一度か、二回くらい行ったとき丈洗っもらって後は洗えなくて、ほっているが、散発店ではシャンプーを洗い流してくれないのでかゆみやかさが出来て困ったのでやめた。うちでも洗えないので、ただお湯でふく丈でクシは、何時もアカがいっぱいでコールタールの様に、まつ黒いのが何時もクシについてとれない。

一月二〇日(木) はれ、ひえる。(7・4度)

子供は散髪した。

子供が、散髪すると言ったので、朝9時頃より散髪と、ヒゲ切りした。
私しの平成五年分の年金源泉徴収票が夕方きた。
479、766円

一月二一日(金) くもり、ひえる。(4・6度)
電気検針きた。

一月二二日(土) はれ、ひえる。(6・7度)
朝、10時前赤札堂、ミカン⑯480、カボチャ220、ヒジキ170、だて巻350、白キントキ豆150、キントキ150、しいたけこんぶ②238×②。476、こんぶ豆150、ナットウ128、干柿②596、バニラサンド198、チョコクハムサンド198、アンパン398。(3、773円)

一月二三日(日) はれ、ひえる(10・1度)
朝、9時少しすぎ本町のスーパー、168×②ジャンボコーン②236、148×㉑口揚せんべい②296、一口クッキー100、128×③ココナッツサブレ③384、おさつスナック118、えんどうスナック110。(1、384円)
かえってきて今度はスーパー、豆乳⑧640、120×③牛乳③360、串ダンゴ④200、118×グリンスナック②256。(1、479円)
毎日、今年の冷えはひどいので、カイロを腰にあてた。

一月二四日(月) はれ、冷える、(7・1度)
今日は主人の命日
ミカン、干柿、だて巻。白金時豆。アンパン。串ダンゴ。クッキー等、お茶、お水、御飯、ナットウ、梅干。こんぶ、お茶、お水、こんなお供えの仕方ですみません、おゆるし下さい。
子供パンスかえた。
トイレにサニボンF
今年の南天は見事だった。本当に美しい最後だった。
うちの南側のヘイの内で窓の下から一寸離した所においている、南天の植木鉢は、ここに来てすぐに買ったので、もう十年近くになるが、植木屋さんは今南天は受けないので無いが、これならば、あまり良く無いけれどと言われたのを、買って来たが、始めは丈も小さく見かけも良くなかったが、毎年、ぐんぐんのびて、葉はもちろん、実を毎年つけているが、今年は特別大きい実が真赤に二十何コ付いた上に葉が、十二月始頃からなかば半頃まで今までに始めてと言う程の、見事な紅葉で、その美しさは、言い様のない程の素晴しい物で、今年は実が大きい上に、葉もしっかりと大きく、見る度に、美しい、素晴しいと、つい口から出る程に、今年の南天は今までに無い美しさを、見せて呉れたけれど、ところが、その後、その美しい葉が、次々と散ってしまって、ほとんど無くなった枝ばかりに成って、仕舞ったが、今までは、毎年、少し紅葉する丈で、葉は一寸は散っても、ほとんど、いっぱい茂っていたのに、今年は、裸に成って仕舞った丈でなく、今までは、どんなに、寒い時でも水をやって、後凍ることは無かったのに、今年の寒は、ひどいのだろうか、朝、十時頃水をやって、お昼頃は、それが、何時も凍ってしまっている。近所にも、あち、こち、南天を植えて有るが、毎年実も無らないし、紅葉もしないので、葉はいっぱい茂っているが、お陰で、うちは、毎年実もかなり成る上に、毎年少しづつは、紅葉していたが、青い葉が多かったので、そうめだたなかったが、今年は全部が見事なまでに、美しい紅葉で、喜んでいたが、ほとんど、散ってしまっているし、土は、凍っているし、何か、よくない事の知らせではないだろうかと、心配しているが、

一月二五日(火)　はれ、ひえる。(10・4度)

朝一寸顔そりした。

今日は、又、家賃を持って行く日だけど、一度ですむと、よいけれども、どんなだろうか。

朝10時半近く、不動産に行き家賃二月分を、無事済まさせて頂き有難うございました。

石川荒物店で、ゴミ袋25ℓを③コ190×③。(580円)

一月二六日(水)　はれ、ひえる。(11・6度)

私しは毎日、全身がきついのと、手のしもやけがひどくて苦しい。特別今年はひどい。

一月二七日(木)　はれ、ひえる。(12・6度)

朝、電気支払用紙きた。1、502円、引下げ1・5円。

朝、10時頃、郵便局、電気代1、502円、六年一月分、おさめた。

その足でスーパー豆乳⑩800、120×②牛乳②240、カボチャ180、ポテトサラダ180、えんどうスナック②220、グリンスナック②236、65×②白ゴマ②130、黒ゴマ③、黒アメ165。(2、416円)

一月二八日(金)　くもり、ひえる。昼頃雪がちらつく、(五・一度)

私共が、この家にきた昭和六十年始めから、うちのお風呂場の天井に、毎日、何回が、ぽと、ぽと、水の落る音が、していたが、もうすぐ十年に成るのに、一向に、とまらなくて、時々は、びっくりする程の音に、風呂場にもりだしたのだろうかと、再、々、心配する時がある〈略〉に言っても、どうせ、受付け

られないのでほっているが、昨日より、風呂場の外の天井よりかんのくだが有り、それよりずーと、水がぽと、ぽと落どうし、している前も、何年か前も、同じくだから大分水が落たがそれ丈でなく、隣の天井のくだからも、何年か前に大分、水が落ちていたし昨年は、〈略〉芝の玄関上の同じ様なくだから大分ひどく落ちてうちの前の柱をつたって流れていた。どうも、〈略〉の風呂場の水もれの様で皆めいわくしているが、だれでもイヤだからほっているが、これも邪魔だろうか、何時まで、何事も、ハラ、ハラした生活を、しなければ、ならないのだろうか、ひどくなって、家の中まで入ってこない様にお願するより外ない。

一月二九日(土) 昨日より降った大雪。大変冷える、(5・2度)

大雪が、一〇糎くらいつもっている。後はれ。

一月三〇日(日) はれ、冷える、ひどい寒さ(4・8度)

今年は寒がひどい、道は、雪がとけて、こおりついてあぶない。

朝10時前、赤札堂178×②イチゴシリアル②356、カボチャ煮220、切干大根180、238×②しいたけこんぶ②476、干柿②298×②、おかし100、ミカン⑮380、596、ビスケット235、アンパン398、白花豆198、うずら豆198、ナットウ③128、梅干300g880、黒アメ148。(4、627円)

夕方5時半一寸すぎに毎日新聞集金きた。〈毎日夫人〉、紙袋3、850円

一月三一日(月) はれ。(6・1度)

特別ひえがひどい(6・1度)

私しは、西武の上品なニットブラウス、三越のよこガラアヅキ色カーデーガン、三越の黒紺スラックス、茶ななめガラコート。

明治堂、ザーネクリーム②1、360、化粧水980。(2、410円)

太子堂、串ダンゴ⑤200、茶マンジュー⑧220、ピーナツせんべい210。(649円)

西武、600×⑤おきなこんぶ⑤。(3、090円)

お陰様で、今月も無事に済まさせて頂きまして有難うございました。又、来月も、今後とも、宜しくお願いたします。

二月一日(火) くもり、後雨、大変ひえる、(6・3度)

朝9時頃より本町のスーパー、豆乳⑤400、牛乳123、ホネブト牛乳100、ポテトサラダ180、チョコクッキー1

78、おさつスナック118、そら豆スナック110、ジャンボコーン②336、ココアビスケット②396。（2、411円）

今年の寒さは特別きびしい程に、冷えこみがひどいのに、子供は、オープンシャツ丈で、ふるえながらも、どうしてうちは暖房が無いので冷えるも、いくら言っても上衣をかけないで、冷える、冷えると、言いながら、ガマンしていたが、今日だめでもよいと思って（毛のカーデーガンを着る様に出して、着せようとしたら、同じ着るなら、ジャンパーが、よいと言って、やっと、着てくれたので、ホットして、神様方にご心配を、おかけしていたので、有難かった、お陰様でした。食事も日に一ぺんで、熱い物を、食べないので困っているが、これも、何んとか、して頂きたいが、

二月二日（水）　はれ、風がつよく冷たい。（7・9度）

二月三日（木）　はれ、冷える。（6・2度）

手がいたい程ひえが、ひどい。

朝10時すぎ、魚力、398×四玄米シリアル④1、592円、ぜんまい煮272、110×②ゴミ袋20ℓ②220、シバわかめ180。（2、331円）

電話支払用紙きた。

（1、987円）

二月四日（金）　はれ、風がつよく冷たい。（10・6度）

朝9時すぎ、郵便局、電話代1、987円、一月分おさめた。その足でスーパー、豆乳⑥480、120×③牛乳③360、65×③白ゴマ③195、大根煮物230、おさつスナック118、グリンスナック118、110×②えんどうスナック②220。（1、772円）

ガス検針きた。

私しは全身が、しっかりきついのと、毎日頭痛と熱があり、苦しい。

二月五日（土）　はれ、冷える。（10・8度）

トイレにサニボンF

私しは全身が、きつくて、動くのも苦しい、頭痛と熱で頭は、冷し通しだけど、一向によくならない、朝、10時前から、しばらくフトンに、休んだけれども、気分が悪るく、きつくて仕方がない。何んで、こんなに、何年間と、苦しむのだろうか、世の中までイヤ気がさして、一日も早くこの世を去りたい。

二月六日（日）　はれ、冷える。少し丈あたたか。（14・4度）

朝10時前、赤札堂、アンパン⑩398、ナビスコクラッカー

Ⓢ135、ビスケット235、おかし100、ヒジキ煮170、クロアメ128、こんぶ豆190、298×②干柿②596、ミカン⑧380、ラッキョ500g498、切干大根180。（3、100円）

私しは毎日、毎日全身がきつい、頭痛と熱で苦しい、どうも、こうも、たまらない程苦しい、何んとかならぬのだろうか。

二月七日(月) くもり、少しひえる。後はれ。（13・4度）

昨日二月六日(日)の朝、夢の中で世の中が、大きく変るからと言う文句を感じたが。

二月八日(火) はれ、ひえる。（12・6度）

昨日二月七日より区民税申告書が、来る様に成っているが、うちは、今日もまだ来ない、昨年は来なかったので、区役所に、電話して、送ってもらったが、今年も又、そんなにするのだろうか、なぜ、うちは何時もすら、すらと、さばけないのだろうか、無事に来ますように、年金も無事に、きますように。

私しは苦しい程全身がきつい、どうも、こうも、ただ苦しい、苦しいの毎日でうごくのがつらい。区民税申告書きた二月八日(火)夕方

水道の検針きた。

（3、070円）

区民税の申告書、夕方来た。

今年平成六年度の年金通知書二月分がきた。80、400円

お陰様で区民税申告書と、平成六年度の年金通知書二月分が、どちらも無事に参りまして、有難うございました。御心配や、お願ばかり致しまして本当にすみませんでした厚くお礼申し上げます。申告書も無事に書かせて頂き、無事に通過致します様に、何卒今後とも宜しくお願いいたします。

平成六年二月分国民年金通知書がきた。夕方

二月九日(水) 雨後はれ。風つよい。いく分あたたかい。（16度）

今日は、申告書の下書きと、本式の紙に、一通り、書かせて頂いたが、まだどうも、すっきりとしない。㊞はおしたけれども切手を買っていないので、はれない。二月二〇日(日)付で、一応出す様にはしているが、無事に通過致します様に、お願いいたします。

子供はパンスかえた。

私しは毎日、毎日、ただきつい、きついと、うめき通しで、全身が、本当に苦しい。

私しは申告書を、一応書きおえいてからが、非常に、イヤ気が、強くおこって、一日も早く、この世を、去らせてもらいたい。生きていくのが、イヤで苦しい。たまらない程、何にもか

にもイヤになった。

二月一〇日(木)　くもり、風つよい、ひえる。(8・8度)

朝一寸顔そりした。

朝9時すぎ郵便局、切手80円、封筒用。

その足でスーパー、豆乳②160、120×③牛乳③360、65×④黒ゴマ④260、110×③そら豆スナック③330、カボチャ180、大根煮230。(1、565円)

かえってきて申告書に同封する封筒に、住所、名前など書いていたのに、今日買ってきた切手をはって、一応はすんだ様だけれども、二月二〇日(日)大安に出さしてもらうつもりにして封はまだしてない。

ガス支払用紙きた。1、478円、18円引下げ、お昼から私しは何かイヤ気が、ひどくなってしまった、全身が特に、この頃のきつさが、ひどく、台所でも長く立って、おれない程に、苦しい、いろんな事を考えると、早く、この世から、去らせて頂きたい。

二月一一日(金)　はれ、ひえる。(8・8度)

朝10時前、赤札堂、

ギンビスケット108、ウニセン100、おかし100、アンパン398、グリンスナック③354、お多福豆198、こんぶ豆190。ナットウ一一八、切り干し大根180、ポテトサラダ178、梅干し300g880、ミカン⑯796。(3、708円)

私しは毎日、毎日、この頃は特別全身のきつさが、ひどく成る一方で、歩くのもきつい、家の内でも、一寸動くのも、たまらない程に、苦しい、日増に、ひどく成って来た。

二月一二日(土)　大雪、冷える。(4・1度)

朝、トイレ、サニボンF

朝5時すぎ頃より、小雪が、ちらついていたのが、見る、見る内に、どんどんつもり出して、二十五糎以上つもってしまった。ここは北よりで、ひどいので、玄関は、真北にあたりドアに、うちつけているので、ドアが、開かなくなるのではないかと、ハラ、ハラである、ここは、上からいつも水がおちて、困る事ばかりで、今日の大雪は、吹雪でひどい。

二月一三日(日)　はれ、冷える。(5・2度)

お陰で、玄関のドアは、無事に明かったが、雪が玄関前には、山のように、つもってこおりついて取れない。

二月一四日(月)　はれ、冷える。(7・7度)

どこも大雪がとけないで残っているので、道はこおりついてあぶない。冷えがひどい。
朝9時半すぎ郵便局、ガス代1、478円、二月分おさめた。道が、どこもこおり付いていてあぶなくて、歩けないので外に行くのをやめた。
その足でスーパー
豆乳⑧640、120×二牛乳②240、草もちなど④280、ツナ揚148、ヒジキ煮170、65×③黒ゴマ③195、モエギノ㉔298、うにせん178、黒あめ165、えんどう豆スナック②220、レーズン138。(2、752円)
私はどうも、こうも、毎日、毎日頭痛、熱、全身がきついのが、取れなくて、苦しくて、仕方がない、何んとか、方法はないものだろうか、道を歩くのも、きつくて、私より外に、たのむ者もいないので、無理してはいるけれども、一日も早く、この世を、去らしてもらいたい。

二月一五日(火) はれ、ひえる。(10・7度)
朝、9時すぎ、本町のスーパー、(豆乳⑥480、ポテトサラダ180、ドロップ165、168×②ジャンボコーン②336、118サッポロポテト③354、100きな粉③300、148×二ココアサンドビスケット②296。(2、174円)
水道支払用紙きた。3、070円
今日も大雪が、こおりついて、どこを歩いてもすべってあぶない。

二月一六日(水) くもり、後はれ。(11・9度)
朝、9時すぎ郵便局、水道代3、070円、一一月、一二月、一月、二月分おさめた。
その足でスーパー、豆乳③240、120×②牛乳②240、ドロップス165、カボチャ煮180、ソフト紙、220、コーンシリアル298、大根煮230。(1、620円)

二月一七日(木) はれ、少しゆるむ。(11・2度)
朝9時頃より、子供のフトンを、しきかえた。カンソウ剤⑫新しく入れた。
私しは、この頃ふらつきと、全身きついのが、どうしてもよくならないで、毎日苦しい。

二月一八日(金) はれ、少しはゆるむ。(12・3度)
朝、区民税申告書に封をする。二月二〇日(日)大安に出す様に、して、㊞切手をはった返信用封筒を同封して、住所、氏名など書き、年金源泉徴収書もはった、一応一通り書いていたので、今日封をして〆を書いて、出すばかりにしている。
朝11時少し前<略>に、今すぐに、持ってくると、言われて、11時半すぎに、もってこられた。(550×⑧クリネックス⑧4、440、590×②奴さん②1、180。（5、740円）、領収書は忘れてある。

二月一九日（土）　はれ、あたたかい。（14・8度）

明日二月二〇日（日）に、申告書、無事に、出させて頂き、無事に、通過いたします様にお願いいたします。

朝10時前、赤札堂、ギンビスケット108、アンパン398、バターサブレー148、うずら豆178、お茶福豆178、ドロップス②396、しいたけえぶ238、ヒジキ煮170、かぼちゃ煮220、うの花一七〇、グリンスナック②236、カンパン188、ビスケット235、みかん⑯480、ラッキョ五〇〇g。（3、853円）

電話帳（平成六年三月）のがきた。

二月二〇日（日）　はれ、あたたかい。（13・2度）

今日は区民税申告書を無事に、ポストに入れさせて下さい、無事に着きます様に、無事に、通過させて下さい、お願いいたします。

朝9時すぎに、申告書を平和通り郵便局前のポストに入れた。

その足でスーパー、豆乳⑥480、120×②牛乳②240、大根煮230、えんどうスナック②220、黒ゴマ65、コーンシリアル298。（1、578円）

一応かえってきて、今度は本町スーパー、ナットウ③148、スナックがし110、ポテトサラダ180、きな粉③300、一口揚せん148、168×②ジャンボコーン②336、ココアサンドビスケット148、128×②ココナッツサブレ②256。（1、674円）

私しは、日に、日に、身体の悪いのが、ひどくなるばかりで両方の耳なりは、二十四、五年以上に成るが、日増に、どんどんひどく、気がくるいそうに、耳なりが、一日中、夜中までやみなしで、この頃はきこえも悪るくて困ってしまう。それに、頭痛に熱は、何十年間と、毎日、おき立ちからなどで、冷やし通ししてもなおらない。

目は、目がねかけても、ぼんやりで、よく見えないし鼻は、息苦しい上に、昨年から、中にカサがいっぱいできて、上から一寸おさえても痛い、いろ、いろ、してもカサがとれないし、いつも、水分を鼻の中に入れないと、息苦しい。それに、歯は一本も無い上に、二十年前に入れた入れ歯が、前歯八本分が無いので、金具が、両横についているそれで食べているのと、二十年から立っているので入歯が、すりへっているので、綿を、両横に一ぱい入れて、上にも綿を入れているが、こうしないと、ハグキがあたって痛いのと何一つ食べられないので、綿を沢山つめているので、言葉が出にくくて、物言うのに、本当に困る。それに、この頃は、特別歩くのがきつくて、一寸買物して来ても、途中でも、全身きついが、帰って来てからは動くのも痛いくらいに全身きつい、きつい、痛い、苦しいと、家の中では、うめき通しである。特に、背中から腰にかけてのきつさ、だるさは、たまらない程に苦しい。それに、私しは、ここ、十年近く、髪は自分で洗えない、両手全部が、ヒョウソウのため、お湯につけられないので、一年に一、二回、散発店で洗ってもらう丈で、後は洗わないので、散発店では、すすぎが足りないのでカサが出来るなどひどいので昨年は三月に一回丈行ったきりで、もうぜんぜん行ないので一年近くになるが、一回も洗って無い、うちで、お湯で頭を、何回かふいている丈で、一応、カサが、きれいになおったのに、今年一月に、頭をふいてから今度は、カユミがひどい上に、カサがひどく出来て、その上、顔のあちこちにまでカサが出来て、どうした事か困っている、クシには、さばく度に、コールタールの様なまっ黒い物がついて、クシまで悪くなってしまって、使えない程で、クシは洗っても取れない。昔でも、した事のないしもやけに、五年前から左り手はしもやけして、今年は、右手まで、かかって大変痛くて、不自由である。

二月二一日(月) 雨後ひえる。あたたかい。(11・1度)

トイレ、サニボンF

子供はパンスかえた。

電気検針きた。

うちの玄関のドアの上から、又、雨が、中に入って来た。雨が、降る度に、ドアの上から何時も中に、雨水が入ってビッショリなり、その上、電気のスイッチの所が、いつもゆれるのではら、はらしているが、どうして、再々、雨が、入りこむのか、どうしても、わからない。それが、うち丈である。

二月二二日(火) はれ、ひえる。(10・4度)

朝一寸顔そりした。

二月二三日(水) はれ、まだひえる、少しあたたかい。(10・8度)

朝刊がこない。(三回目)

朝刊が又、今朝入らない。5時前に、近所には、入れてあるのに、うちは、さい、さい、忘れられる(今年二回目)

私しは西武の鉄色に白花ガラ入りうす地合ブラウスに、三越のアヅキ色よこが入りカーデーガン、三越の黒柑厚地スラックス、茶ななめガラ冬コート。

先に第一勧銀に行って、年金の記入をしてもらった。

太子堂。(クシダンゴ⑤200、②10ピーナツアラレ、200×②ひなあられ②400、吹雪③150、50×⑥茶饅頭③150。(1、143円)

西武、600×⑤おきなこんぶ⑤、(3、090円)
ショッピング、200×②えんどう豆412円、赤・青、バナナ⑧250。(257円)

朝、7時一寸すぎに電話して、新聞は、7時半頃もってこられた。

私しは全身が、きつくて、外を歩くのも、体をまげないと、きつくて歩けない、一寸動くのもきつくて、ます、まず、ひどくなる一方で、どうしたらよいのだろうか。

二月二四日(木) はれ、風つよく、ひえる。(8・4度)

今日は、主人の命日。

ミカン。バナナ、吹雪。茶饅、串ダンゴ。ヒナアラレ。クッキー、お茶、お水、御飯、こんぶ。梅干、ナットウ、お茶、お水

いつも十分な事が出来ませずに、すみません、まだ、どうしても、どんなにしたらよいかが、わかりません、おゆるし下さい。

紺と、白茶の冬コート一寸干して、なおした。

私しは背中、腰が、きつくてこの頃は、ヒザまで、まがってよけい苦しくて、きつい。

二月二五日(金) はれ、ひえる。(11・1度)

今日は無事に、家賃をおさめさせて下さい。

電気支払用紙きた。1、448円、14円引下げ、朝8時半頃入っていた。

朝9時すぎ、郵便局、電気代1、448円、二月分おさめた。

朝10時半頃不動産に行き三月分の家賃を無事に済させて頂きまして、有難うございました。

魚力。ぜんまい煮256、岩わかめ144、玄米シリアル②796。(1、231円)

区民税申告書の受取が来た。

朝、電気代おさめた足で120×③牛乳③360、65×④黒ゴマ④260、大根煮230、サヤエンドスナック、サッポロポテト118、えんどうスナック110、うにせん178。(1、415円)

魚力の後で本町のスーパー、ジャンボコーン168、きな粉②200、豆乳⑤400、148×②一口アゲセン②296、128×②ココナツサブレ②256。(1、359円)

区民税申告書の受取が、無事に来た。夕方四時すぎに、見に行って来ていた。お陰様で、無事に、通過させて頂きまして、受取も無事に頂きました、有難うございました。

二月二六日(土) はれ、ひえる。(11度)

トイレにサニボンF

私しは全身のきついのが、どうしても、良くならない。かえって、悪るく日増にひどくなり、耳なりなどはめちゃくちゃに、両耳に、あらゆる音の雑音で、気がくるいそうにひどすぎる、鼻の中のカサ、水分不足などで、痛いのと、苦しい、家の中で、一寸動いても、きついので、外を歩くのはたまらない程苦痛がひどい、良い所は、一つも無く、すべてが、悪いので、どうしようもない。何時までこの苦痛の毎日は、つづくのだろうか、早くこの世を去りたい。

二月二七日(日) はれ、ひえる(12・2度)

朝9時半頃より赤札堂328×②玄米シリアル②656、218×③クレラップ③654、178×③、お茶福豆②白花豆534、ビジキ煮170、カボチャ煮220、梅干650g990、アンパン398、118×②グリンスナック②236、ナットウ③118、伊予柑⑤380。(4、486円)

二月二八日(月) はれ、ひえる。(10・6度)

夕方5時半頃、新聞の集金こられた。〈毎日夫人〉、紙袋、3、850円

三月一日(火) はれ、あたたかい。(12・4度)

三月二日(水) うすぐもり、後はれ、ひえる。(9・5度)

又、朝刊が入らない(四回目)

又、今朝も朝刊が、こない。一月、二月、三月と、毎月で、昨年から四回目である。5時前に近所は入っている。

朝から、何回電話しても、留守番電話ばかりで、7時20分頃、やっと、通じてたのんだが、持ってこられないので、又、7時40分頃電話して、やっと、8時近くにもってこられた。

私しは相変らず、きついのと、腰が、ちぎれる様に、痛い、毎日、毎日で、本当に苦しい。

三月三日(木) はれ、ひえる。(9・5度)

朝、5時前にたいてい入れられる朝刊が、今日は、7時10分すぎ頃、もってこられた。

朝、9時半頃より赤札堂、玄米シリアル328、コーンフレーク248、ナビスコリッツ248、サヤエンドウ110、切干大根180、カボチャ煮220、ナットウ③98、桜草餅⑥298、グリンスナック②118×②、236、ネーブルオレンジ⑥398、アンパン⑩398、ラッキョ500g498。(3、388円)

朝、11時20分頃、みすず屋、マイソフト⑥272×⑥、12時、五分すぎ頃、もってこられた。(1、681円)

電話代支払い用紙きた。1、895円、夕方に

三月四日(金)　雨後はれ、ひえる。(11度)
朝、9時すぎ、郵便局、電話代1、895円、二月分、おさめた
その足でスーパー、豆乳⑥480、120×③牛乳③360、さやえんどうスナック②236、もえぎのおかし㉔298、えんどうスナック110、大根煮230。(1、765円)
ガスの検針きた。
私しの今日の体のきつさは、どうも、こうも、言いようが無い程ひどくて、一寸、ゴミ出しをするのでもハアハア、きつい、苦しい、うごけ無いともう、何もかも体全体が、くずれて仕舞う程、いても立ってもおれない、ただ、苦しい丈で、後で郵便局や買物等に、行って来たが、足が、もつれて、歩くのもぼとぼと途中で、たおれるのをやっとガマンしている丈で、どうしてこんなに日増に、ひどく成って行くのだろうか、何十年のつかれ丈で無く、何かあるのではないだろうか、腰はちぎれる程の痛みで、苦しくて、苦しくて、仕方が無い、台所で、一寸、少しの後仕舞をする間でも、立ってお礼無い程のつらさで、毎日、毎日、こんな風で今後は、どう成るのだろうか、家の中でも、立ったり、すわったりに、一ぺん、一ぺん、痛い苦しいと、うめき通しで、子供が、病人丈に、手伝しても、もらえ無い所か、私が、仕手やる方が多くて、苦しいのをガマンして、子供に、いろ〳〵と、仕手やっているが、この状態で、どう成るのだろうか、どうしたらよいのか、今は、ぜんぜん分から無い。

三月五日(土)　はれ、ひえる。(9・8度)
今日も私しは全身と腰がたまらないほどのひどい苦痛で、何んとか早く、死ねないものだろうかイヤ気がさしてひどい。
朝、9時前、子供のモーフカバーが、よごれ、衿がはずれていたので、家に有ったガーゼのモーフカバーを衿カバーとしてぬいつけた、12時頃まで、かかった。
子供はパンスかえた。

三月六日(日)　はれ、ひえる。(10度)
朝、一寸顔そりした、トイレにサニボンF
毎日、毎日、私しの全身のきつさは、どうしようもない苦痛で、たまらない。

三月七日(月)　うすぐもり、ひえる。(9・1度)
今日は、特別、一日中冷えがひどい、真冬にもどった様な、底冷えのする一日である。
私しは相変らず、全身きつい、苦しい、立っているのも、たまらないほどで、何にもかにも終りである。

三月八日(火)　雨、ひえる。(7・3度)

私しは、今朝は起上れないほど、具合が悪く、頭痛、熱、全身がきつくて、きつくて、一歩一歩、あいた、あいたと言ってぼつぼつ、家具等に、つかまって、動くほど、どうも、こうも、ひどい苦しさで、無理して、子供の食事の世話などもしているのに、食後に、子供が、足の爪を切ってくれと言って、その後、今後は、ヒゲを切ってくれと次々させられたが、どうも、こうも、もてなくて、朝、9時半頃より、11時半までフトンにやすんだが、一向によくない、何一つする気もしない丈でなく、きつくて何も出来ない、食事も味がしない、頭も、冷やしているが、熱と頭痛はとれない、日に、日に、悪く、ひどくなって行く一方で、寝込はしないが、買物や、おさめ物など、出来るのだろうかと、不安な毎日で、自分の身体をもてあましている上に、子供の病人の世話で、つかれきっている。

三月九日(水) うすぐもり、雨。(15・2度)

朝9時すぎ、本町スーパー、豆乳80、コンブマメ190、サヤえんどうスナック118、えんそうスナック110、黄粉②200、148×②ココアビスケット②296、ジャンボコーン168、ココナツサブレ128、ポテトサラダ185。(1、513円)

三月一〇日(木) 雨、ひえる。(8・5度)

三月一一日(金) くもったり、はれたり、冷える。(10・3度)

朝10時半頃スーパー

豆乳⑥480、120×③、牛乳③360、カボチャ煮150、もえぎの二四枚298、チョコクッキー178、65×⑤ゴマ⑤325、えんどう豆スナック⑤220、甘食②180、サヤエンドウスナック②118×②、23。(2、499円)

ガス支払用紙きた。1、350円、15円引下げ、夕方4時近くきた。

三月一二日(土) うすぐもり、ひえる。(12度)

朝、10時半頃、赤札堂、コーンフレーク②248×②496、ココナツサブレ②100×②200、切干大根180、ヒジキ煮170、しそこんぶ②198×②396、アンパン⑩398、ネーブルオレンジ⑥380、ナットウ118、ニッシンエースコイン②100×②200、グリンスナック②118×②236、うずら豆、お茶福豆198×②320、伊予柑⑤398。(3、699円)

私しは全身きつい上に、おもい荷物をさげてきて、今日は特別腰が、まがって、ちぎれるほど痛い、朝起立ちより、頭痛と熱で苦しい。

三月一三日(日)　はれたり、くもったり、ひえる。(7・8度)

朝一寸顔そりした。

私しは西武の鉄色に白花ガラのうすじブラウスに、三越のアヅキ色よこがらカーデーガン、ふだん黒冬ズボン。グレーの合のコート。

明治堂、わかもと1、980＋59、②、3039円、太子堂、串ダンゴ⑤200、ピーナツセンベイ210、モナカ⑩400、甘納豆のかためたもの270。(1、112円)

西武、しいたけこんぶ⑤600×⑤、3、090円、ショッピング、紀文、えんどう豆370円、バナナ⑦260円、おなます370円

三月一四日(月)　うすぐもり、冷える。(7・5度)

朝、9時半頃郵便局（ガス代1、350円）三月分おさめた。

その足で、スーパー、豆乳⑥480、120×③牛乳③360、そら豆スナック110、チョコクッキー178。(1、161円)

今日、夕刊から新しい人にかわった。

1994年（平成６年）３月15日
～
1994年（平成６年）６月21日

覚え書き61

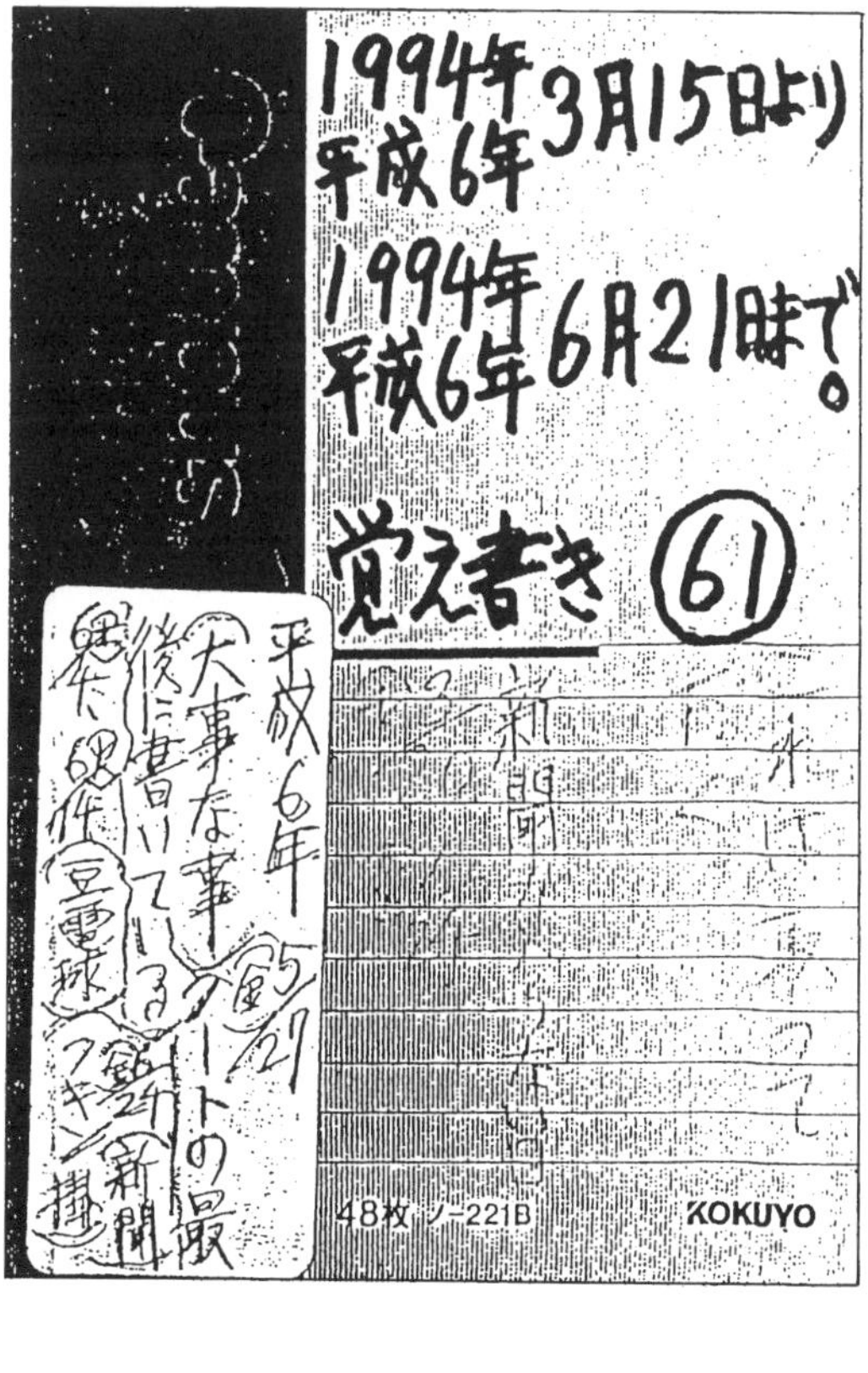

覚え書き㉛

一九九四年（平成六年）三月一五日より
一九九四年（平成六年）六月二一日まで

一九九四年、平成六年

> 平成五年四月一九日（月）
> 夕方、窓を開けて、外の草花を、ながめていた所。只。一筋の心在るのみと、言う、文句が、うかんで来た。
> 大安

三月一五日（火）　はれ、ひえる。（９・４度）
トイレにサニボンF、子供はパンスかえた。

三月一六日（水）　はれ、ひえる。（１０・８度）
今日は又、私しは全身がきつくて、苦しくて、どうしようもない程、ただきつい。きついで、一寸動くのも、たまらぬ程苦しい。

三月一七日（木）　はれ（１４・７度）
私しは、どうも、こうも、全身がきつくて、何一つ出来ない、一寸動いても、たまらない程の苦痛でどうしたらよいのか、ただ苦しい。

三月一八日（金）　はれたり、くもったり、ひえる。（８・９度）
電気検針きた。
今日から、お彼岸、伊予柑。バナナ。ヤキアンパン。豆板甘納豆。クッキー等、お茶、お水、ご飯。梅干。こんぶ。カボチャ煮、里イモ。コンブ。竹の子。シイタケ。人煮のお煮〆。こんにゃく。こんな事ですみません、お許し下さい。
朝１０時すぎよりスーパー豆乳⑥４８０、１２０×③牛乳③３６０、さやえんどうスナック②２３６、おはぎミックス④２８０、ビスケット１７８、カボチャ煮１５０、ヤサイのうま煮２５０、うにせん７８０、白ゴマ⑤３２５、えんどうスナック②２２０。（２、７３６円）
私しは、今朝起きる頃より右目が痛く、目やにが出ていたのが、今度は右目が、はれて、何かフタンが有って、一日中、右目の具合が悪くて、ひどくならねばよいが、今は、全身どこ一つ、良い所は無いので、非常に苦しい。毎日、毎日、きついきついと、うめき通しで、両方の耳なりのひどさは、日に、日に、ひどく、めちゃくちゃに、あらゆる音が、入って、気がくるいそうに、ある時もある。鼻の中のカサも、ひどくはなっても、一向によくない、いつも、水分を鼻の中に入れておかないと、苦しい。今年は、しもやけもひどく、両手のユビをやられてしまっていたい。

三月一九日(土) うすぐもり、後はれ、ひえる。(１２・４度)

今日は、お彼岸の二日目、ネーブルオレンジ、おはぎ。京のせんぺい、御飯。梅干。こんぶ。茶福豆、お茶、お水、ある物ばかりで、何時もすみません、お許し下さい。

三月二〇日(日) うすぐもり、ひえる。(１２度)

朝一寸顔そりした。

私しは今日もまだ右目が痛み、かゆみもして、フタンがある。そして全身きつくて、歩くのが、本当に苦しい。頭痛、熱もある。

今日はお彼岸の三日目、伊予柑、ヤキアンパン。豆板甘納豆。うにせん。クッキー、お茶、お水、御飯。梅干。こんぶ。カボチャ。ヒジキ、お茶、お水、何時も、にたりよったりの物ばかりですみません。

朝9時半、赤札堂に行く、カントリーマアム３４８、２１８クレラップ２３８、ジャンボコーン１００、アンパン⑩３９８、バナナ⑤２８８、ナットウ１１８、おかし１００、伊予柑⑤３８０、１１８×②グリンスナック②２３６、白花豆１９８、こんぶ豆１９０、ヒジキ煮１７０、カボチャ煮２２０、伊達巻３５０、こんぶ豆１９０、金時豆１９０、うずら豆１９８、おはぎ⑥４００。(４、４４１円)

三月二一日(月) はれ、ひえる。(１２・７度)

今日はお彼岸の中日四日目、伊予柑。バナナ、おはぎ、京のせんぺい。うにせん。お茶、お水、御飯。梅干。こんぶ。ナットウ。何時もお気に入る物がなくて、すみません、お許し下さい。

三月二二日(火) はれ、ひえる。(9・3度)

朝、9時すぎスーパー、豆乳⑧６４０、１２０×②牛乳②２４０、黒アメ１６５、１１０×②そら豆スナック②２２０、２３６サヤエンドスナック②１１８×②、カボチャ１５０、１８０ポテトサラダ。(２、０５３円)

今日はお彼岸の五日目、伊予柑。バナナ、ヤキアンパン、クッキー、黒トウがし、お茶、お水、御飯。梅干。こんぶ。カボチャ、ポテトサラダ、同じ物ばかりで、すみません。お許し下さい。

私しは、相変らず、全身がきつくて、きつくて、近くのスーパーまで行くのにも、たまらないほど苦しい。いつまで、こんな状態がつづくのだろうか、邪魔のためと思って、ガマンはしているが、本当に邪魔は、取れるのだろうか、そして、私共の生活は、どうなるのだろうか、今後の家。収入。体。子供の事など心配。

三月二三日(水) 雨、ひえる。(7度)

今日はお彼岸の六日目、伊予柑。バナナ、ヤキアンパン。クッキー、黒トウがし、お茶、お水、御飯。梅干。こんぶ。ナットウ

お彼岸と、言うのに、何一つ特別の事も出来ませずに、すみません。明日は、主人の三回忌、何か心を使ってしなければ、出来ないが、今のところ、何一つ思う様に出来ない、今日買物と思っても雨で行けなかったし、近くのスーパーでまに合せの物を買ってはきたが、来年は、お供えが出来るかどうか、現状の様子では、今年が、最後に成るのではないかと、不安で、たまらない、後少しのお金で、毎日の生活も、はら、はら、だけれど、来年はまた、再契約しなければ、おられないし、収入が無いので、私しの少しの年金では食べて行く事さえ出来ない。

再契約すると、一時出すお金だけでも、三十万以上は入るのに、どうして今後、子供と、私は生活して行くのだろうか、外に家を借りるお金もない。第一、借してもくれないだろう、毎日、毎日、今後の不安が気になって落着けない生活で、裸になって、出て行くのだろうか。

朝１０時すぎ、魚力、５４２円、磯わかめ、１６１、ぜんまい煮２０６、おかし１６０

本町のスーパー、１、７６２円、洋がし④３５５、ココナッサブレ１２８、キナ粉１００×③３００円、ジャンボコーン②１６８×②、３３６、ヒトロアゲせんべい１４８×②２９６円、ココアサンドビスケット②１４８×②２９６

夕刊が、こなくて、何回も電話して、５時半すぎにやっときた。

三月二四日(木) はれたり、くもったり、夕方1時雨（１６・3度）

私しは全身のきつさが、どうしても、取れなくて苦しい。今後の生活家などの不安が、日増にひどくなってきた。

今日は、主人の三回忌。お彼岸の七日目。伊予柑。バナナ、伊達巻。白福豆、洋ガシ。モナカ。クッキー。クラッカー。外のおかし。磯わかめ。ぜんまい煮、お茶、お水、御飯。梅干。こんぶ。

今日は、大事な、主人の三回忌と言うのに、特別の事も出来なくて、不断と、にたり、よったりの品ばかりしかお供え出来なくて、本当に、申しわけなくて、すみませんでした、今だに、何を、どんな風にしたらよいかが、一向に、わかりませず、ただ其の時、きづいた物ばかりで、すみません、おゆるし下さい。

三月二五日(金)　はれ、ひえる、後あたたかい。（１４・５度）

今日は、無事に、家賃を、すまさせて下さい。

電気支払用紙きた。１、３０５円、１１円引下げ、朝１０時少し前にきた。

朝、１０時頃、郵便局、電気代三月分おさめた。１、３０５円

その足でスーパー、豆乳⑥４８０、１２０×③牛乳③３６０、１１０×②えんどうスナック②２２０、サヤエンドスナック②１１８×②２３６。（１、３３４円）

私しは全身きついのと、頭痛と熱で気分わるい。いつまで、こんな状態は、つづくのだろうか。

朝、１０時半頃より不動産に行き、おられたので、すぐに、家賃四月分をとどけた。お陰様で無事にすみました。

石川荒物店で、ガムテープ③２５０×③。（７５０円）

ヒルマ薬局で、クリネックスティッシューが、安かったので、クリネックス③２９８×三。（９２０円）

三月二六日(土)　はれ、ひえる。（１０・８度）

私しは西武の鉄色に、白地花ガラ入りうす地ブラウスに、三越のアヅキ色よこガラカーデーガン、ふだん外出冬スラックス、合のグレーのコート。　ブックス池袋店、８００円、神示が明かす、超古代文明の秘密　日本文芸社　中矢伸一

明治堂、７００円、ザーネクリーム６８０

太子堂、９２７円、串ダンゴ⑥二〇〇、しそ入りせんぺい二〇〇、クラッカー二三〇、豆板甘納豆二七〇、九〇〇＋二七

西武、しいたけこんぶ③６００×五、３０００　３、０９０円、お茶⑧５００×六、３０００＋９０。（９、０９０円）

ショッピング、えんどう豆（赤・青）２００×二＋１２　４１２円

タクシー⑧６００×二。（１、２００円）

三月二七日(日)　はれ、ひえる。（１２・６度）

トイレ、サニボンF

夜、６時４０分頃、新聞の集金きた。３、８５０円、＜毎日夫人＞、紙袋

三月二八日(月)　はれ、時々、うすぐもり、少しあたたかい。（１６・９度）

南天の植木鉢が小さくて、根が出てしまっているので牛乳の空箱を鉢の中のふちに入れてかこいして、土を入れた。どんな風が、始めてしてみたのでわからない、今まで、何回も、土を入れても、外に、流れ出していたので、どうぞ南天の芽が、出てくれますように。朝早くした。

朝9時頃より、子供が、昨年ぬいでいた冬シャツ上下、二組を思いきって洗った。私しは長い事、全身がきつくて、腰もちぎれる様に、痛むけれども、いつまでも、よごれたまま、ほっておけないので、無理に今日は、させてもらった、お陰で洗濯も、南天も、きがかりだったのを、済まさせて頂きまして、有難うございました。

三月二九日(火)　はれ、少しあたたかい（16・8度）
朝一寸顔そりした。
私しは全身のきつさと、腰の痛みがひどくて、どうも、体の具合がよくない。頭痛も。

三月三〇日(水)　はれ、ひえる。（12・2度）
又今日も朝刊が入らない、今月は二回も。今朝5時前に、よそには入っているのに、うちは、朝刊が入らない、今月は三月二日(水)と今日で、二回で一月。二月、三月と、毎月である、五回目である。昨年も一回。朝、7時40分頃、電話して、8時近くに、もってこられた。又、今度も新しくかわられた。
朝、10時前、赤札堂、118×②グリンスナック②236、うずらまめ198、ナビスコリッツ248、大学イモ298、切干大根180、カボチャ220、アンパン398、おたふく豆198、ピーナツセンベイ100、梅干650g990、ナットウ118。（3、279円）

三月三一日(木)　はれ、かなり、あたたかい、（18・2度）
急に、あたたかくなったので子供は冬の厚地上下ぬいで、コール天の綿オープンシャツ、冬の厚地のポリエステルズボン。子供パンツかえた。
朝10時前、スーパー、豆乳⑥480、120×③牛乳③360、110×②えんどうスナック220、甘食⑧180、ポテトサラダ180、サヤエンドスナック118。（1、584円）
魚力スーパー、玄米シリアル②398×②796、ぜんまい煮218、クレラップ③210×③630、クッキー180。（2、097円）

四月一日(金)　はれ、あたたかい。（18・8度）
急にあたたかくなったので、キルティングの冬厚地スラックス二枚とも私しはぬいだ。

四月二日(土)　雨、後はれ、あたたかい、（21・6度）
トイレ、サニボンF
子供の年金支払用紙きた。一年分133、200円、前納金額129、990円（割引額3、210円）

ガス会社より、ガスの点検に、四月五日午前に来られる由。

四月三日(日)　はれ、あたたかい。(18・4度)

朝10時前、赤札堂、甘夏⑤380、ナッツクッキー②300、ハウスポテト108、ビスケット235、アンパン398、切干大根180、カボチャ煮220、うにせん100、118×②グリンスナック②236。(2、221円)

四月四日(月)　はれ、少しひえる。(17・8度)

朝一寸顔そりした。

朝9時すぎスーパー、豆乳⑥480、120×③牛乳③360、ヒジキ煮150、サヤエンドスナック118、黒ゴマ、白ゴマ④65×四、260、黒アメ165。(1、578円)

石川荒物店、ビニール袋二号を⑤1000円、250×⑤をまけられた。

本町のスーパー、こんぶ豆190、えんどうスナック②110×②。220、ジャンボコーン②168×②336、ココナツサブレ128、一口アゲセン148、きな粉③100×③300、豆乳④320。(1、691円)

四月五日(火)　はれ、ひえたり、あたたかかったり。(22・4度)

今日は、ガス会社の人達が、器具を、しらべにこられる事になっているが、無事に、何事もなく、すまさせて下さい。晴見荘は、10時前にこられていた。

朝11時頃、ガス会社より検査にこられて異状ありませんと言われた。お陰様で、無事に、すまさせて頂きまして、有難うございました。

3時30分頃、電話代支払用紙きていた。1、987円

四月六日(水)　はれ、あたたかい。(24・4度)

朝9時前、郵便局、電話代1、987円、三月分おさめた。

ガス検針きた。

その足でスーパー、360牛乳③120×③さやえんどうスナック②236、甘食180、カボチャ煮150、豆腐50。(1、004円)

昨年から水道のジャ口と、トイレのタンクの水が、どうも思う様に出なかったり、とまったりしていたが、今のところトイレの方は、そう心配なさそうだけど、ジャ口の方が、昨日より急にしめるのがかたくて、一ぺん、一ぺん、はら、はらして使っているが、二階におられる〈略〉が、どうも、この頃、おるすの様で、たのむ事が出来なくて、困っている。ジャマもあるので、まよっている。

四月七日(木)　うすぐもり、後はれ、あたたかい。(23・2度)

朝、私しは髪が、洗えないので、お湯でふいた。今年一月一九日にふいたきり。

子供は、急にあつくなったので、冬物全部ぬいで、合のうすみどりシャツと、白の合ズボン下、パンスなどかえた。クツ下も合物に、合のブルーのパジャマにかえた。夜、冷えて、又、子供は冬物全部きた。

私しは何十年と、不安の毎日を送ってきたが、それが、主人が亡くなられてより、又、次、次と、ひどくなる一方で、一つすんだら又、次と、心配が、とぎれる事なく、ふえる一方で、どうしてこんな目ばかりうけるのだろうか。

四月八日(金)　はれ、少しひえる、後、うすぐもり、夜雨、(16・6度)

四月分の国民年金通知書がきた。

四月分の年金通知書がきた。夕方4時近く。80、400円

四月九日(土)　はれ、ひえる。(12・4度)

トイレ、サニボンF

朝一9時前、赤札堂、甘夏⑤380、ラッキョ500g498、切干大根180、ホワイトロータリー⑤100×⑤500、カボチャ煮200、トーハトレーズン②100×②200、うずら豆198、茶福豆198、モズク128、グリンスナック②118×②226、ドラヤキ⑤388。(3、219円)

三月二三日(木)と四月九日(土)とも5時すぎ夕刊がきた。

赤札堂のかえり衣類の赤札堂で南天にやる油カスを買った。(油カス400+12。(412円)

夕刊が、こないので、4時10分頃かけても、こないので、又かけたが、通じなくて、5時頃やっときた。三月二三日(木)も5時半すぎにやっときた。

四月一〇日(日)　はれ、ひえる。(11・8度)

朝、南天に、昨日買ってきた油カス二コを鉢のふちに、入れてきた。朝7時前に。

魚力、クレラップ⑤198×⑤　1、019、ぜんまい煮200円、玄米シリアルがなし。

本町のスーパー、豆乳⑧640、ジャンボコーン168、148×②揚せんべい②296、ナットウ③98、ココナツサブレ②128×②256。(1、501円)

四月一一日(月)　うすぐもり、時々はれ、まだ少しひえる。(17・6度)

今朝又、南天に、油カス⑤を入れた。

夕刊の人が又、変った所、うちの名前がついてなくて、新聞外の名前がついているので配達の人も困ってあった。明日から間違いなく無事にきますようにお願いいたします。

四月一二日(火)　はれ、あたたかい。(20度)

今は邪魔が、非常に、つよくて、子供は、朝から、毎日、おしっこが出なくて、長時間かかっているし、新聞は、うちの名前が、外の人の名前にされているし、その外、いろんな事で、邪魔が、はげしい。本人を、断ったのが、腹立てて、あらゆる面に、ジャマしているのだろう。買物等は買わない品物の代金まで取られたり、余分に高く取られたり、水道のジャ口が、調子が悪いけれども、今上の水道屋さんがるすで、たのめない。

四月一三日(水)　夜中に雨がふったのだろう、うすぐもり時々はれ、(19・1度)

朝10時頃、魚力、玄米がまだきてなかった。クレラップ⑤198×⑤、ヒジハイ煮194、わかめ190。(1、415円)

本町のスーパー、豆乳⑧480、ネーブルピーチ果汁100、メロン果汁②100×②200、キナ粉⑤100×⑤500、ナットウ③98、ココアサンドバー②148×②296。(1、724円)

邪魔のため、私共は、どうなるのだろうか、不安な毎日で、苦しむ事ばかりである。

四月一四日(木)　はれ、お昼一時雨、(15・9度)

ガス支払い用紙が、きていた、昨日入っていたのだろう。1、478円　18円引下げ

朝、9時郵便局、ガス代1、478円、四月分おさめた。

その足でスーパー、豆乳④320、甘食⑧180、110×②えんどうスナック②220、サヤエンドスナック②118×②236。果汁②100×②200。うにせん178、五目ヤサイ豆150、黒アメ165　(1、698円)

魚力。玄米シリアル⑤398×⑤。(2、049円)

四月一五日(金)　(20・4度)

朝、南天に、又油カス⑪入れて、全部で⑱。

子供は、又、あつくなったとて、冬物全部ぬいで、合物にパジャマなども全部かえたが、しばらくして、こんどは又、冷えるとて、冬物全部きて、パジャマ丈は、合のブルーにしてパンスもかえ、真冬物に次に着ていた、オープン、ズボンもかえ、長袖ブルー合うす物と、合のハイ色ズボンにかえた。

四月一六日(土)　はれ、あたたかい。(22・1度)

朝、一寸顔そりした。
朝10時前、赤札堂、甘夏④380、アンパン⑩398、テッサンド②188×②376、118×③ブルボンバウム③チョコ・ホワイト354、カルサンド②1180×②376、切干大根180、カボチャ220、グリンスナック118×②236、ヒジキ豆②こんぶ豆②二コで330④660。(3、275円)

水道のジャ口が心配だけど、今〈略〉さんが、おられないので、たのめない丈でなく、もし邪魔がさせていたら、たのんだためによけい悪くなる様で、困っている。

国保平成六年度分33、600円七月に来るのが本当

国民健康保険料の支払用紙がきた。当初決定通知書で又、七月に来るのが本当の一年分である。33600円

四月分2、800円。五月分2、800円、六月分2、800円

四月一七日(日) はれ、あたたかい。(23・6度)

トイレ、サニボンF

平成四年三月二四日に、主人が亡く成られて、今年三回忌をすませたので、少しは邪魔も尾取れるだろうと、思っていたところ、反対に、それからが、又、今までと違った、不安の広がりが、ひどく成る一方で、今までは、一つ事が、済んだら、ホッとして、次の事までは、いくらか、ゆとりがあったのに、今は、不安の連続で、今まで、そう心配なくすませていた事ガラまで、一つ、一つが、言い様のない程の恐ろしさを、ともなった不安が、次、々と、おしよせて来るみたいで、いろんな事が、重なって、心のやすむ間もない毎日で、こんな状態で、今後、どんなにして、生活してゆくのだろうか、

総てが、悪く成る事ばかりが、ふえてゆき、誰れ一人、相談相手も無い現状で、病人の子供相手だから、それでなくても、長年私しは、体を、無理使って、痛めて来たので、この頃は、一寸動いても、全身が、きつくて、腰は、ちぎれる様に痛い。

頭痛は、毎日で、どこ一つ、良い所は無い体で、今も毎日、無理に、無理をしている上に、心配な事情ばかりが、おしよせて来る様で、私しと、子供は、どうなるのだろうか、早く、死なせて頂きたい。明日は銀行で、年金の記入と出しと、帳面を、新しく作って、もらえるだろうか、心配である。無事にすませて下さい、お願します。

四月一八日(月) はれ、あたたかい後ひえる。(16・3度)

私は西武のハイ色に金糸入り合のカーデーガンに、合の東武の鉄色スラックス。

先に第一勧銀に行って、四月分年金を記入して、㉚引出してもらい、通帳が、おわったので、新しく作ってもらった。お陰

様で、銀行の事は、皆無事に、済まさせて頂きまして、有難うございました。

　太子堂515円、串ダンゴ⑤200、吹雪③茶マン③300。明治堂680＋20ザーネクリーム700円、西武68×⑤しいたけこんぶ⑤3090円、こんぶ茶を頂いた。お茶⑥3000＋90。（3090円）

四月一九日(火)　雨後はれ、ひえる。（20度）

　今は、毎日、水道のジャ口が無事に、つかえるか、その事ばかりが心配である。〈略〉さんに、来てもらうまで、使えるだろうかと、カタイジャ口を、ハラ、ハラして使っている毎日で、出なくなったら、どうしようかと、不安で、仕方ない、今のところ（トイレの方の不安は、どうなりおさまっているので、邪魔のために、ジャ口がこんなにあるのだったら、たのんだから、かえって、悪くなるので、非常に、まよっている、もし出なかったらどうしたらよいのか、ぜんぜん分からない。

国保平成六年。四月、五月六月分おさめた。

　朝、9時すぎ、郵便局、国保の平成六年度分の四月分2、800円、五月分2、800円、六月分2、800円　8、400円おさめた。

　その足でスーパー、豆乳⑥480、果実オレンジ①、ブドウ②100×③300、甘食⑧一八〇、コーンシリアル298、豆腐50、サヤエンドスナック②118×②236、えんどうスナック②110×②220、65×②白ゴマ②130。（1、950円）

四月二〇日(水)　はれ、ひえる。（17・5度）
　今朝又、南天に油カス⑩入れた。
　電気検針きた。

四月二一日(木)　はれ、あたたかい。（22・5度）
　朝、本町のスーパー、ジャンボコーン168、ポテトサラダ180、白ゴマ108、ニホンカンキッゴ③100×③300、ネーブルピーチ②100×②200、ナットウ九八、一口アゲセン②148×②296（1、390円）
　水道支払用紙きた。3068円、夕方4時40分

四月二二日(金)　はれ、あたたかい。（22・9度）
　朝9時頃郵便局、水道代3068円、三、四月分おさめた。
　その足でスーパー、豆乳④320、サヤエンドスナック②236、えんどうスナック②110×②220、豆腐50、ノムオレンジ②100×②200、コーンシリアル298。（1、363円）

四月二三日(土)　はれ、少しひえる、うすぐもり（19・9度）
朝、10時前、赤札堂、かしわ餅⑥400、188×②カルサンド②276、188×②鉄サンド②276、ブルボン③18×③、塩ラッ花生393、カボチャ220、切干180、グリンスナック③354、ラッキョ498、甘夏⑤380。
（3、636円）
子供は、ヒゲ切りした。パンスもかえた。

四月二四日(日)　はれ、あたたかい。（21・1度）
トイレ、サニボンF
明日は無事に、家賃を、もって行かさせて下さい間違なく、受取って下さるように。
今日は主人の命日、かしわ餅。落花生、甘夏ミカン、お茶、お水、御飯。ナットウ。梅干。こんぶ。いつも、いつも、こんな有り合せ物ばかりのお供えでおゆるし下さい。

四月二五日(月)　くもり後はれ。あたたかい。（21・5度）
朝一寸顔そりした。
今日は、家賃を、無事にすまさせて下さい。
朝10時半頃、不動産にゆき、家賃五月分を、上げてきた。お陰様で、無事すまさせて頂きまして、有難うございました。
本町のスーパー　982円、ニホンカンキツゴ②100×②200、クルーツエルビー②メロン100×②200、ヒジキ150、ナットウ③98、チョコクッキー178、ココナッツサブレ128
ヒルマ薬局　1184円、ポアンカミソリ⑤180×⑤900、ベビーパウダー250
夜、7時一寸すぎに、毎日新聞の集金きた。〈毎日夫人〉、紙袋3850円

四月二六日(火)　はれ、あたたかい（22・6度）

朝、電気支払用紙きた。朝、9時半すぎに16円下げ。

朝、10時頃、郵便局、電気代1、537円、四月分、おさめた。

その足でスーパー、コーンフレーク298、豆乳⑥480、豆フ50、トチュ茶②100×②200、キャベツのサラダ190、えんどうスナック100、サヤエンドウスナック118。

（1489円）


四月二七日(水)　うすぐもり、あたたかい。（一九・九度）

四月二八日(木)　うすぐもり、午前中一時雷雨（18・9度）

四月二九日(金)　はれ、あたたかい。（21・5度）

朝9時頃本町スーパー、サヤエンドスナック②118×②236、えんどうスナック②110×②220、ポテトサラダ180、フルーツのみもの④100×④400、ナットウ③98、キナ粉③100×③300、ジャンボコーン168、一口アゲセン②148×②296

四月三〇日(土)　はれ、あたたかい。(21・5度)

トイレ、サニボンF

五月一日(日)　うすぐもり、少しひえる。(17・1度)

五月二日(月)　うすぐもり、少しひえる。(13・6度)

五月三日（火）　うすぐもり、少しひえる。(15・4度)

朝10時前、赤札堂、118×②ホワイトロータリー②236、ブルボンバウム②118×②236、118×②チョコエール②236。グリンスナック②118×②236、118×②236、お茶福豆198、こんぶ豆190、うずら豆198、ビスケット235、グリンスナック②118×②236、カンパン188、アンパン398、ヒジキ煮170、切干大根180、梅干し650g990。(4、044円)

五月四日(水)　うすぐもり、後雨、少しひえる、少しあつい、(22・7度)

朝9時頃、本町スーパー、豆乳④320、カンキツ果汁③100×③300、トチュー茶100、ナットウ③98、ジャンボコーン168、一口アゲセン③148×③296、こんぶ豆190。(1、516円)

電話代支払用紙きた。(1、936円)夕方4時半すぎに。

五月五日(木)　うすぐもり、大変あつい。(23・7度)

朝一寸顔そりした。

急にあつくなったので、私しは夏シャツに、麻入り肌色ガラの西武の合のカーデーガンに、東武の合、紺のスラックス。汗びっしょりなった。

明治堂、ザーネクリーム②680×②1、400円

太子堂、かしわ餅⑥60×⑥360、ピーナツセンペイ210、甘納豆250、ジャム入りビスケット200。(1、051円)

西武、しいたけこんぶ⑤600×⑤　3、090円

500×⑥お茶⑥3000　(3090円)

ショッピング、紀文、えんどう豆（青・赤）　397円

五月六日(金)　はれ、(22・8度)

朝、9時、郵便局、電話代1936円、四月分おさめた。
その足で、スーパー、コーンフレーク298、豆乳④320、ゴマ白②130、えんどうスナック③110×②330、果汁③200。（1316円）
朝10時すぎ、魚力、玄米シリアル②398×②、サヤエンドウスナック②118×②236、ゴミ袋②110×②、ガムテープ②240×②480　（1783円）

五月七日(土)　はれ、あつい。（25・1度）
私しは髪をお湯でふいた。
朝、私しは髪が洗えないので、お湯でふいた。今年一月一九日(水)と、四月七日(木)と、今日五月七日(土)
トイレ、サニボンF
昨日の夕方、南天を、みたところ、新しく出た葉や、花が咲くつぼみなど、方方、が、かれているので、びっくりして、かえ葉などを、切取ったけれども、私しが油カスをやりすぎたのだろうか、それとも、何か悪い事のおこる知らせだろうか、どうもふに、おちない事ばかり多くて、気になって、仕方がない。

五月八日(日)　うすぐもり、後はれ、あつい。（27・2度）
朝、子供の年金の事で電話した。

五月九日（月）　あれ、あつい。（23・8度）
朝、9時前、本町のスーパー、豆乳④320、果汁④400、ポテトサラダ、一口アゲセン②48×②296、チョコクッキー178、クリームサンド188、190×②こんぶ豆②380、ナットウ98。（2101円）
朝10時一寸すぎ岸野、480×⑧クリネックス③、840⑧、580×②奴さん②1160。（5150円）、1時40分持ってこられた。
朝、10時少しすぎに、区役所の年金課に電話して、子供の年金の免除のお願をした。今週中に書類がくる由。
私の国民年金改定通知書きた。
ガス検針きた。

五月一〇日(火)　うすぐもり、（23・7度）

五月一一日(水)　うすぐもり（22・9度）
私しの国民年金改定通知書がきた。（平成六年四月より）488900円
子供の年金免除の手続の書類がきた。
朝10時すぎ、魚力、玄米シリアル④398×④1592、ビスケットなど②180×②360、岩わかめ135、ぜんまい煮174　（2328円）

本町のスーパー、イチゴニュー１２０、フルーツエルビーノ１００、ナットウ９８、ココナツサブレ②１２８×②２５６、えんどうスナック１１０×②２２０、サヤエンドスナック１１８。（９３９円）

＜略＞で買った物が、金額が合わないので、かえってきてすぐに品物をもって行ってたずねた所１２３３円ほど、多く取ってあったのが、もどされた。

五月一二日（木） 雨、少しひえる（１９・８度）

かきながら、気分が悪くなった。私は、具合わるい。

五月一三日（金） はれ、あつい。（２３・２度）

朝一寸、顔そりした。

朝、１０時前（赤札堂１１８×④グリンスナック④４７２、アンパン⑩３９８、リンゴ果汁１２８、エルビーライチ１００、ヒジキ煮１７０、カボチャ２２０、おたふく豆１９８、うずら豆１９８、茶福豆１９８、ホワイトロータリー１１８、１１８×三チョコエール③３５４。（２６３０円）

五月一四日（土） はれ、あつい。（２５・５度）

トイレ、サニボンＦ

今日もまた、思いなおして、子供の年金の書類に、かきなおしたが、後で又、気分わるくなった、出したものか、どうか、まよっている。

五月一五日（日） 雨、少しひえる。（２０・１度）

私しは朝起立ちより頭痛と熱があり、気分わるく、全身きつくて昼９時すぎより、お昼頃まで、フトンにやすんだ。

ガス支払用紙が、昨日きていたのだろう、忘れて、夕方六時半すぎに、気付いていったら、来ていた。１４７８円

五月一六日（月） はれ、あつい。（２９・３度）

私しはこの頃全身がこわった様に痛くて苦しい。丁度、たたかれた様な痛さ。

朝、９時郵便局、ガス代１４７８円、五月分、おさめた。

その足でスーパー、豆乳⑥４８０、ト仲茶。オレンジ果汁②１００×②２００、コーンフレーク２９８、五目ヤサイ豆１５０、６５×④ゴマ白・黒④２６０、黒アメ１６５、トウフ５０、えんどうスナック②１１０×②２２０、さやえんどう１１８。（１９９９円）

五月一七日（火） はれ、あつい。（２５・７度）

子供はパンスかえた。

五月一八日(水)　うすぐもり、ひえる。(19・7度)

朝、9時前、本町のスーパー、豆乳④320、100×④果汁④400、ポテトサラダ180、100×②きな粉200、148×②一口アゲセン②296、ジャンボコーン168、ナットウ③98、190×②こんぶ豆②380。(2103円)

五月一九日(木)　はれ、ひえる。(24度)

朝、10時頃赤札堂、私しは、この頃、又、全身きつくて、気分もすぐれない。

グリンスナック④118×④472、オレンジ果汁②113×②226、ラッキョ500g498、アンパン⑩398、切干大根118、玉子せんぺい②158×②316、チョコクッキー150、ロッテクランキービスケット218、カボチャ煮220　(2758円)

かえりに、衣類の赤札堂で、子供のパンス⑱240×⑱(4449円)

五月二〇日(金)　うすぐもり、ひえる。後はれ、(19・4度)

電気検針きた。

五月二一日(土)　はれ、少しひえる。(21・9度)

トイレ、サニボンF

五月二二日(日)　うすぐもり後はれ、あつい。(23・1度)

朝一寸顔そりした。

私しは三越の肌色の茶の山形よこガラ入り長袖合のブラウスに、頭部の紺合のスラックス

明治堂、わかもと1980+59　(2039円)

太子堂、クッキー230、串ダンゴ⑤200、ジャム入りビス200　(649円)

西武(しいたけこんぶ⑤600×⑤3090円、お茶⑥500×⑥(3090円)

ショッピング、えんどう豆赤②412円、ところ天450円、バナナ⑥257円

五月二三日(月)　はれ、あつい。(27・4度)

朝9時すぎ、本町スーパー、100×④果汁④400、一口アゲセン②148×②296、きな粉③、300、ココナツサブレ②128×②256、ナットウ③98　(1390円)

私しは夜中、やすんでいて、目まいが二回ほどして、気分わるく、そのまま朝までやすんだが、おきて、仕事が、出来るだろうかと、心配するほどふらついていたが、無事、買い物まですました後、どうも具合わるくて、10時頃よりお昼までやすんだが、目まいや、ふらつきが取れない、熱と頭痛で、氷でひ

やしているけれども、一向に、よくならない。ふらつくので、体や、頭を、うごかすのが苦しい。夏と頭痛、ふらつきが、ひどくて、一晩中氷でひやして休んだ。

五月二四日(火)　はれ、あつい。(28・3度)

今日も、私しは、目まい、ふらつき、頭痛、熱がひどくて、おきておれなくて、朝9時前頃より、お昼まで氷でひやして、やすんだが、一向に、よくない、今まで、主人の命日に、具合の悪いのはなくて、始めてである。

今日は主人の命日、バナナ二本、クッキーなど、うずら豆、お茶、お水、御飯、梅干し、こんぶ。ところ天、なっとう、お茶、お水、何時もが、ゆきとどかない上に、今日は、私が、昨日より目まい、熱。頭痛などがひどくて、どうもこうも、具合わるくて、何一つ思う様に出来ませんでした、すみません、おゆるし下さい。

五月二五日(水)　はれ、あつい。(26・3度)

私しは昨夜も、夜通し氷水でひやして、やすんだけれど、子供は、やっと半袖メリヤスシャツと、メリヤス半ズボン下、パンスなどかえた。私しもやっと、メリヤスうす地、ズボン下や夏シャツなどにかえた。

朝、10時すぎ、不動産にゆき、家賃六月分を、上げてきた。今日は、又特別、私は気分わるく、はき気までしてふらつきが、ひどく、今日は、家賃を持って行けるだろうかと、不安になる程で、9時前から10時頃まで水で頭をひやしながら、しばらくして、おき上ったけれども、具合の悪いのが、ひどくて、どうも、こうも、たまらなかったけれども、無事に家賃をすませて頂きまして、有難うございました、こんな事は、始めてで、二三日から具合の悪いのが良くならなくて、困っている、邪魔のためだろうか、何一つ今は、家の中の事も出来ないし、具合もひどすぎる。

かえりに本町のスーパーで、イチゴニュー②120×②240、リンゴ果汁100、ポテトサラダ180、ナットウ98、豆乳⑥480、えんどうスナック②110×②220、サヤエンドスナック②118×②236。(1600円)

五月二六日(木)　はれ、少しひえる、後雨(24・7度)

私しは、お昼からも氷でひやしながらやすみ、夜も、夜通し、頭と心臓をひやし氷を、さい、さいかえて、おちついて、ねむれない。二三日から特別、ふらつきや頭痛、熱がひどくて氷でひやし通し、しないと苦しい、なぜこんなに、ひどいのだろうか、邪魔と言っても五〇何年間も、苦しめられ通しでひどすぎる。どんなわけが、あるのだろうか、わからない。

電気支払用紙きた(1592円)、朝、9時半前に。

朝、10時前郵便局、電気代1592円、五月分おさめた。その足でスーパー、コーンフレーク298、カボチャ150、トウフ50、グリコリンゴ果汁③70×③210、グリコオレンジ③70×③210、ゴマ白②65×②130、えんどうスナック②110×②220。（1306円）

今日も私はまだすっきりとしないけれども、なるべくねない様にしては、いるけれど、頭痛。熱が取れない。

五月二七日(金)　雨、昨日より、よく降った。むし暑い。（26・7度）

私は昨夜も、氷で頭と心臓をひやして、やすんだけれども、今朝もまだ、頭痛、熱が取れなくて苦しい。

私しはぼそぼそ、仕事をしていたが、どうも頭痛と熱で、朝10時頃より又、氷でひやしながら、お昼頃までやすんだけれども、一向にすっきりしない。

五月二八日(土)　雨後くもり、ひえる。（21・6度）

トイレにサニボンF

朝、10時前、赤札堂、梅干650g990、うずら豆198×②おた福豆396、676玄米フレーク②、338×②、チョコクッキー168、アンパン⑩398、フレンチパイ158、イチジク②358×②716、グリーンスナック④118×④472、ヒジキ煮170、切干大根180（4453円）

夜、7時一寸すぎに、毎日新聞の集金きた。〈毎日婦人〉、紙袋。東京新聞の家庭くらしと分別用のゴミ袋⑤もやられた。3、850円。

私は今日も具合わるく、氷でひやして、やすんだけれど。

五月二九日(日)　はえ、ひえる。（26・3度）

朝、9時頃、本町のスーパー、果汁④100×④400、ポテトサラダ180、ココナツサブレ128、黄粉②100×②200、ジャンボコーン168、サヤエンドステック118（1229円）

私しは買物には、無理して行ってきたけれども、具合が、悪いのが、ひどくて、10時頃より、お昼頃まで氷でひやしながらやすんだ。腰から下の冷えもひどいし、頭痛。熱と、一向にとれないので苦しい。

五月三〇日(月)　雨、後上天気、（25・2度）

私は、昨夜も、何回も氷をかえて、冷し通しでやすんだけれども、一向に、頭痛。熱がとれない、今朝も、まだすっきりとしない。

五月三一日(火)　はれ、うすぐもり、（26・4度）　私しは、おきる前から頭痛と熱で苦しい。五月二三日より、九日間になるのに、毎日氷でひやし通しでも、一向によくならない。本当になおるのだろうか。

朝、9時すぎ、スーパー、トコロ天98、サヤエンドスナック②118×②236、カボチャ150、豆乳④320、赤リンゴ③280、オレンジ果汁①70、イチゴ果汁100。(1219円)

私は、買物から、かえってきて、どうも頭痛と熱で10時少しすぎより、お昼頃まで氷でひやしながら、フトンにやすんだが、どうしても、よくない。邪魔丈だろうか、何十年と、苦しみ通しで、いろ／＼と教えられたことが、どうしても信じられない、現状がひどすぎるし、長すぎるので。

六月一日(水)　うすぐもり、雷がなったがふらない。(25度)

六月二日(木)　はれ、あつい。(26・5度)

子供の毛のシャツ上下と中に着ていた上下と、一番下に着ていた上下のシャツなど、全部つまみ洗いして干したけれども、着られるだろうか。

朝10時前、みすず屋に、マイソフト六コたのんだ。今日もってこられるのだろうが、二時すぎまで、こられない。夕方5時半頃までこられないので電話し、又7時までこられないので明日おねがいしますと電話した。

六月三日(金)　はれ、あつい。(27・2度)

朝、8時すぎ、本町スーパー、豆乳⑥480、ポテトサラダ180、なっとう98、一杤ちアゲセン148、サヤエンドースナック118、ジャンボコーン168、こんぶ豆②190×②380、ココナツサブレ128、果汁③100×③300。(2060円)

朝10時少しすぎに、みすず屋よりマイソフトもってこられた。272×⑥(1632円)

お陰様で有難うございました。

四半畳のカーペットはずした。

電話支払用紙きた。(1936円)

六月四日(土)　はれ、あつい。(29度)

トイレ、サニボンF

子供が、急に言い出したので、朝9時前から、子供のフトン類全部干して、敷フトンはカバーをかえた。カーペットもはずした。下に敷いていたモーフと。厚地シーツ地。上に着ていたモーフ等直しこむ、押入も全部上は掃除してしきかえて入れた。

四半畳の豆電球がきれた。

子供のフトンの下に、新しいカンソウ剤⑬前の⑫を入れてしいた。夜、四半畳の豆電球がきれた。

六月五日(日)　はれ、あつい、時々うすぐもり（26・8度）

朝、私しは髪毛の後の横を、髪切り用で切って、後は、お湯でふいた。今年一月一九日(水)に、切ってふいている。（ヒョウソウ）で洗えないので困る、散髪店は、すすぎが悪いのと、高いので昨年三月三〇日行ったきりやめている。私は髪の後をきった。

白の置時計の電池かえた

大安、朝、白の置時計の電池を新しくかえた。

朝10時すぎ魚力、パラゾール③430×③1290、クッキー180、玄米シリアル②398×②796、アン入り菓子208、ぜんまい180、イソわかめ133、サヤエンドースナック118、えんどうスナック115。（3110円）

六月六日(月)　うすぐもり、時々はれ。少しひえる（23・9度）

朝一寸顔そりした。

ガスの検針きた。

子供の散髪した六月七日(火)

朝9時半すぎ郵便局、電話代1936円、五月分、おさめた。その足でスーパー、コーンフレーク298、甘食⑧180、カボチャ150、ポテトサラダ180、カントリーバニラ278、クッキー178、トウフ50、黒ゴマ③65×③185、果汁③300、グリコリンゴ③70×③210。（2079円）

六月七日(火)　うすぐもり、少しひえる。（23・3度）

朝9時前より、子供の散髪と、ヒゲ切りした（今年二回目）。

六月分の国民年金通知書がきた

子供は、半袖シャツ、半ズボン下、パンスかえた。

六月八日(水)　うすぐもり、少しひえる（26・4度）

子供のマクラに布をかぶせた。

朝10時すぎ本町スーパー果汁④四〇〇、バニラ二六八、一口アゲセン一四八、ジャンボコーン一六八、ココナツサブレ一28、豆腐98、こんぶ豆190、きんとき豆190、ナットウ98、きな粉③100×③300　2047円

水道検針きた。

私しは腰の痛みがひどくて歩くのも働くのもきつい。

六月九日(木)　雨、少しひえる。梅雨入りした。（22・3度）

私しのマクラにも布をかぶせた。

六月一〇日(金)　はれ、あつい、時々くもり（27度）
六月分の年金通知書がきた。(一昨日きていたかも知れない)
81483円
朝10時前、赤札堂338×②玄米フレーク②676、塩えんどう豆130、昔菓子158、アンパン398、178×④豆類④712、フレンチパイ158、グリーンかし168、ヒジキ煮170。カボチャ220、しいたけこんぶ②238×②476、バレンシアオレンジ⑧580、黒菓子100、チョコ、コーヒー138、ビスケット235。(4448円)

六月一一日(土)　はれ、あつい。(27・1度)
トイレ、サニボンF
朝10時すぎ、スーパー、豆乳④320、コーンフレーク298、甘食⑧180、カボチャ150、ニライタメ150、グリコ、リンゴ果汁②70×②140、果汁④400、白ゴマ③65×③195。(1887円)
私しのフトンの上にかけるシーツ②干して直した。
ガス支払用紙きた。1350円、引下げ15円

六月一二日(日)　うすぐもり、後雨、むし暑い、(25度)
朝9時頃より、私のパンス②、前掛②、クツ下など洗った、お陰様で、ジャ口も無事に、使わさせて頂きまして有難うございました。

六月一三日(月)　雨、むし暑い（24・5度)
朝、一寸顔そりした。

六月一四日(火)　雨、お昼前よりはれた。少しひえる、後あつい。(28・3度)
台所のおふきん掛はずれた。
水道支払用紙きた（2936円)。今月より値上げされる、次は3428円の由
台所のおふきん掛が、はずれてしまった。昨日、いろ〳〵としてみたが、だめだった。
同じ四のつく日に、六月四日(土)は、四半畳の豆電球がきれたし、同じ六月一四日(火)は、おふきん掛が、はずれたが、何か同じ日と言うのは、訳があるのではないだろうか、悪い事出なければよいが、南天も次々かれて葉がおちてる。

六月一五日(水)　上天気、あつい。(27・6度)
新しいおふきん掛を取つけた。
朝10時すぎ、郵便局、水道代2936円、五月、六月分おさめた。ガス代1350円、六月分おさめた。
その足でスーパー、豆乳⑥480、果汁③300、50×②

トウフ②100、甘食⑧180、えんどうスナック110、65×③白ゴマ③195、中華合物150。(1560円)
平和通りにフキン掛なかったので、石川荒物店、ふきん掛370、タワシ②280、220×⑤ダスボン⑤1100。(1780円)
本町のスーパー、こんぶ豆190、ジャンボコーン②168×②336、きな粉③300、ナットウ98、148×②一口揚せん②396、ココナツサブレ②128×②256。(1520円)
石川商店より買ってきた、おふきん掛を前の所にはめこんで、おふきん、台ふき、手ふきタオルなど全部新しくかえた。お陰様で有難うございました。

六月一六日(木) はれ、時々うすぐもり、あつい(27・7度)
朝10時前、赤札堂ラッキョ500g498、落花生609、338×②玄米フレーク②676、178×③末茶サンドビスケット③534、塩エンド豆④100×④400、おかし168、切干大根180、ヒジキ170、238×②、しいたけこんぶ②476 (3813円)

六月一七日(金) はれ、あつい。(28・9度)
私しは東武ホープセンターで買った半袖ブラウスの大きい丈のを着て、坂下の夏スラックスふじ色
先に、第一勧銀に行って、私しの年間六月分の記入をしてもらってきた。81483円。
明治堂、(3770円)。エーザイスキンローション②980×②1960、ザーネクリーム680、スキンミルク1030、太子堂、886円。大福⑥360、串ダンゴ⑤200、水ようかん300。
西武、(3090円)。しいたけこんぶ⑤600×③3000、こんぶ頂いた。
子供は、この頃、全身きつそうにしているが、病気でないとよいけれども、お医者さんにも、かけられないし、まして、入院なども出来ない、子供は十何年と、一日に、一食しか食べないので、夏は、特にこたえるだろう。のみものものまないし。

六月一八日(土) はれ、むし暑い(27・6度)
トイレにサニボンF。
朝10時すぎ、スーパー、豆乳⑥480、果汁④400、65×④黒ゴマ④260、大学イモ150、カボチャ150。(1483円)
十分干せなかったけれども、今日、やっと、綿入タンゼン②、合スラックス、その他を干して、流しこんだ。
トイレの水も水道のジャロも、毎日、ハラ、ハラして使って

いるけれども、二階の＜略＞さんが、るすでたのめない（不動産にはどうも気がすすまないので）

私共は、今後、どんな生活をするのだろうか、毎日、毎日、不安でその事ばかりを、心配しているが、来年はもうお金がないので、ここにはおられない、どこに行き、どうしたらよいのか、だれか相談出来る人もいないし、今年いっぱいで、その後は、どうしたらよいのだろうか、子供は、病んで、相手にならないし、私一人で、よい考えも、うかばない、二人共（フロウ者の生活）をするのだろうか、どうしたらよいのだろうか、お願しても、きかれないだろうし、不安で、不安で、たまらない。

六月一九日(日)　雨、少しひえる。（20・3度）

六月二〇日(月)　雨、ひえる。（18度）

子供の年金のハガキがきたけれど

子供の国民年金の、納め忘れではないかと、ハガキが、来ていたけれども、五月の始頃、年金課におさめきらないからと、書く書類を、もらって、書いていたが、気分が、悪くなり、又、何日かして書き出したけれども、気分が悪るく、それからは、何一つ出来ない、病人になってしまったので、出すのをやめたけれど。

電気検針きた。

六月二一日(火)　大安、夏至、雨、くもり、ときどき少しひえる、はれ（23・6度）

朝9時すぎから、二ケ所のスーパーに行って、帰って来てから、私は急に目まい、ふらつき、むかつきがして、それからも、どうもこうも、具合がわるく、夕食も一寸食べた丈で、早目にフトンしいて氷で頭痛と心臓がくるしいので、冷やしながらやすもうとした時、はきけがして、上げてしまったが、夜通し何回も氷をかえて頭と心臓をひやし通しした。

五月二七日(金)の朝方か、夜中か、よく覚えて無いけれど、この今住んでいる家に、転宅してきて間も無い、昭和六〇年五月に感じていた文句の、（ここが最後、裸になる）と言うのと、同じ文句の短冊の様なものを感じた途端に、さっと、それが、裏返って、今度は、（この世の終り）と言う文句を感じたが、この家に来た端から、ここが最後、裸になると感じていた文句の通りに、成るのではないかと、何時も不安の仕通しで、来年三月でこの家も一〇年に成り、平成四年三月二四日に、主人が亡く成られて、今は、子供と二人丈で、収入が無いので、来年は裸に成って、出て行くのだろうかと、毎日、毎日、心配の日送りで、相談相手も無く、病人の子供の事を考えると、ただ目の前は真っ暗闇で、何一つ分からない、毎日、毎日、一人で、この先どうしたものかと、考え通し、しているので、（この世の終り）と言う文句を感じさせられたのが、本当だと、助かるけれども、私は、小さい時から、多くの人々が、口を借りられてか、特別の運命の様に、聞かされ、又、自分自身も、色、色と、悟らせてもらってきたのに、もう七五才も過ぎた今日、何一つとして、現実は、変ら無い、（針の先程の穴からでも邪魔は入って来るから、最後の最後まで分からぬ様にしてある）と悟らせて貰ってからも、もう、四〇年は過ぎ去っているのに。

1994年（平成６年）６月21日
～
1994年（平成６年）９月19日

覚え書き62

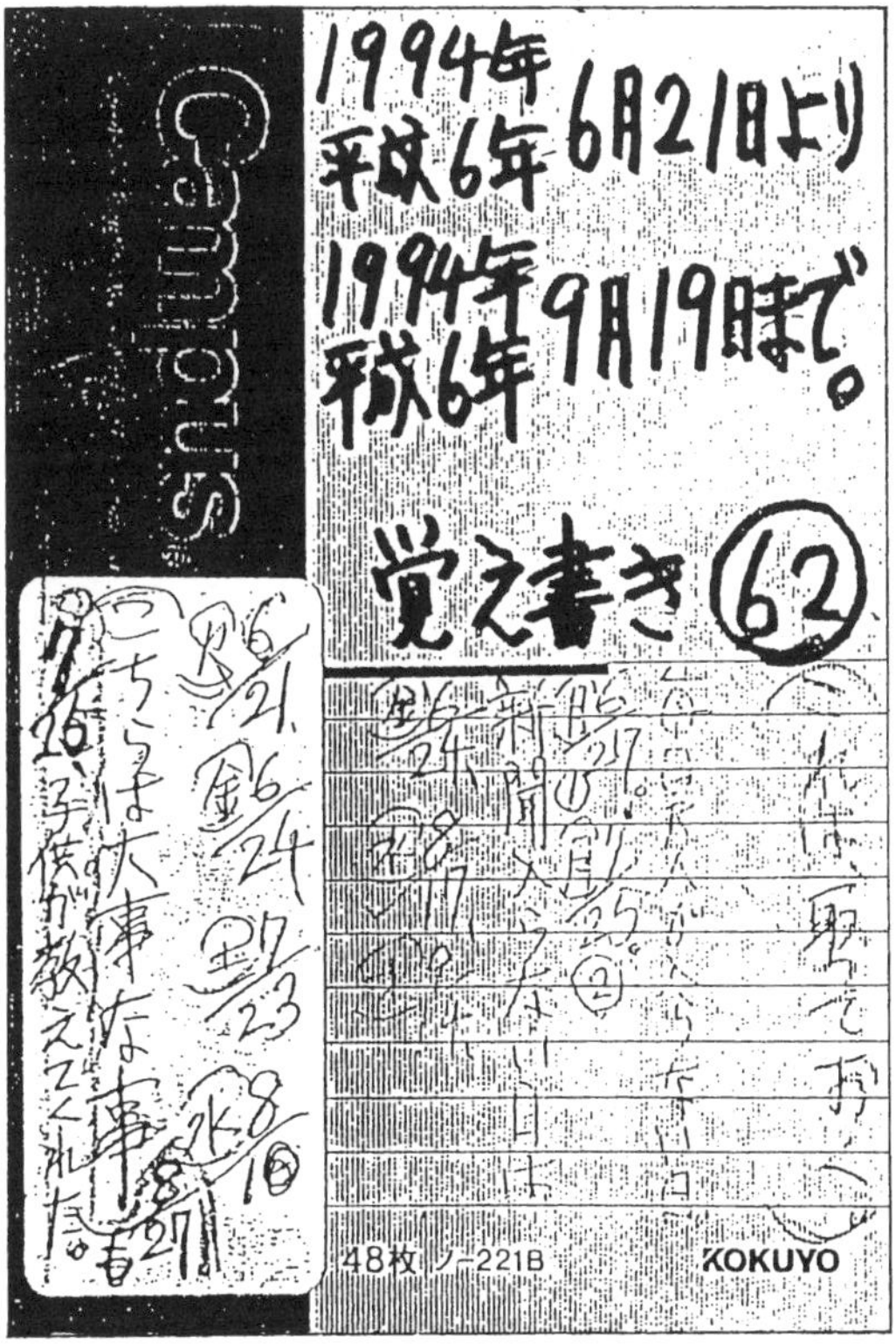

覚え書き㊷

一九九四年（平成六年）六月二一日より
一九九四年（平成六年）九月一九日まで

一九九四年、平成六年

平成五年四月一九日(月)
夕方、窓を開けて、外の草花をながめていた所。（只、一筋の心在るのみ）と、言う、文句がうかんで来た。

六月二一日(火)　大安　夏至、前のノートのつづき、朝九時すぎ、スーパー920円、梅フウミスナック③138×③414、豆乳⑥480
かえってきて今度は本町スーパー、果汁③300、春雨サラダ148、168×②ジャンボコーン236、148×②一口揚セン②296、128×②ココナツサブレ②256、豆乳④320、キナ粉③300、豆腐98、2107円

私しは具合悪るく、早くやすんだけれど、夜一〇時頃目がさめたところ、元「姿ある神」の私は、九八才に、この世を去ると言う感じの文句を受けた。九、八、くは去る

六月二二日(水)　上天気（27・6度）
私しは今日も目まい、ふらつき、はきけがして、朝やっと起きて見たが頭痛と熱と心臓が、ひどくて、ひやし通し、しないと、苦しい。食事も、昨日からいけないし、今朝も、九時頃から、氷でひやしながら、お昼までやすんだけれども、具合の悪いのがひどくて、苦しい。
五月二三日(月)から月末まで目まい、ふらつき、熱と頭痛、心臓などひどくて、苦しんだが、丁度今月も同じ頃に同じ状態で、今度はよけいひどい。

六月二三日(木)　うすぐもり、少し暑い（26・2度）
私しは相変わらず、具合の悪いのがひどい、先日と同じ時期で、同じ状態だけど、こん度は、二回目だからひどい、それに食事が、いけないし、頭痛と熱、はきけ、心臓など、大変苦しい、今度は、二回目で、どんなに、ひどくなるのだろうか、何時もすべて、病気丈でなく、二回づつの二回目は、ひどすぎるほどに、ひどい。
私しは頭を動かすのが苦しい。上も横も下にも手でも動かす

と目まいがして、目も明けておられないほどに、ひどくて苦しい
今日も朝八時半頃より、お昼まで、氷で冷やして、やすんだけれども頭痛と熱、はき気、心臓などの苦しみが、一向によくならない。夜も何回も氷を入れかえて、ひやし通し、しているけれども、それに、食事が、いけない、五月の時は食事はいけていたけれども、同じ状態の、二回目の時は、かならず、ひどい状態になる。

六月二四日(金)　又、朝刊が入らない　今年五回　昨年一回
　今朝又、朝刊が入らないので、7時20分頃、電話して、7時45分頃、もってこられた。昨年始の時、電話代10円もってこられ、今月又、10円入れてある。
六月二四日(金)、六月四日(土)四畳半の豆電球が切れたのにつづき、六月一四日(火)、同じ四のつく日に、フキン掛がはずれ、同じ六月二四日(金)、又四のつく日に、今日は、新聞が入らなかったが、同じ月で、同じ四のつく日が、三回も、よくない事ばかり起きているのは、訳があるのだろうか。
　今日は、主人の命日
クッキーと、水ようかん等、お茶、お水、こんぶ豆、こんな事ですみませんでした、おゆるし下さい。
　今月も、先月の五月二四日(火)、同様に、私は、同じ時期に、具合が悪くなってしまって、買い物も、何一つ出来ない状態で、何時もが、十分出来ない上に、五月、六月と、主人の命日に、お供えする物もない程で、今月は、果物も、その他も、ほとんど無い有様で、つづけて、二ケ月、同じ事情になってしまったのは、なぜだろうか、すみません。
　電気支払用紙きた。1771円、21円引下げ
　私は、今日は、少しは良いかと思って、起きてみたところ、相変わらず、目まい、ふらつき、頭痛。熱、心臓で、朝10時頃から、氷で冷やしながら、お昼まで、やすんだが、一向によくない。先月は、食事は、どうなり、いけたのに、今度二回目は、食事が、ぜんぜん、食べれない程に、ひどい、今月の主人の命日にも、何一つ出来なかった。病気以外、何事も、二回目の時は、非常に悪く、ひどい状態が、何時も出ている。

6月　4日	む6
6月14日	む6
6月24日	む6が3つ
3、3、3が(9。苦《くるしみ》)	むざん(無惨《むざん》)

ょ4日	6×3、18
1ょ4日	4×3、12
2ょ4日	1+2、　3
1+2で3、4が3つ	(さんざん)33
3、3で	
(散散)《さんざん》	

（無惨）ふびん。あわれなこと。むごたらしいこと。（ザンコク）いたわしいこと。
（散散）はなはだしい様子。極度に及ぶさま。はなはだしく見苦しい。
（苦）ほねおり。くるしみ。心配
今月六月四日(土)、六月一四(火)、六月二四(金)、の同じ月で同じ四のつく日に起きた事は、上や右に書いている様な世の中に、近い内になるとの知らせではないかと悟った。

六月二五日(土)　くもり、むし暑い。一次つよい雨ふる。（23・8度）
朝、一寸顔そりした。
今日は無事に、家賃を、とどけさせて下さい。
朝10時少し前から急に、つよい大雨が、降り出したけれど、思い切って雨グッはいて、10時半頃不動産に行ったが、るすで、本町スーパーで買物して、又行ったところ、不動産は、こられたばかりで丁度おられたので、家賃の七月分を、おさめてきた。お陰様で、無事に、家賃をすまさせて頂きまして、有難うございいました。
私しは、少しは良いけれども相変らず目まい、ふらつき、頭痛と熱で、今朝、不動産に行く前も氷で頭を冷やしながら、しばらくやすんでから、出かけた。一時の様子では、外出も出来ないほど、苦しく、ひどかったので、無事に、行かせて頂いて、本当に、よかった。有難うございました。
豆乳⑤400、ナットウ98、こんぶ豆190、豆腐98、ザルソバ230。（1046円）
私は、一ケ月位い前から、急に、右ヒジの骨の所を日に何回も、うちつけたりが再々で、なぜか分からぬが、痛みが取れなくて、苦しい。

六月二六日(日)　上天気、後雨、むし暑い。（27・8度）
今日こそ少しは良いと思っていた所、私は、朝起きる前から、頭痛と熱がひどくなり、又、朝九時頃から、氷でひやしながら、お昼前まで、やすんだが、一向に、よくない、ふらつき、目まいがとれないので、非常に苦しい。五月と、同時期に同じ状態で、今度は、二回目丈に、ひどい。どんな訳があるのだろうか。

六月二七日(月)　はれ、大変暑い。むし暑い。（31・1度）
お陰様で、少しはよいけれども、私は、全身きつくて、苦しい。
六月二七日(月)　水道のジャ口が、カタクてひねる時ハラ、ハラしているが、修理をたのんだものか、まよっている。〈略〉さんが、るすだから、不動産に、たのまねばならないが、ジャマだと、してもらって、かえって、悪くなるかも知れないので、毎日、どうしたものか、わからない、出なくなったり、出て、とまらなくなったりしは、しないかハラハラの毎日であるが、水道のジャ口、トイレの水、窓のカギ、電気、冷蔵庫、食器棚の引手、食台の足、畳、ガス、玄関ドア、どこ一つ安心出来ない不安な所ばかり

朝、10時前郵便局、電気代1771円、六月分おさめた。

六月二七日(月) その足で、平和通り先の方の八百屋で、プラム28コ二パック350×②700円

そのかえりにスーパー、豆乳⑥480、豆腐100、ザルソバ270、甘食⑧180、果汁②200。(1266円)

<毎日夫人>は入ってない

夜、8時10分すぎに。毎日新聞集金きた。東京新聞の家庭くらし、分別用ゴミ袋、毎日新聞の紙袋、3850円

六月二八日(火) 雨くもり、時々雨、むし暑い (29・1度)

私は、今日は、少しはよいと思っていたところ、8時半頃又、急に、気分がわるくなり、とうとうそのまま、氷で頭を、ひやしながら、お昼頃までやすんだが、一向に、よくない、今度は、食事のいけないのが、ひどいのと心臓も苦しく、夜通し毎日氷で頭と心臓を冷し通し、日中も冷し通し、していても、一向によくない。頭痛、熱、ふらつきが取れなくて、毎日苦しい。南天も、全部かれてしまいそう。

六月二九日(水) 少しひえる。(22・6度)

子供は、一、二ケ月位い前から、急におしっこの出るのに、時間が、かかり、本人は、どうもないと言っているが、一晩中、行かないのに、朝は、特別、出るのに、そうとう時間が、かかって、よういに出ない、外の時間の時もだけど、特に、朝一番が、出ぬくい様でこれも邪魔のせいだろうから、時期まで、ガマンしなければだろうが、ひどく成らぬとよいけれど。

私は今日も、すっきりとしない、朝九時すぎから、10時すぎまで頭を氷で冷やしながらやすみ、10時すぎから、買物に行くつもりで、一応おきたけれども、さっぱりなくて、やめてしまった。

六月二一日(水)より、今日で九日間、毎日、毎夜氷で頭と心臓を、冷し通し、しないと苦しくてたまらない。五月の同じ時期の時は、食事は、あまり関係なかったが、今度は、食事まで、いけなくて、ひどい。頭痛、熱、心臓、全身きつい、ふらつき、はきけ

六月三〇日(木) うすぐもり、むし暑い。(27・2度)

朝九時すぎ本町スーパー、豆乳④320、果汁②200、豆腐98、ナットウ98、一口挙セン②269、トコロ天75、190×②金時豆②380。(1511円)

今度は平和通りスーパー、豆乳③240、豆腐②100、果

汁④400、コーンフレーク298、ポテトチップス梅味138×②276、五目さらだ170。(1477円)

私しは今日こそ良いかと思っていたところ、買物に行っても、歩くのが、きつくて、きつくて、苦しい。家の中でも、すぐに、座りこまないと、一寸でも立っておれない程、全身きつい。

もう今年も、半年すぎてしまった。何十年も、安心の出来ない生活を毎日、送って来た上に、主人が亡くなられてからの三年間は、苦しみながらアット言う間に、すぎてしまった、毎日が、今後の事、現在の事で、心細く、不安な、日、日の上に子供もだけど、私の肉体の苦しみは、年ごとに、ひどくなる一方で、ただ、息をしている丈と言う現状で、其の上、五月と今月六月は、同じ時期、同じ状態で、先月は九日間、今月は十日間でどんな訳があるのだろうか。

七月一日(金)　うすぐもり、むし暑い。(27・6度)

トイレ、サニボンF

七月二日(土)　くもり、雨後時々はれ、むし暑い、非常に暑い。(32・4度)

子供は、クレーブシャツ、クレーブズボン下、パンス。夏半袖パジャマ、夏クツ下などかえた。

朝、10時前、赤札堂、落花生600、イチゴヨーグルト③108、トコロテン③258、しいたけこんぶ②238×②476、ヒジキ煮170、切干大根180、198×三豆類③594、ナビスコエントリ②198×②396、チップスアホイ②396、ウォールナッツ②198×②396、フレンチパイ158。(3843円)

今朝、出がけ前に、トイレの水が、大小どちらも、ぜんぜん出なくて、かえって来て、少しは出ているが、不動産にたのんだものか、どうしてもまよっている、ジャマだと、してもらって、かえって、悪くなるし、どうしたものか、毎日ハラハラである、水道のジャ口も出すのも、止めるのもかたくて困る。

七月三日(日)　はれ、きびしい暑さ。大変暑い。(35・6度)

やっと、私しのモーフ②や、子供の掛ブトンなど干して、なおす様にする。

七月四日(月)　はれたり、くもったり、きびしい暑さ。(32・6度)

朝九時すぎ、本町スーパー、豆乳⑥480、豆アゲセン②296、コンブ豆②300、ジャンボコーン168、ナットウ98、果汁③300。(1691円)

ヒルマ薬局4635円、カンソウ剤⑩450×⑩4500円＋135

新しいブルータオルシーツをしいてやる
かえた時にカンソウ剤新しく、⑬入れて前のが⑫だったのに、今日買ってきた新しいのを⑥入れて、㉛全部で入れている。

七月五日(火)　はれ、暑い大変暑い。(35・3度)

朝一寸顔そりした。

朝、10時前スーパー、豆乳④320、260ゴマ黒④65×④、五×四豆腐④200　果汁④400、ウメポテトチップス②138×②276。(1499円)

朝10時40分頃、〈略〉440×⑧クリネックス⑧3620、奴さん①600、(4220円)

2時半頃、もってこられた。奴さんは一つ丈、おつり200円足りなくて、今度と言われた。

電話支払い用紙きた。1926円、夕方4時半すぎに。

七月六日(水)　はれたりくもったり、毎日きびしい暑さ。(33・1度)

朝九時頃郵便局、電話代1926円、六月分おさめた。

夜も、きびしい暑さで、氷でひやしても、きかない。

その足でスーパー、豆乳④320、豆腐②100、カボチャ150、コーンフレーク298、甘食180、果汁③300、(1388円)

ガスの検針きた。

七月七日(木)　くもり、時々小雨。(26・4度)　夜、つよい雨

私しは昨日から、少し頭痛と熱が、していたが、今日は、外出するつもりだったが、雨がふり出した上に、頭痛と熱がひどくなり、朝九時頃よりお昼まで、氷でひやして、フトンにやすんだが、さっぱりしない。

七月八日(金)　くもったり、はれたり、むし暑い。(30度)

私しは三越のクジャクガラ半袖ブラウスに、三越のハイ色夏スラックス。

太子堂1009円、トコロ天②200、クシダンゴ⑤200、ヨーグルト⑤330、おかし

西武3090円、600×⑤おきなしいたけこんぶ⑤

わかめの酢のもの340+1。(350円)

200+⑥、200円

ブックス池袋店、800円、真正日本神道、中矢伸一、ワニの本

七月九日(土)　雨、むし暑い。(25・8度)

トイレサニボンF

私しは髪をお湯でふくつもりで、クシのアカを取って水洗いしたが、雨が、降り出したので、髪が、かわかないと、いけないのでやめた、ところが、間もなく、私は、急に、頭痛と熱で又、具合わるくなり、朝10時頃より、氷で冷やしながら、お昼までやすんだが。

七月一〇日(日) くもりお昼頃、一時雨、むし暑い。(27・1度)

朝、10時前、赤札堂

落花生600、ラッキョ500g498、トコロ天258×②六コ516、ヒジキ煮170、238×②しいたけこんぶ②476、78×②、水ようかん④248、198×②ウォールナッツ②396、マッ茶128、アーモンド128、ナビスコラングド198。(3561円)

七月一一日(月) はれ時々くもり、あつい。(32・6度)

朝9時すぎ、本町スーパー、果汁④400、豆乳⑥480、ナットウ98、100×④きな粉④400。(1419円)

私しは髪をお湯でふいた。六月五日にしたぎりだった。

そして私しは、八、九年ぶりに、自分の体をお湯でふけた。お風呂は、八、九年間一度も入らないのでアカがぼろぼろで困る。子供は、それ以上に、十何年間一度も風呂も、身体もふいていない。私共の現状はひどい。

子供は、ここ、何ケ月か、目が痛いとて、紙でよくふいていたが、この頃は目やにが、びっくりする程出て、目が、ただれた様に成っているが、ひどくならぬとよいけれど、これも邪魔だろうけれども邪魔は、取れるどころか、一年、一年、毎日、毎日ひどく成る一方で、どうなるのだろうか、私も、子供も、邪魔から、一生ひどい目を、受け通しで、邪悪は、取れないのだろうか。

七月一二日(火) 今日梅雨明けしたはれたりくもったり、毎日大変暑い。(35度)

朝、一寸顔そりした。

朝10時すぎより平和通りの八百屋さんでバナナ八、250、プラム二パック二六コ380×②、(1010円)

その足でスーパー、豆乳④320、果汁②200、豆腐②100、キャベツサラダ180。(824円)

子供は、クレーブシャツがないので、一時半袖メリヤスシャツを着てクレーブズボン下とクレーブシャツは水洗いして後で着た。

七月一三日(水) はれ、暑い。(30・4度)

今日よりお盆、バナナ、プラム、水ようかん、クッキー等、

お茶、お水、御飯、梅干、こんぶ、ナットウ、お茶、お水、ところ天

私しは、ここ、二、三日又、少しふらついたり、頭痛。熱で、具合悪く、今日は朝10時から、お昼まで氷で冷やしながら、やすんだけれども、一向に、よくない、そのため、お供も十分出来ない。

ガス支払用紙きた。1222円。引下げ12度)

七月一四日(木) うすぐもり、むし暑い、後はれ。(32・7度)

今日はお盆の二日目、バナナ、プラム、ヨーグルト、クッキー等、お茶、お水、ボタ餅、カボチャ煮、ぜんまい煮、ところ天、お茶、お水

朝9時すぎ、郵便局、ガス代1222円、七月分おさめた。

私は相変らず頭痛、熱で苦しく、氷でひやし通し。

その足でスーパー、豆乳②168、果汁④400、ボタ餅300、甘食⑧180、カボチャ二150。(1225円)

かえってきて今度は魚力、玄米シリアル④1529、ゼンマイ煮186、ワカメ煮200、ガムテープ240、パラゾール②430×②860。(3170円)

七月一五日(金) はれ、毎日きびしい暑さ。(34・7度)

子供は、ヒゲ切りした。新しいカミソリも使った。

今日は、お盆の三日目、バナナ、プラム。ボタ餅。クッキーなど。お茶。お水、御飯、わかめ、こんぶ、白米福豆ところ天、お茶。お水

私しは、毎日頭痛、熱で、氷でひやし通し、しているが、一向に、よくない、毎日きびしい暑さで、氷もすぐにとけてしまうし、冷房がないので、一日中、夜中も、衣類は汗でびっしょりである。

七月一六日(土) はれ、毎日きびしい暑さ。(33・7度)

今日はお盆最後の日、バナナ、プラム。甘食。クッキーなど。お茶。お水。巻ずし、切干大根、ところ天、お茶、お水

お盆のお供えも、十分出来ませんで、すみませんでした。

私しは、腰が、痛む丈でなく、少しちぢんでまがっているので、歩くのに、非常に、フタンを感じて苦しい。ヒザも痛い。

朝10時前、赤札堂、枝豆290、わかめせんべい168、緑茶マッチ②128×②、水ようかん④248、切干大根180、しいたけこんぶ238、豆乳③240、巻ずし350、ところ天258③。(2294円)

かえりに、衣類の赤札堂、子供クレープシャツ②L1030円

七月一七日(日)　はれ。(33・8度)、毎日毎夜きびしい暑さ
　トイレ、サニボンF
　子供は、昨日買ってきたクレーブシャツの前を全部切りひらいたのを、今朝きがえて着た、ズボン下もクレーブの麻入り上をパンスなどかえた。
　毎日きびしい暑さで、上着もズボンも、パジャマも、着られないので、干して、一時なおす。今日ぬいだクレーブシャツ、ズボン下は、水洗いした。

七月一八日(月)　うすぐもり、午後雷雨、久しぶりの雨。(28・3度)、毎日毎晩きびしい暑さ。
　朝、9時頃、本町スーパー、豆腐98、100×④果汁400、100×④黄粉④400、ナットウ98、ジャンボコーン168、一口アゲセン148。(1351円)
　今度は、10時すぎスーパー豆乳⑥480、果汁②200、豆腐②100、110×五紙皿⑤550、甘食⑧180、マッチャケーキ④165、クダモノアメ玉145、カンロアメ165、カボチャ150。(2199円)
　やっと、雨は降ったが、むし暑い。

七月一九日(火)　六畳のカーペットはずした
　うすぐもり。(30度)、昨日の雨とくもりで、少しは暑さが、やわらいだ。
　今朝思い切って六畳のカーペットを、はずした。今年は、私の体が、ひえがひどくて、はずし切らなかったが、毎日の猛暑が、ひどいので、しきっぱなしでは、よくないと思って、やっとカーペットをはずした。

七月二〇日(水)　電気検針きた。
平成六年度一年分、9540円
　むし暑い。(31・7度)
　朝、10時頃平和通りの八百屋さんへプラム②パック700円
　その足でスーパー、豆乳④320、果汁③300、50×③豆腐③150、イナリ巻ずし330、チョコクリーム178、コーンフレーク298、モリナガマリー178、ブルボンエリーゼ198。(2010円)
　国民健康保険料
平成六年度一年分
9540円
これが本当の国保金額
国保前納分おさめた、平成六年度はすみ

七月二一日(木)　はれ、暑い。(32・8度)

朝九時すぎ、郵便局、平成六年度分の国保前納分おさめた。1140円
平成六年七月分~平成七年三月分まで、全部おさめた。
その足で赤札堂へ、ビスケット235、〈略〉チョコ198、ところ天③356、ヒジキニ170、しいたけこんぶ238、ウォールナッツ198、フレンチパイ158、カルボン138。(3404円)

七月二二日(木) 子供の年金のハガキがきたけれど
風呂場のバケツの水は入れかえたが、桶の紙は、まだ、かえきらなかった。
はれ、時々くもり、暑い(31・9度)
朝、9時すぎ、本町スーパー、豆乳③240、果汁④400、98×②豆腐②196、一口アゲセン148、ジャンボコーン168、ココナッツサブレ128、いなりずし②170。(1493円)
子供は、クレーブシャツとズボン下、パンスかえた。シャツとズボン下は、水洗いした。
子供の年金どうしたものか分からない。

七月二三日(土) はれ、毎日暑い、夜も暑い。(32・6度)
朝一寸顔そりした。
トイレ、サニボンF
私は、平和通りのミドリに、水玉うす地半袖ブラウスに、ふだんハイ色にシマガラ入りスラックスで、
明治堂、わかもと、2039円
太子堂、くず餅⑥350、クッキー350、塩えんどう200。(927円)
今日から又、私の小さい時からして来た事など下書きする。
西武、しいたけこんぶ⑤、600×⑤。(3090円)
七月二三日(土) 500×⑥、お茶⑥、3090円

七月二四日(日) はれ、毎日ひどい暑さ。(32・6度)
今日は主人の命日、桃、くず桜、洋がし、クッキー等、お茶、お水、御飯、梅干、こんぶ、こんぶ豆、ところ天、塩えんどう豆、お茶、お水
何時もお気に入る物がなくて、こんな物ばかりですみません、おゆるし下さい。

七月二五日(月) はれ、一時雨、暑い、きびしい暑さ。(32・8度)
今日は、無事家賃をおさめさせて下さい。
朝、10時半近く、不動産に行ったけれども、おるすで、かえってきてすぐに、何回も、電話しても、かからない。

池袋本町のスーパー、イナリズシ③170、春雨サラダ140、豆腐④320、果汁③300。(957円)

又、本町のスーパー、豆乳⑧640、ココナツサブレ128、ヒトクチアゲセン148、果汁100。(1046円)

思いきって、お昼一時すぎに不動産に、又電話したところ、おられたので、すぐに家賃八月分をおさめてきた。お陰様で、今月も無事に、家賃をすませて頂き、有難うございました。(毎日夫人は入ってない)

夜、7時40分頃、毎日新聞集金きた。紙袋丈で外は入っていない。3850円

新聞集金が、今夜は、来そうに無いと、子供が言っていたが、夜、七時半頃、子供が急に、新聞の集金が、今すぐ来ると言った何分後に来られた。

七月二六日(火) はれたり、くもったり、昨夜は特別暑く、今日も又、しっかり暑そう

朝、10時まで、何回も、見にいったが、電気支払い用紙が、きてないので、スーパーに丈、行ってかえってきた所、11時少し前に、入っていた。

朝10時少しすぎスーパー、イナリマキ⑦330、キヌドーフ83、果汁④400、コーンフレーク298、ゴマ、シロ③65×③195、甘食⑧180。(1530円)

私は、今日おき立ちより頭痛と熱で氷で、ずーと、ひやし通しである。毎日暑くて、上にかけて、休まないので、風邪ひいているのだろう、ひどくならぬとよいが、

後月の六月二七日(月)と、今月の七月二五日(月)の、毎日新聞の集金の人は、今までずーと入って来た毎日夫人を、二回とも入れてない。新聞と一緒に入れて下さいと言ったが、今日入れられてないので、今月も毎日夫人は見られない(二回目)毎日夫人も、外同様に二回同じ事された。

七月二七日(水) はれ、毎日きびしい暑さ。(33・8度)

朝九時郵便局、電気代1914円、七月分おさめた。

その足でスーパー、豆乳②160、果汁③300、50×④200、カボチャ150。(834円)

今度は魚力、398×④げん玄米フレーク④1592、110×③ゴミ袋③330、ぜんまい182、わかめ200。(2373円)

七月二八日(木) はれ、きびしい暑さ。(33・3度)

私しは頭痛と熱で、日中も夜も氷でひやし通した。

七月二九日(金) くもり、雨。一日中、小雨が、だらだらとふって、むし暑い。雨で暑さ少しは取れた。(26・9度)

私は今日も、頭痛と、熱で氷でひやし通しである

七月三〇日(土) 雨、後はれ、むし暑い。(31・4度)

トイレにサニボンF

毎日氷で、昼も、夜もひやしている頭痛、熱で、

赤札堂に、行こうと出かけたところ、雨がひどくふり出したのでやめた、10時すぎ、はれたので、スーパーに行った。イナリズシ③170、豆乳④320、トウフ50、果汁④400、カンロアメ165、甘食⑧180、グリコツブツブイチゴ185、マッ茶ミルク145、ヤサイのオヒタシ170。(1838円)

七月三一日(日) はれ。(34・4度)、今日は又特別きびしい暑さ。

私の頭痛と熱は、何だろうか、一向に取れそうに無い。

朝10時前、赤札堂、桃④500、落花生600、198×②しそこんぶ②396、ヒジキ煮170、切干大根180、塩えんどう豆④400、128×②ところ天②198、うにせん100、カステラおかし100、黒アメ168、ソルテイセサミ198、ウスヤキチョコ178、フレンチパイ㊿298、チップスアホイ235、ナビスコエントリ235。(4074円)

かえりに、衣類の赤札堂でクリネックス②298×②596。(613円)

今月も無事にすまさせて頂いたけれども、これから先の事が、心配で心配で。

八月一日(月) はれ、きびしい暑さ。(33・9度)

今年の七月の暑さは、一日から、おどろく程の暑さで、一ヶ月間も、つづいたのは、始めての、けいけん。さて、今日から、八月、どんな状態、どんな生活を、私共は、して行くのだろうか、わずかな、お金で、毎日、はら、はら、した生活で、少しでも長く、この家におらなければ、外に、家を借りるお金もないし、借しても、くれないだろう、でも、もう後少しのお金で、どんなにしてゆくか、心配でたまらない

八月二日(火) はれ、きびしい暑さ。(35・5度)、毎晩ひどい暑さで苦しい。

朝、9時すぎ、本町スーパー、サンショクイナリ③200、果汁④400、豆乳⑥480、黄粉③300、148×②一口アゲセン②296、豆腐98。(2125円)

子供は、クレープシャツとクレープズボン下、パンスをかえた。シャツとズボン下は水洗いした。

今度は10時すぎスーパー、コーンフレーク298、果汁④400、大根サラダ230、黒糖入りパン⑦180。(114

1円）

八月三日（水）　はれ。（39・1度）

毎日きびしい暑さ、昨日、今日とも、熱風が窓から入ってきて、苦しい暑さ、冷房が無いので、窓は、全部開けているので、かえって、外から、熱風が、入ってきてひどい暑さ。暑さのため頭が痛く、目も具合わるい。毎日氷でひやす。

八月四日（木）　きびしい暑さ。（36・6度）

朝一寸顔そりした。

昨日は東京で39・1度と言うひどい暑さで、どうりで熱風が、家の中に、どん、どん、入ってきたのだろう、今年の暑さはとくべつ、ひどすぎるし、雨が、少ないので、水不足が心配である。

ガス検針きた。

電話支払用紙きた。1915円

南天が、白い花を、いっぱいさかせていたが、後には実に成る物は、一つも無くて、花の咲いた枝が、全部二本ともかれてしまった。毎年、いくつかの真赤な実が成り、昨年は特別大きな実が沢山なった上に、秋の紅葉が本当に、始めてあんな美しいのを見たが、昨年で終りだから大きな実を沢山と本当に美しい紅葉を見せられたのだろう、今年は早くから、葉も、色づいて早くちるのでは、なかろうか。

八月五口（金）　はれ、一時雨、毎日、きびしい暑さ。（35・9度）

昨夜は、特別、きびしい暑さで、子供は一晩中、ねないで、何回も、何回も、窓を開けても風はぜんぜん、入ってこなくて、苦しい晩だった、日中、冷房なしで、窓をどこも開けどうしだから、湿気が入ったままで、取れなくて困った、七月から、毎日一ケ月以上だから、その苦しさは、たまらない。向側は、全部家だから日中も、窓は少しずつしか開けられない、苦しい。

朝9時すぎ郵便局、電話代1915円、七月分をおさめた。

その足で、赤札堂、桃④580、258×②ところ天②516、ヒジキ170、カボチャ220、ヤキソバ180、水ようかん248④、238×②しいたけこんぶ②476、えんどう豆②200、豆類③578、ツブツブイチゴ178、おかし285。（3739円）

3時頃、雷雨があったが、すぐにやんでしまったので、すずしくは、ならない。

今度は、4時すぎ頃より、雷が、大あばれ、雨

八月六日（土）　時々、うすぐもり、むし暑い、後はれ。（33・3度）

トイレ、サニボンF
子供は、クレープシャツと、クレープ、ズボン下、パンスかえた。シャツとズボン下は、水洗い
朝、9時すぎ、本町スーパー、キヌドウフ83、果汁④400、豆乳⑥480、ヒトクチアゲセン148、ジャンボコーン168。（1317円）
今度は10時すぎスーパー、イナリズシ③170、黒糖パン⑦180、豆腐③150、大根サラダ230、果汁④400、イリゴマ白黒④260、豆腐④320。（1761円）

八月七日(日)　はれ、毎日きびしい暑さ。（34・6度）

八月八日(月)　はれ、今日もきびしい暑さ。（34・3度）

八月九日(火)　はれ、毎日きびしい暑さ。（34度）
子供は、毎日、五、六時間しか、起きてないので、この暑さで、おフトンは、汗でびっしょりぬれて、びっくりして、昨日、カンソウ剤を入れている上にも又、くわえて畳の上におき、フトンには紙やビニールをしき、今日は少し丈、干して又、紙、ビニールをあてている。
八月分の国民年金通知書がきた。
八月分の年金通知書がきた、夕方五時頃、81483円

八月一〇日(水)　はれ、今日もきびしい暑さ。（34・2度）
私しは今朝方、ガレキと言われる様な感じの文句と同時に、うちのよこのヘイの外に、いっぱいのゴミの山と、うちの台所のカコイも少しこわれている様な状態と、新党結成が、出来るまでとの文句の感じを受けたが、ガレキの山は、何事か有るのだろうか。
子供は、クレープシャツ、クレープズボン下、パンスかえた。シャツとズボン下は水洗いした。
朝九9すぎ本町スーパー、果汁④400、ジャンボコーン168、豆腐98、ポテトサラダ180、黄粉③300、豆アゲセン148、ココナツサブレ128。（1464円）
今度は、10時すぎスーパー、メイジ、ビックアップヤサイサラダ110、豆乳⑥480、豆腐③150、果汁②200、大根サラダ230、165×②黒アメ②330、パン屋さん200、イナリズシ③170。（1720円）

八月一一日(木)　毎日きびしい暑さ。（33・5度）
朝10時前、赤札堂、ラッキョ500g498、せんべい②200、おかし198、梨④480、ブドウ500g398、ヒジキ170、落花生600、しそこんぶ②398、えんどう豆②200、お徳用おかず358、こんぶ豆190。（3798円）

ガス支払用紙きた。1093円、9円引下げ、夕方きた。
私は、頭痛と熱がとれなくて、毎日氷でひやしている。

八月一二日(金) 朝一時雨、時々はれ、相変らず暑い。(33度)
朝九時頃、出かけようとした所、又、雨が、つよく降りだし、やんだり、ふったりで、10時頃、思切って郵便局ガス代1093円、八月分おさめた。
その足でスーパー、豆乳⑥480、果汁③300、豆腐②100、白ゴマ②100、大根サラダ230、黒パン②180、1462円
今度は魚力、クレラップ⑤198×⑤990、398×②玄米フレーク②796、ビスケット140、158クッキー。(2146円)

八月一三日(土) はれ、きびしい暑さ、毎日夜も暑い。(33・4度)
トイレにサニボンF
毎日のきびしい暑さで、子供のフトンは、汗で、びっしょり、今日又、一寸干したけれど、くもったり、雨がパラつくなどで、十分干せない、うちのフトン干しはいつもジャマで出来ない。
子供のフトンの下に、又新しいカンソウ剤⑥先日も⑥入れて大きい紙をあてて、フトンをしきフトンの上にも、紙と、ビニールをあてている、けれども。

八月一四日(日) はれ、今日は特別きびしい暑さ。(33・5度)
夜、7時すぎに、部屋に、風を入れるために、窓を開けて、空を、ながめていた所、突然、南の上空より、光った物が、さっと左り側の北の方に流れたので、あっと思って、流れ星だろうかと、思ったが、豆電球を、二つ合せたくらいの大きさで、北の方に、流れながら、ゆら、ゆらと、最後の方は、始めほど、さっと落ちないで行ったが、何だったのだろうか。

八月一五日(月) はれ、今日もひどい。毎日きびしい暑さ。(34・2度)
朝、一寸顔そりした。
朝9時すぎ本町スーパー、豆乳⑥480、果汁④400、ヒトクチアゲセン148、ココナツサブレ128。(1190円)
10時すぎよりスーパー、豆乳④320、黒パン⑦180、トウフ98、トチユ茶②200、果汁②200、コーンフレーク298。(1334円)

八月一六日(火) 今日も、きびしい暑さ。(35度)

八月一七日(水)　はれ、毎日きびしい暑さ。(３４・２度)

今朝又、新聞が入らない

今朝又、朝刊が入らないので、七時少し前に、電話して、七時五分頃もって、こられた、今年六回目、昨年は一回、女の人

私しは平和通りのミドリに水玉のうす地半袖ブラウスに、ハイ色にシマガラのふだん外出夏スラックスで、

先に第一勧銀に行って、年金、八月分の記入をした。

明治堂、ザーネクリーム②６８０×②１４００円

太子堂、クッキー３５０、マンジュー⑥５×⑥３００、カリントウ３５０。(１０３０円)

西武６００×⑤、しいたけこんぶ⑤、１０３０円

お茶⑥５００×⑥、３０９０円

ショッピング、ぜんまい煮３８０円、５００トマト③５１５円

八月一八日(木)　はれ、今日もきびしい暑さ。(３２・９度)

子供は、クレープシャツとクレープズボン下、パンスをかえた。シャツとズボン下は水洗いした。

七月二三日(土)より下書きしていた、私の小さい時から、言ったり、仕手来た事を、本式に、ノートに、今日より書く。

私は、本当に、生まれが、悪く、生きてゆく事が、苦しい。死にたい。

八月一九日(金)　はれ時々小雨パラつく、毎日きびしい暑さ。(３２・５度)

朝９時前、本町スーパー、豆乳⑥４８０、果汁②２００、ムギ茶②１６０、豆腐９８、ココナツサブレ１２８、こんぶ豆１５０、アゲセン１４８、キントキ豆１５０、ジャンボコーン１６８、１７３２円

八月一九日(金)　１０時すぎスーパー、豆乳⑥４８０、大根サラダ２３０、黒パン⑦１８０、ゴマ黒白④２６０、ヤサイサラダかし１１０、果汁②１２８。(１５０３円)

私は、今後の生活の事が、不安で、どう成るのか毎日、心配で心配で、私共は、どう成るのだろう。

八月二〇日(土)　くもったりはれたり、むし暑い、午後雨がふった。(３０・４度)

トイレ、サニボンＦ

水道代支払用紙きた。３４２８円、夕方。

八月二一日(日)　雨、今日はしっかり降った。むし暑い。(２４・２度)

今年の暑さは、特別、ひどくて、子供のフトンは汗で、びっ

しょりぬれて、何回か干したが、十分でないから、フトンの下にはカンソウ剤を何十コとしきつめた上に、大きい紙を、おき、そしてフトンを、のせて、又、フトンの上にも、広く、紙をあて、その上に、大きい、ビニールを、二枚あてて、その上に、シーツ二枚を、しいているが、そのシーツが、びっしょりで、干せないので、子供が、つめたいと言うので、上のシーツの下に、カンソウ剤一〇コ入れたけれども、どんなだろうか。子供がねる時間が、多いので、一寸しか干せないし、私が外出の時は干せないなどで、十分、かわかせないので、冬が、このままだと、大変で、心配しているが、お金もないし、カンソウ剤も、さい、さい買われないので困る。

八月二二日(月)　うすぐもり、雨時々ふった。少しすずしい。(24・9度)

朝、9時すぎ郵便局、水道代3428円、七月、八月分おさめた。

その足で、スーパー、黒パン⑦180、カボチャ150、豆腐83、黒アメ165、果汁②200。(801円)

電気検針きた

八月二三日(火)　はれたり、くもったり、少しすずしい。雨もふる。(29・4度)

朝、八時すぎスーパー、豆乳④320、98×②豆腐②196、果汁②200、150×②豆類②300。(1046円)

後、10時頃、本町スーパー、きな粉③300、148×②アゲセン②296、ジャンボコーン168、128×②ココナツサブレ②256。(1050円)

八月二四日(水)　はれ、時々くもり、あつい。(30・9度)

今日は主人の命日、クッキー等と、水ようかん、御飯、冷奴、こんぶ、金時豆、お茶、お水。果物などもなくて、すみませんでした。

子供は、クレーブシャツ、クレーブズボン下、パンスかえた。シャツと、ズボン下は水洗い

八月二五日(木)　うすぐもり、時々はれ、むし暑い。(29・5度)

朝一寸、顔そりした。

朝、10時すぎに、不動産に、行ったが、おるすで、買物して、10時半すぎ行って、おられた、おかげで無事に、すまさせて頂き、有難うございました。家賃九月分おさめた

本町のスーパー、842円、果汁④400、豆腐98、豆乳④320

八月二六日(金)　はれたり、くもったり、暑い、夜も暑い。(31・8度)

電気支払用紙きた、朝8時には、入っていた。2183円、引下げ30円

朝9時すぎ郵便局、電気代2183円、八月分おさめた。

その足で、赤札堂、玄米フレーク②398×②796、ナビスコエントリー235、黒がし198、ピーナツセンペ②200、オールレーズン②118×②236、豆類④165×④660、ヒジキ170、カボチャ220、落花生600、キョホウブドウ398、シソコンブ④198×④792、ラッキョ498。(5153円)

八月二七日(土)　はれ、夜もひどい。今日もきびしい暑さ。(31・9度)

トイレ　サニボンF

夜、7時半、毎日新聞集金きた。今日は、△毎日夫人▽も入って、紙袋も入っている。3850円

今夜も又、子供が、急に今すぐ新聞集金がくると言って、私は、ねていたが、起こされて、間もなく来た。お陰で、今月も、皆無事に、すまさせて頂きまして、有難うございました。

八月二八日(日)　はれ、夜も暑い。きびしい暑さ。(32・9度)

隣は、何かあったのか、警さつの人が二人昨日きてあった。

八月二九日(月)　はれ、夜も暑い、きびしい暑さ。(32・7度)

朝10時前、赤札堂、巨峰398、165×④豆類④660、158×④しそこんぶ④632、398×②玄米フレーク②796、オールレーズン②118×②236、158×②湯の花せんぺい②316、55×②豆腐②100、ピーナツセンペイ③100×③300。(3541円)

八月三〇日(火)　はれ、夜もひどい、毎日、きびしい暑さ。(33度)

朝九時すぎ、本町スーパー、豆乳⑥480、果汁④400、豆腐83、一口アゲセン②396、きな粉②200、ジャンボコーン168、ココナツサブレ128。(1807円)

今度は10時すぎ、スーパー、コーンフレーク298、豆乳④320、豆腐50、黒パン⑦180、果汁④400。(1285円)

八月三一日(水)　はれたり、くもったり、きびしい暑さ。夜も。(32・5度)

九月一日(木)　はれ、夜もひどい、きびしい暑さ、時々くもり、一時雷雨。(31・8度)
子供は、クレープシャツとクレープズボン下、パンスかえた。シャツとズボン下は下洗い。

九月二日(金)　はれ、暑い。いく分、すずしい。3時頃から又、はげしい雨と雷
昨日夜、急にはげしい雨と雷で、今日は少しは、しのぎやすい。
私しは、七、八月と、きびしい暑さで、毎晩ねむれなかった、つかれが今日は、出たみたいで、少し頭も痛み氷でひやす。

九月三日(土)　くもり、や、はれ、少しすずしい、日中は暑い。(30・2度)
トイレ、サニボンF
朝九時すぎ、本町スーパー、豆乳④320、豆腐83、果汁②200、一口アゲセン148、ジャンボコーン168、ココナッツサブレ②256、(1210円)
九月三日(土)　こんどは10時すぎ、スーパー、豆乳④320、黒パン⑦180、果汁②400、白、黒ゴマ②65×②260、豆腐②150、黒アメ165、(1519円)
私は、広告紙を、整理している内、左り親ゆびの内側の根本を切った。アカチンつけた。
電話支払用紙きた。(1905円)、夕方きた。

九月四日(日)　はれ、風はすずしいが、暑い。(31・3度)
朝一寸顔そりした。
今日は、お天気よさそうで、子供のフトンなど皆干す。今日も時々、くもって、早く取り込んだ、カンソウ剤⑧又、新しく、畳において、フトンの下には五十何個、カンソウ剤をおき、紙とビニールをあて、フトンをしき、フトンの上にも紙とビニール、カンソウ剤⑩、又上にシーツあてている。

九月五日(月)　はれ、暑い、風はすずしい。(31・6度)
朝、9時すぎ郵便局、電話代1905円、八月分おさめた。
その足でスーパー、豆乳④320、80×②豆腐②166、果汁④400、コーンフレーク298、チョコクッキー178、黒パン⑦180。(1588円)

九月六日(火)　はれ、風はすずしい、暑い、今日は又、きびしい暑さ。(32・9度)
私は、今朝、食後に下りした。
朝11時頃、岸野に、420×8クリネックス⑧たのんだ3360。(4670円)、2時半頃、もってこられた。先日のお

つり200やられた。
ガス検針きた。

九月七日(水) はれ、暑い。昨夜は、暑かった。(32・9度)
お昼、2時半頃より急につよい雨ふり出した。雷も。

九月八日(木) むし暑い。雨パラつき。雷も。(31・7度)

九月九日(金) はれ、夜も、むし暑い。(32・4度)
子供は、クレープシャツとクレープズボン下、パンスかえた。シャツとズボン下は水洗い。
朝10時頃、魚力、玄米フレーク④398×④1592、岩わかめ200。(1845円)
本町スーパー、豆乳⑧640、83×②豆腐②166、一口アゲセン②148×②296、168×②ジャンボコーン②336、ココナツサブレ②128×②256。(1744円)

九月一〇日(土) はれたり、くもったりむし暑い。午前中、つよく雨ふった。毎日まだ暑さがきびしく、夜もひどい。(31・7度)
トイレ、サニボンF
朝9時すぎスーパー、黒パン⑦180、モエギー298、果汁④400、83×②豆腐②166、黒アメ165。(1245円)
2時45分頃、豊島区から敬老の日の品として、5千円もってこられた。お陰様で、助かります。有難うございました。

九月一一日(日) はれたり、くもったり、はれたり雨もふる、大変むし暑い。(32・8度)

九月一二日(月) はれたり、くもったり、少しすずしい。台風二一号は、おかげで去った。

九月一三日(火) くもり、雨、少しすずしい。(23・1度)
朝、9時前、本町スーパー、マクビテイミルク268、マクビテイバニラ268、バタークッキー158、果汁④400、83×②豆腐②168、きな粉③300、ジャンボコーン②336、128×②ココナツサブレ②256、一口アゲセン②148×②296。(2521円)
ガス支払用紙きた。お昼からきた。1222円(12円引下げ)
子供は、半袖メリヤスシャツとメリヤス半ズボン下とパンス、半袖パジャマの少し厚地などにかえた。

九月一四日(水)　雨、少しひえる。(22・2度)
今朝又朝刊が入らない　七回
今朝又、朝刊が入らない
七時頃から、何回かけても、電話が通じなくて、7時半すぎに、やっと通じて、8時少し前に、もってこられた。(女の人)今年丈で七回目昨年一回
なぜ、うち丈、いつも忘れられるのだろうか。

九月一五日(木)　雨、少しひえる　(21・5度)
朝、9時前スーパー、豆乳④320、83×②豆腐②166、果汁④400、コーンフレーク298、チョコクリーム178、クッキー178、黒パン⑦180。(1771円)

九月一六日(金)　雨、くもり、むし暑い。時々雨。(29・5度)
朝、9時すぎ郵便局、ガス代1222円、九月分おさめた。
私と、子供は、どうしたらよいのだろうか、お金が無いので生活が出来ない。
その足で10時前、赤札堂、落花生600、ラッキョ、カンパン188、198×④しそこんぶ④792、ビスケット235、ピーナツセンベイ③300、118×②オールレーズン②236、168×②ワカメセンベイ②336、ブルボンバウム③300、レーズンサンド②200、ツブゴマ150、チョコボール②200、ヒジキニ170、4331円
夜、6時半頃、町内より、敬老の品、パジャマをもってこられた。

九月一七日(土)　雨、くもり、はれたり、雷あばれる、むし暑い　時々雨。(28・5度)
トイレ　サニボンF

九月一八日(日)　雨、時々はれ、むし暑い。(29・8度)
朝一寸顔そりした。
朝、9時すぎスーパー、コーンフレーク298、果汁④400、83×②豆腐166、黒パン⑦180、黒ゴマ④260。(1343円)

九月一九日(月)　はれたり、雨がふったり、むし暑い。(26・9度)
私は、ショッピングのベージュ茶系、半袖サマーカーデーガンに、坂下の麻入りふじいろ、夏スラックス。
明治堂わかもと1980+59。(2039円)
太子堂、おはぎ⑥60×6200×②クッキ②、783円
西武、山本山、お茶⑧500×⑧(4120円)

私と、子供は、今後、どんなにして、生活して行くのだろうか、後、少しのお金を、毎日、ハラ、ハラして使い、来年三月で、再契約するお金が無いので、後フロウ者に、成るのだろうか、子供が、病人で、心配しているし、片時も、頭から、不安と、心配がとれない。

1994年（平成６年）９月20日
～
1994年（平成６年）11月30日

覚え書き63

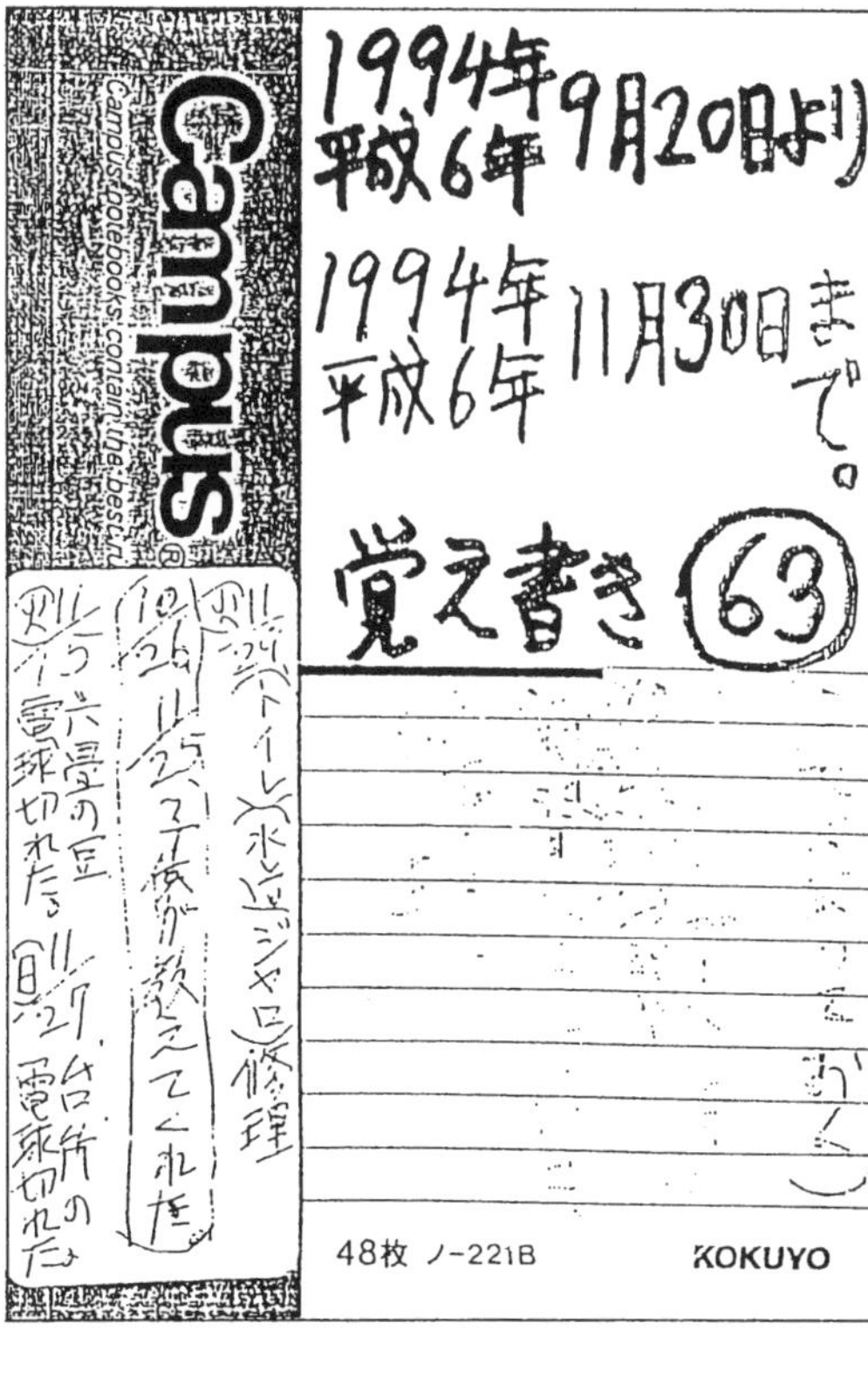

覚え書き㊸
一九九四年（平成六年）九月二〇日より
一九九四年（平成六年）一一月三〇日まで。

一九九四年、平成六年

平成五年四月一九日（月）
夕方、窓を開けて、外の草花を、ながめていた所、只、一筋の心在るのみと、言う、文句が、うかんで来た。

九月二〇日（火） はれ、暑い。（38・8度）
今日よりお彼岸、一日目、おはぎ、お茶、お水、御飯、梅干、こんぶ、金時豆、お茶、お水

九月二一日（水） はれたり、くもったり、暑い。（27・4度）
朝9時前、スーパー、豆乳②160、83×②豆腐②166、果汁④400、おはぎ④280。（1036円）
電気検針きた。

今日はお彼岸の二日目、クッキーなど、お茶、お水、御飯。豆腐。こんぶ、お茶、お水

九月二二日（木） はれたり、くもったり、午後より雨（25・4度）
今日はお彼岸の三日目、おはぎ、お茶、お水、御飯。きり干大根煮。こんぶ、お茶、お水
子供と、私は、今後どんなにて、生活して行くのだろうか、毎日頭からはなれな。
朝10時前、赤札堂、389×②玄米フレーク②796、黒がし⑦198、リンゴ④398、オールレーズン②118×②二三六、198×⑥しそこんぶ⑥1、188、黒トウがし100、切干大根180、ブルボンバウム③300、ピーナツ③300、うずら豆、おたふく豆②148×②296。（4715円）
赤札堂の手前秋島薬局、ゴミ袋20ℓ②88×②176円、ゴミ袋30ℓ②113×②226円。（414円）
子供の年金のハガキがきた。三回目

九月二三日（金） 雨、後くもり。少しひえる。（24・8度）
子供の国民年金の納まっていないとして、ハガキが又来た。六月二〇日（月）、七月二二日（金）、九月二二日（木）。三回来た。子供の年金はどうしたら良いのか、わからない。おさめるお金

は無いし。
今日はお彼岸のお中日（四日目）黒糖がし。クッキーその他、お茶、お水、御飯。豆腐。こんぶ。お茶。お水、リンゴ

九月二四日(土)　朝刊の休刊日
くもり、雨、むし暑いかったり、少し冷えたり。（22・7度）
今日は、主人の命日、お彼岸五日目、黒糖三角おかし。ゴマセペイ。チョコクッキー。お茶、お水、リンゴ、こんな事で、すみませんでした。おゆるし下さい。
私は、この頃、又肩が、こり出して、両方ともで、苦しい。今後の生活の心配で、不安である。

九月二五日(日)　雨、後少しはれ、むし暑い。（25度）
朝8時半頃、スーパー、豆乳⑥480、黒パン⑦180、果汁④400、83×②豆腐②166。（1262円）
お彼岸の六日目、リンゴ、おかし類、お茶、お水、御飯。豆腐。こんぶ。お茶、お水

九月二六日(月)　はれ、むし暑かったり、すずしかったり（26・3度）
お彼岸の七日目終り、リンゴ、おかし類、お茶、お水、御飯。ゴボーサラダ。豆腐、お茶、お水
今日は、無事に、家賃を、おさめさせて下さい。朝10時半頃いって、おられたので、すぐに、家賃一〇月分をおさめてきた。お陰様で、無事に、すまさせて頂きました。
そのかえりに、本町スーパー、豆乳④320、168×②ジャンボコーン②336、きな粉③300、ゴボーサラダ200、豆腐83、148×②一口アゲセン②296、ココナッサブレ128。（1712円）

九月二七日(火)　雨、ひえたり、むし暑かったり（21・3度）
私は、この二、三日ふらつきがしたり、頭痛や熱でガマンしていたが、今日は、たまらなく、10時すぎより、お昼まで、やすんだ後で氷で頭をひやす。

九月二八日(水)　雨、ひえたり、むし暑かったり（20・5度）
電気支払用紙きた。1、879円、23円引下げ、朝9時すぎきた。
朝、10時頃、郵便局、電気代1、879円、九月分おさめた。
その足で、スーパー、豆乳④320、黒パン⑦180、果汁④400、コーンフレーク298、83×②豆腐②166、あ

め玉165。（1574円）
私は、この頃目が痛く、特に、眼がねがあわないのか、どうも調子がわるい、目のつかれのためか、頭痛と熱で、今月も氷でひやす、それに、何ケ月前ぐらいから、腰の横が、両方とも、一寸動かした丈で、大変に、痛みを感じる。
大分前から、腰の痛みで、立ったり座ったり、歩いたりが、痛くて苦しい。両肩の痛みも取れない。口の中は、金具のために、舌の先や口ビル等、いつも、ひりひりしている。

九月二九日(木)　雨、ひえたり、むし暑かったり（23・9度）

九月三〇日(金)　台風二六号の残り雨。後はれ。大変むし暑い（30・5度）、風がつよくてあげられない。
朝10時半寸前、ミスズ屋に、632円マイソフト272円×⑥
無事にとどけていただきますように、お願いいたします。2時40分頃、もってこられた。（1680円）お陰様で有難うございました。
朝一寸顔そりした。

一〇月一日(土)　くもり、時々はれ、今日もむし暑い。（27・9度）

トイレ、サニボンF
とうとう、九月分の新聞の集金は、昨夜までこられなかった、いつこられるのか、毎晩、ねないで、待っているのに、主人、子供の前生などの下がきを、始めた。
3時10分前頃、毎日新聞の集金こられて、ほっとした。∧毎日夫人∨、紙袋、3850円

一〇月二日(日)　子供は、今日、四〇歳になった
くもり、時々はれ。今日もむし暑い、（24・2度）
子供は、今月、四〇歳の誕生日を迎えさせてもらった。
朝、10時前、赤札堂、ミカン⑮398、落花生600、100×②うにセン②200、198×⑧しそこんぶ⑧1、584、黒糖がし三角198、398×②玄米フレーク②796、198×④豆類⑤982、ヒジキニ170、切干大根180、バナナ⑥223、ピーナッセン③300 黒がし100。（6209円）
子供の年金の納付書きた。
子供の一〇月から来年三月分までの国民年金の納付書が、きていた。

一〇月三日(月)　はれ、ひえたり、むし暑い（24・9度）
朝、九時すぎスーパー、黒パン⑦180、果汁④400、83×②豆腐②166、豆乳⑥480、チョコクッキー178、

65×④ゴマ④260、黒アメ168。（1816円）

一〇月四日（火） 雨、くもり、むし暑かったり、ひえたり、（21・8度）

夜10時半近く、つよい地震があった。北海道がひどかった。

一〇月五日（水） くもり、時々はれ、一時雨。ひえたり、むし暑かったり、（23・4度）

電話支払用紙きた。1、936六円、夕方きた。

一〇月六日（木） くもり、ひえたり、むし暑かったり、（266度）

今朝新聞は、七時、一寸前に入った。おかげで、よかった。
朝、九時頃郵便局、電話代1、936円、九月分おさめた。
その足でスーパー、豆乳⑥480、果汁④400、83×②豆腐②166、コーンフレーク298（1384円）

ガス検針きた。

一〇月七日（金） 久しぶりの上天気、少しまだ厚い。（26度）
朝、9時すぎ、本町のスーパー、豆乳④320、果汁③300、168×②ジャンボコーン②336、黄粉③300、128×②ココナツサブレ②256、豆腐83、148×③一口アゲセン③444、ゴボーサラダ200、パン④130。（2440円）

石川商店で、240×③、ガムテープ③720円

水道の検針がきた。

一〇月八日（土） 一〇月分の国民年金通知書がきた。
うすぐもり、うす日、むし暑い、少しひえる（23・8度）
トイレ、サニボンF
私は、急に、右うでつけ根のよこ胸の所が、さす様な痛みで、時々苦しい

一〇月分の年金通知書がきた。夕方、4時半頃（81483円）

一〇月九日（日） くもり、雨、むし暑かったり、ひえたり、時々、うすびさす（24・9度）

主人。子供の前生の事を本式のノートに書く。

一〇月一〇日（月） 子供の散髪をした。
くもり、はっきりしないお天気（24・4度）
子供の散髪と、ヒゲきりをした。電気カミソリも使った。
子供は、長袖メリヤスシャツ、長ズボンメリヤス。パンスかえ、合のブルーパジャマ。合のオープンシャツ、ハイ色にアヅ

キ色と黒のゴバンガキ。合のズボンなどに、はきかえた。ハイ色

マクラカバーは、タオルにかえた。お陰様で、無事に、子供の散髪などさせて頂きまして有難うございます。

一〇月一一日(火) 私は髪の後と横を切った。

雨、くもったり、毎日ぐずついた天気(21・3度)

私は、髪毛の後と、横を髪そり器で切って後、お湯で頭をふいた丈。今年は、一月一九日、六月五日、一〇月一一日と、三回髪を切る事が出来て、よかった。

一〇月一二日(水) 雨、くもったり、後はれ(24・7度)

朝一寸顔そりした。

朝9時頃、本町のスーパー、豆乳④320、果汁③300、豆腐九98 ゴボーサラダ200、シナモンビスケット②118×②236

本町スーパーのつずき、ジャンボコーン168、148×②一口アゲセン②296、128×②ココナツサブレ②256、(1、930円)

こんどは、平和通りスーパー、豆乳④320、果汁③300、黒アメ165 黒パン⑦180、コーンフレーク298、豆腐83、黒ゴマ②65×②130、チョコクッキー178

一〇月一三日(木) はれ、時々雨、むし暑い、くもが多い。(27・7度)

一〇月一四日(金) くもったり、うすびさす、むし暑い、(25・7度)

朝10時すぎ、魚力に、398×⑥玄米シリアル⑥2、388、黒ぼう185、ジャム180、ぜんまい煮190。(3409円)

うちにかえってきて、何かレシートに、かいてある数字が多いのでしらべてみたところ、うちで買っておらぬ金銭が368円も、多く取ってあるのに、気づいて、すぐに、私は、品物をもって、行こうとしたが、子供が、体が無理だから、何千円なら、ともかくも、368円ぐらいなら後で、具合わるくなるよりも仕方ないから、やめる様に、言ったので支度したけれどやめた。

今日は、一〇月一四日で、④のつく日だから、何かと、気をつけていたのに、六月四日、六月一四日、六月二四日、九月一四日と、④の日は、何か、よくない事がおこっているので、赤札堂に、行くのをやめて、近くにしたのに、やはり災難は、さけきらなかった。

外に、今日はゴミの事、子供にたべさせるお豆腐を、おとしてしまって、たべられないし。買物に行くと、買わない、お金

までとられるし。前にも、この店では、2千円ほど多く取られて、すぐに行って、もらったけれども、④のつく日は何か訳が、あるのだろうか。
ガス支払用紙きた。1222円、12円引下げ、夕方4時半頃きていた。

一〇月一五日（土）　はれ後くもり。むし暑い
トイレ、サニボンF
朝、10時前、赤札堂、ラッキョ498、柿⑧500、118×③オールレーズン③354、落花生600、外国ビスケット198、ピーナッツセン③300、198×③しそこんぶ⑥1、180、アンマン⑩398、黒がし⑦198、トウハトビスケット235、切コンブ198、切干大根180、豆類④198×④792。（5808円）
水道代支払用紙きた。3638円夕方きた。

一〇月一六日（日）　はれたりくもったり、むし暑かったり、（26・8度）

一〇月一七日（月）　くもり、むし暑い、（24度）
朝、9時頃、郵便局、水道代3638円、七月〜一〇まで、おさめた。ガス代1222円、一〇月分おさめた。
その足でスーパー、食パン⑧135円、豆乳④320、果汁④400、コーンフレーク298、83×③豆腐③166、（1、358円）

一〇月一八日（火）　はれ、昼間はあつい。朝、晩は少しひえる。（21・9度）
子供のフトンをしきかえた。シーツ類、タオルケット、フトンなど、一寸干した。

一〇月一九日（水）　はれたり、くもったり、むし暑い。（22・9度）
夕刊が、4時半すぎてもこないし、五時近くより、何回も電話したが、通じなくて、あきらめていたところ、6時2、3分前頃にやっときて、ほっとした。
夕刊が、6時頃きた。

一〇月二〇日（木）　今日も夕刊は6時少し前にきた。
くもり、雨、くもり。むし暑い、（24度）
朝一寸顔そりした。
今日も夕刊はおそくて、5時40分すぎにきた。

一〇月二一日（金）　雨、少しひえる。（17・8度）

昨日雨で、銀行に、行かれなかったので、今日こそと思ったが又、雨である。今月は、無事に行かせて下さい。今の私共には、少しの、お金でも大金だから、間違いなどない様に、日を、えらんだり、いろいろと、気を使っているけれど。

朝9時頃、本町スーパー、豆乳④３２０、ゴボーサラダ２００、果汁②２００、１６８×②ジャンボコーン②３３６、きな粉③３００。（１９６５円）

今度は平和通りスーパー、黒パン⑦１８０、豆乳④３２０、果汁④４００、サランラップ１９８、１１０×⑤紙皿⑤５５０、黒アメ１６５、チョコクッキー１７８、豆腐②８３×②１６６

今月やっと、子供は、掛ブトンを、着た。今年は暑いのでおそい、私も夏ブトンだから、今日からモーフを。

電気の検針がきた。

一〇月二二日(土)　雨、くもり、少しひえる（２０・４度）

トイレ、サニボンF

子供の年金納付書がきた。六年四〜八月分までのが。

一〇月二三日(日)　久しぶりの上天気、あたたかい。（２２・４度）

朝、１０時前、赤札堂、落花生６００、柿⑧４８０、ロッポーヤキ２３８、１９８×⑥しそこんぶ⑥１、１８８、黒がし１００、切干大根１８０　黒糖がし⑦１９８、ヒジキ煮１７０、ウォールナッツ１９８、１８０×②豆類②７２０、１１８×②オールレーズン②２３６、１３８黒アメ×③４１４円。（４８６３円）

昨日、来ていたのだろう、子供の年金納付書が、六年度の四月分〜八月分までの、５５、５００円を、おさめる様にと、又、来たけれど、おさめきらない、

子供は、新しいブルーにガラ入りパジャマにかえた。

一〇月二四日(月)　はれ、むし暑かったり、ひえたり、（１８度）

一〇月一日(土)より、主人、子供の前生など、下がきしていたのを、本式のノート三冊とも今日までに全部かき上げた。今後は、どう成るのだろうか。

今日は、主人の命日、柿。黒糖三角おかし、六方焼、クッキー等、お茶、お水、御飯、梅干、こんぶ、茶福豆、お茶、お水、どうしても、十分な、お供えが、何時も、出来ませずに、すみません、おゆるし下さい。

一〇月二五日(火)　くもり、少しひえる（１８・４度）

今日は、何卒、家賃を無事に、おさめさせて下さい、明日も無事に、銀行で間違いなく、すまさせて下さい。

朝、１０時半頃行ったが、不動産が、まだおられないので、

スーパーで買い物して行った所、おられたのですぐに、家賃一一月分を上げて来た。お陰様で、無事に、すまさせて頂きまして、有難うございました。

本町のスーパー、豆乳④320、果汁②200、豆腐83、ゴボーサラダ200、ヒトクチアゲセン148、ココナツサブレ128。（1111円）

子供は、この頃きつい、きついと言っているが、何か、病気で無いとよいが心配である。

一〇月二六日(水)　うすぐもり、時々うす日さす、少しひえる（19・9度）

朝9時前、第一勧銀に行って、一〇月分の年間の記入と、③引出した。

明治堂680〇×②ザーネクリーム②1400円

太子堂、大福⑥360、ホームパイ390、人形焼220、うにせん265。（1264円）

西武、山本山、お茶一二コ500×⑫。（6180円）（800円）

一九九五年来年のカレンダーお陰様で、全部都合よくすませて頂き、カレンダーも有難うございました。

私しは、東武の銀色にカキ色ガラ入り、うす地長袖ブラウスに、西武のハイ色に金糸入り合の長袖カーデガン、坂下の冬スラックスで、出かけた（紺）今年は、私は暑くて、夏シャツをまだきた。

今度は、どうしても、銀行に行けなくて、大変、心配しながら行ったのに、銀行も、買物も、その上、カレンダーまで買えて、気にかかっていた事が、全部、無事に、都合よく、はこばせて頂きまして、本当に、有難うございました、これでホットした。

＜毎日夫人＞又、入らない③

夜、6時20分頃、毎日新聞集金きた。紙袋と今日は、東京新聞の家庭くらしが、入って、毎日新聞の＜毎日夫人＞は、入ってない。3850円

私しはやすんでいたところ子供が、急に、今すぐ新聞の集金がくると言っておこされたところ、すぐに来て、助かった。お陰様で、今月も無事にすまさせて頂きまして有難うございました。前六月①と、七月②が、＜毎日夫人＞は入らない。七月は紙袋丈で、外は入っていない。

一〇月二七日(木)　雨、後くもり、むし暑い（21・3度）

電気代支払用紙きた。1681円、引下げ19円、朝9時すぎ来た。

一〇月二八日(金)　くもり、後、はれ、むし暑い、又、時々く

もり（22度）

朝一寸顔そりした

朝、9時郵便局、電気代1、681円、一〇月分おさめた。

その足でスーパー、198×②サランラップ②396、黒パン⑦180、83×②豆腐②166、豆乳④320、果汁④400、黒ゴマ②130、（1、639円）

お陰様で、今月も、支払やおさめ物、その他全部、無事にすまさせて頂きまして、本当に有難うございました。来月も又すべて、間違いなくすみます様に、お願いいたします。

一〇月二九日(土) 雨、時々ふる。大変むし暑い（21度）

トイレ　サニボンF

子供は、夏特別暑さが、今年はひどくて、夏の上衣、夏ズボン、夏パジャマなど、一時丈、着て、干して、一時なおしこんだが、後で本式にしてなおした。

今度子供の合のオープンシャツと、合のズボンなど、一〇月一〇日(月)に、着たが、それから、何日間か、着た丈で、暑くて、着られないと、その後は、着ないままだから、昨日、一寸ほして、一応一寸なおしてはいるが、又、着るか、本式に干してなおすか、私しも、夏シャツや、夏上衣、夏ズボンを、まだはいたままで、合物。冬物には、一寸かえられない程、暑い。

一〇月三〇日(日) くもり、大変むし暑い（19・1度）

一〇月三一日(月) くもり、うす日、むし暑さ（21・4度）

朝9時すぎ、本町スーパー、豆乳④320、果汁③300、グレープブドウ120、ジャンボコーン②236、ゴボーサラダ200、トウフ83、きな粉③300、ココナツサブレ②128×②256、（1、972円）

主人と、子供の前生の下がきをしていたのを本式のノート三冊とも今日までに、書き上げた、小さいノートも、大分かいている。一〇月一日(土)より書いていた。

一一月一日(火) 久しぶりにはれ、ひえたり、むし暑かったり（17・6度）

子供は、ひえると言って、少し厚地うすみどりシャツと少し厚地ズボン下白、毛の茶のシャツ上下まで着た。パンスかえた

一一月二日(水) はれ、ひえる（19・4度）

子供は、合のオープンをぬいで、コール天の冬のオープンにかえた。茶系

私も、半袖冬厚地シャツや、紺のカーデガンなど着て、ズボンも冬厚ムラサキにかえた。

朝、9時半すぎスーパー、コーンフレーク298、果汁④

４００、豆腐９８、黒パン⑦１８０、６５×③黒ゴマ③１９５。（１２０６円）

一一月三日(木)　うすぐもり、雨、少しひえる、（１５・８度）

午後、３時頃か、警察の人、二人こられて、八月に殺人事件が有った由で、たずねてこられ、私の名前と、電話番号きかれた。近所も皆たずねてある。

一一月四日(金)　上天気、ひえる　風がひどくひえる。木枯らし一号（１８・９度）

朝、１０時前、赤札堂。ラッキョ１９８、柿⑥３９８、黒糖がし⑦１９８、落花生６００、わかめせん②３３６、カボチャ２２０、しそこんぶ⑥１９８×⑥１、１８８、ヒジキニ１７０、１５８×②ナビスコオレオ②２１６、ナビスコエントリー２３５、クックダッセ１９８、塩えんどう豆②２６０、１９８×②うずら豆②３９６、（５１６３円）

電話代支払用紙きた。１９０５円、夕方４時半前に。

一一月五日(土)　うすぐもり、ひえる（１７・３度）

トイレ、サニボンF

朝、９時前、本町スーパー、豆乳④３２０、果汁②２００、ゴボーサラダ２００、一口アゲセン②２９６、ジャンボコーン１６８、ココナツサブレ１２８、（１３５１円）

次は、平和通りの家具店、カーペット赤、ハイ色②２４００×②、二帖二枚、（４８００円）

お陰様で、カーペットも買わせて頂きました、一日も早く、カーペットが、しかれますように、よろしくお願いたします

一一月六日(日)　雨、少しひえる、（１４・４度）

子供は又、寒いと言って、真冬の厚地オープンシャツと、厚地コール天のズボンに、厚地セーターまで着た。

今日は、四畳半と、六畳の電球や笠などふいた。大きい敷紙なども出した。

昨日まで、一応小さいノートも、書き上げた。一〇月一日(土)より書き出していた。

私は、この頃は、特に、腰の痛みが、ひどくて、立居、も、歩くのも、苦しいのに、昨朝から又、それ以上に、腰痛の苦しみの上に、腰が、ちぢんで、まがった様で、今まで、楽に出来ていた事まで、足をつま立てしたり、お湯の入ったヤカンを持ち上げるのも、苦しく、おきゆうすに、お湯を、そそぐ一寸の間でも、もてない程に、腰が、力がぬけてしまって、恐ろしい程の、痛みで、苦しくてたまらない、

全身、どこも、かしこも、日に日に、悪くひどく成って行く今日であるが、最後は、どうなるのだろうか、子供は、病人だ

から、何も出来ないし。

一一月七日(月)　くもり、少しあたたかい（19・7度）

朝9時郵便局、電話代1、905円、一〇月分おさめた。

その足でスーパー、豆乳④320、果汁③300、豆腐83、黒パン一八〇、ニチバン、ガムテープ198、65×③黒ゴマ195③。（1314円）

ガスの検針きた。①

一一月八日(火)　立冬、くもり後はれ、風がつめたい、（15・3度）

四半畳にカーペットを敷いた。

今日は、朝の内は、ずーと雲って、何一つ干せなかったが、子供のフトン上げて、ハイ色のカーペットを敷き、カンソー剤、新しいのを六コ加えて、今までの、良いのを、フトンいっぱいに、カーペットの上においた、モーフと、厚地シーツを二枚、敷ブトンにかぶせ、綿のゴム入りシーツで、おおって、その上に、新しい厚地のタオルシーツをのせた。上も、モーフ一枚加えて、タオルケット、大ブトンを、かけている。

今日は、お陰様で、無事に、四半畳に、カーペットを、しかせて頂きまして、有難うございました、六畳の方も、よろしくお願いいたします。

一一月九日(水)　上天気、少しあたたかい、（18・7度）

六畳に、カーペット敷いた

今日も無事に六畳に、カーペットを敷かせて頂きまして、有難うございました。

一一月一〇日(木)　少しあたたかい、（20・8度）

朝一寸顔そりした。

朝9時すぎスーパー、豆乳④320、果汁③300、83×②豆腐②166 コーンフレーク298、黒パン⑦180。（1301円）

10時すぎ、魚力、398×⑥玄米フレーク⑥2388、ぜんまい煮190、クレラップ198×③594、イチゴジャム185。（3456円）

一一月一一日(金)　はれたり、くもったり、少しあたたかい、（20・9度）

私は、髪毛を、お湯でふいた。クシ洗う。

一一月一二日(土)　はれ、あたたかい（22度）

朝、9時前、本町スーパー、豆乳④320、果汁③300、ポテトサラダ180、きな粉③300、ジャンボコーン168、

一口アゲセン②148×②296、128×②ココナッツサブレ②256。(1874円)
トイレ、サニボンF

今日は頭痛と熱で、氷でひやした、この頃は、全身が、うごけない程ひどくなって、腰が、特別痛みがひどく、一寸でもじっと立てない。

ガス支払用紙きた、838円、引下げ3円、4時すぎ、夕方きていた。

一一月一三日(日) はれ、あたたかい、(22・9度)

朝10時前、赤札堂、198×⑥しそこんぶ⑥1188、うの花170 切干大根180、ビスケット235、198×②豆類②396、130×②塩えんどう②260、158×②つぶごません②316、焼アンマンジュー⑩398、ミカン⑮398、148×②黒アメ②296、298×②ブルボンオリジナル②596、298×②チョココーヒー②596
(5、179円)

一一月一四日(月) 今日は、朝刊休刊日

くもり、少しむし暑い、時々冷える。(14・7度)

今朝は、又、私は特別に、腰の痛みがひどくて、一寸体を、まげても、痛く、歩くのも苦しい、動くと痛い

朝9時前、郵便局、ガス代838円、一一月分おさめた。

その足で、スーパー、食パン⑧135、豆乳④320、果汁③300、白ゴマ③65×③195円、978円

一一月一五日(火) はれ、冷える (13・9度)

私は今日は特別腰痛が、ひどくて、座ったら、立っては、一歩も歩けないほどの痛みで、家具につかまったり、子供に、つかまって、歩かないと、一歩も足が動かない、日に、日に、痛みがひどく、動けなくなっているが、今後は、どうなるのだろうか、

朝10時、〈略〉電話

420×六クリネックス⑧3、360、600×②姫ゆり②1200、2時半頃、もってこられた。いました。

六畳の豆電球切れた。

夕方4時40分頃、六畳の豆電球が、切れた。その時、赤の八角時計を、倒したが、止まらなければ、よいけれど、豆電球が切れたのは、何か悪い事が、おこらねばよいけれど

一一月一六日(水) はれ、ひえる、大変ひえる (12度)

朝9時すぎ、本町スーパー、豆乳④320 果②200、豆腐83、ゴボーサラダ200、ジャンボコーン168、一口アゲセン148、ココナッツサブレ128。(1284円)

私は全部真冬物にかえた。

一一月一七日(木) はれ、ひえる、(14・6度)

一一月一八日(金) 今朝又、朝刊を入れ忘れられた。今年八回目

はれたり、くもったり、少しあたたかい、(20・6度)

今朝又朝刊が入らない。九回目

朝一寸顔そりした。

朝7時に、新聞は、電話して、七時半頃もってこられた。奥さんの様で、10円、電話代やられた。

どこもだけど、特に、私共の周囲には、強い因縁をもった人が多くて、(間違った事)(自分本位の事)(人に迷惑をかけても、平気な人)悪の世の中で、結構な生活をして、楽しみ、金使いもあらく、つまらぬ者を、みくだし、こちらから、アイサツしても、知らぬふりどころか、カタキの様な態度を取られたり、人間の道はずれても人々から、ちやほやされるなど、どうしても、私には腑におちないが、

私は、日に、日に、すべてで、不安が広がり、気が小さくなってしまって、何一つするにも、おじけずいて手につかない。周囲の邪魔のために、子供が、因縁を受けて、災難を、受けはしないかと、毎日ハラ、ハラで、私は、買物に行くのにも、留守中に、子供が、つれさられは仕ないかと、心配で、心配で、家をるすにするのが恐しい。子供は、二十年ばかり、外出した事なく、世間の事は何一つ分からないし、自分のおる所さえ、知らないので、

私は、子供を守ってやらぬと可哀想で、子供は欲が無いし。悪が無いので、人をうたがったり、けいかいしないから、人を信じて、だまされは仕無いかと、何時も、頭から片時も、不安が取れない、

私共は、何時まで、不安な生活と、心配ばかりしなければならぬのだろうか、何か私は、間違っているのだろうか、何が私は、間違っているのだろうか、今は何一つ分からぬので、今後の不安は、つのるばかりである。

一一月一九日(土) うすぐもり時々はれ、上天気、大変あたたかい。(23・9度)

トイレ、サニボンF

私しは本町の衿付ベージュ初冬向カーデガンに、坂下の紺冬スラックスで、

今まで東武ホープセンターは、9時半からだったのに、一一月一七日(木)より、朝10時からになった。

明治堂、2739円、わかもと1980円、ザーネクリーム680+79、

太子堂（773円）串ダンゴ⑤200、栗マン⑥280、砂糖豆がし270＋23

西武、山本山、お茶⑩500×⑩＋150。（5150円）

お陰様で、留守中は、お世話様に成りました、途中も無事買物などさせて頂き、有難うございました。今後共、よろしくお願いいたします。

一一月二〇日(土) はれたり、くもったり、あたたかい（17・9度）

朝9時すぎ、スーパー、コーンフレーク298、黒パン⑦180、83×②豆腐②166、豆乳④320、果汁③300、65×③黒ゴマ③195、カボチャ煮180、1688円

うちの前のお寺（重林寺）の横の道路が、この頃、＜略＞が、あっているが、今日私は、朝スーパーに、行くとき、ほりおこされた道で右足の甲のところを、ねんざした様で、その時は、＜略＞中で行ってきたが、何時間後に、少しいたみ出した、ひどくならぬとよいけれど。

一一月二一日(月) はれ、あたたかい、（18・3度）

一号の空室が、今朝ゴミを出しに行った時に、横の窓一ぱあけて、中が、まる見えだったが、六時すぎ頃の早くに、だれか、玄関から入られたのだろうか、だれもいないのに、朝早くからあけてあるので、気になる、

空室に、ねとまりに、くるかも知れないし、前はドロボーに、入られたと、前おられた人からきいているので、何か問題が、おきないと、よいが、それとも、不動産の人が、たのんで、家の手入れを、しに来てあるのか、（ゴミ出し）とか、何かないと、いつも、そこは通らないので、わからないが、災難を受けない様に、お願いいたします。

次、次と、この頃は問題が増えつづけて、毎日、不安で一ぱいで、おちつけない。

電気検針きた。

一一月二二日(火) 雨、はれ、少しひえる、（13・6度）

朝10時すぎ、本町スーパー、豆乳③320、果汁③300、ココナツサブレ128、ゴボーサラダ200、ナットウ③138、ジャンボコーン168、一口アゲセン148。（1444円）

今日、お昼頃、子供は、きついと言って、ぐったりとして、顔色も悪くどこか具合の悪いのか何一つ言わないので、不安で心配だけど、どうしようも無い。今、子供に何か変事が、起きたら、私一人で、どんなにしたものか、おちつかない、子供が、ハキ、ハキしないので、あまりたずねると、うるさがって、気げんが悪くなると困るので、成行に、まかせてはいるが、子供が、病気が、ひどくなったり、入院とか、死ぬ様な事が有った

ら、それこそ、どうなるのだろうか、どうぞ、神様、子供の体をお守して下さい、
いつも、いつも、お願のみばかりして、申しわけありませんが、今、子供に、何事かあったら、私は、気が、くるってしまう程です、お助け下さい。

一一月二三日(水)　はれ、少しひえる(14・1度)
朝9時すぎ、本町スーパー、バナナ⑤二四〇、果汁③300、豆腐83、きな粉②200、ゴボーサラダ200。(1053円)

一一月二四日(木)　はれ、少しひえる(12・7度)

今日は、主人の命日、バナナ。栗マンその他のおかしなど。砂糖豆がし。お茶、お水、御飯。豆腐。ナットウ。お茶、お水、コンブ。

何時も、こんな事ですみません、おゆるし下さい。

私しは、朝、おきる前頃から、急に、胃の左りがわが、痛み出してお腹のよこまで、ずーと、痛んでいるけれど、ひえのためか、病気か心配でひどく成りませんように、お願いたします。

明日は又、無事に、家賃一二月分を、おさめさせて下さい。

お昼、1時すぎ、一寸顔そりした。

私は、この頃、右うでの肩の近くが痛くて、右手を、のばされないで困る。

一一月二五日(金)　はれ、ひえる、(17・4度)
私の国民年金改定通知書きた。
私の国民年金改定通知書がきた。昨日きていた
平成六年一二月より、51030円
今日は、無事に、家賃を、おさめさせて下さい。
朝10時半頃不動産に行ったが、おるす、何回行ってもるすで、買物してかえり、11時半すぎから、何回も電話しているが通じない。
朝10時半すぎ魚力、398×④玄米シリアル④1592+47、ぜんまい煮174、いそわかめ138、イチゴジャム170g185、しそこんぶ②195×②390。(2552円)
子供は、冬、厚地白シャツ、白ズボン下、パンスかえた。
お昼からも何回も、不動産に、電話しているが、通じない。
3時すぎ又、電話したところ、おられて、自分が来ると言われ、3時45分頃こられた。
<毎日夫人>又入らぬ、四回
不動産が、こられて、今日の日付と、印かんのかわりに、㊂と書いて、通帳にしるされた。三時四五分すぎ頃、おかげ様で無事に、家賃も、すまさせて頂きまして有難うございました。

今後とも、よろしくお願いたします。

夜、六時毎日新聞集金きた。(一一月は紙袋だけである)紙袋だけで、〈毎日夫人〉は、今日も入れなかった。先月は、東京の本を入れたが、今日は何も本は入れない、今月も〈毎日夫人〉入らぬ。一〇月と一一月二回。

〈毎日夫人〉入らぬのは。六月二七日(月)、七月二五日(月)、一〇月二六日(水)、一一月二五日(金)。

今夜も、子供が急に新聞の集金がくると言って、おこされ六時に一寸前だったが、すぐに、こられた。子供が言ったのは、七月二五日(月)、八月二七日(土)、一一月二五日(金)

一一月二六日(土) はれ、ひえる、(14・5度)

トイレ、サニボンF

この頃、トイレの中で水音がザーザーとしていたのが、今日は特別ひどいので、不動産に、たのみに行くつもりである。

子供のぬいだ厚地のズボン下丈、つまみ洗いした。

トイレは、ロー水では、ないだろうか。ここに来たはながい、知らずにいた所、ロー水で水道代5万円も取られた。又、そんなになっては大変だから、早めに、たのみたいが、今、〈略〉さんがるすで、不動産に、たのまねばならないので、気がおもい。このままほっても、おけないし。次、次と、この頃は、心配事が、増えつずけて、どうなるのだろうか。時々トイレの水も出ないのは、そのためだろうか。

同じ事が、私は、二回づつかならずあるが、それにしても、六月二七日(月)、七月二五日(月)、一一月二六日(水)、一一月二五日(金)と、かならず、二ケ月づつ、同じ様に毎日夫人を、入れられない、入れて下さいと言っても、入れられないので、ほってはいるが、どうして、こう同じ事ばかり、二回ずつ、されるのだろうか、どんな意味(わけ)があるのだろうか、

子供が急に、今すぐ新聞の集金が来ると言って、おこされて、間もなく、すぐに来られたのが、七月二五日(月)、八月二七日(土)、一〇月二六日(水)、一一月二五日(金)。この子供が、教えているのも、二回ずつで、始めはどうも来そうにない、わから無いと言っているが、後で、突然、今すぐ来るからと、用意を、させられて、何分もたたない内に、すぐに、来られている。

一一月二七日(日) はれたり、くもったり、ひえる。風がつよい。(14・2度)

台所の電球が切れた。

朝、10時前、赤札堂、168×⑥しそこんぶ⑥1、008、切干大根180、ラッキョ498、ヒジキ煮170、オールレーズン③300、ミカン⑮480、108×③ココナツサブレ③324、130×②塩エンドウ豆②260、198×④豆類④792、黒糖がし198、4、336円

午前中、11時45分頃に、台所の電球を、つけたところ、

突然、切れてしまった。昨年五月六日（木）に切れて、その時かえた。
　この一一月二七日は、四十年前に、私が、二回目の宣言の言葉を言わせられた日である。それと、今年平成六年五月二七日(金)朝方か夜中かわからぬが、この世の終りと言う感じの文句のある短冊の様なものを感じた日も同じ二七日で、うちは、今まで、何事かある前には、かならず、電球が切れて、知らせられているが、
　今まで、良い事は、一度も無く、全部悪い事ばかりであるので、又、何か、悪い事が無ければよいが、心配である。

一一月二八日(月)　はれたり、くもったり、ひえる（12・8度）
　電気支払用紙きた。1484円、引下げ15円、朝9時すぎきた。
　朝、10時前郵便局、電気代1484円、一一月分おさめた。
　その足でスーパー、黒パン⑦180、豆乳④320、果汁④400、カボチャ煮180、（1112円）
　かえり又、郵便局で、切手50円、年金の現況届にはって出すため。
　今度は、10時半頃不動産にトイレと水道ジャ口のこしょうをたのみに行ったが、おられない、買物して行ったが、11時近くまで待って、おられないので、かえってきた。
　本町スーパー、豆乳④320、168×②ジャンボコーン②336、ヒトクチアゲセン②148×②296、980円
　水道、トイレ、修理たのんだ。
　朝、11時45分頃、今度は、不動産に電話でたのむつもりで、電話したところ、直接たのんで下さいとて、水道屋さんの名前と、電話番号を、おしえられたので、今度は、すぐに、水道屋さんに電話してトイレと水道のジャ口を、たのんだら、明日、午前中に、くると言われた。名前は〈略〉水道屋さん。
電話　〈略〉　修理を、たのむ時に。

一一月二九日(火)　はれ、ひえる、少しあたたか（16・6度）

　水道屋さんこられて修理された。

　朝、8時半頃、水道屋さんこられて、一応下見されて、一度帰られて、15分後に又、こられた。トイレと、水道のジャ口を新しく取かえてもらった。お陰様で、無事に、済まさせて頂きまして有難うございました、9時半頃おわった。

　朝、11時40分頃、不動産に、水道屋さんこられて、してもらったお礼の電話した。

　私は何か、④のつく日は訳があるのだろうか。平成五年、一一月一四日(木)より、突然、私の〈略〉と、私の事について書かせられたが。

五年三月一四日(日)　大家さんの代りを不動産に、まかせられた。

五年九月四日(土)　トイレの電球切れた。

五年一一月四日(木)　カーペット買ってきた。

平成六年一月四日(火)私は朝から目まいや、方々具合わるく、フトンにやすんだ。

平成六年三月四日(金)、私は、全身がたまらぬ程特別ひどくて、フトンにやすんだ。

平成六年六月四日(土)、四畳半の豆電球きれた、
六年六月一四日(火)、台所のおふきん掛が、こわれて、はずれてしまった。

六年六月二四日(金)、朝刊が入らぬ
六年九月一四日(水)、又朝刊入らぬ。

六年一〇月四日(火)、北海道の地震で、東京も、ひどくゆれた。

　六年一〇月一四日(金)、今日は④のつく日だからと、用心していたのに、魚力で買わぬ品物のお金まで、四〇〇円ばかり多く取られ、又行こうとしたが、私が、具合わるいので、四〇〇円ぐらいならば身体の方が大事だと、子供に言われてやめたが、前も、ここでは、二、〇〇〇円ほど大く取られて、その時はすぐに行ってもらってきたが。お昼、子供に、食べさせる豆腐を、おとして、しまって、食べさせられなかった。　新聞の朝刊の休刊日が、よく④のつく日にある。九月二四日(土)、一一月一四日(月)、今、うちでは、テレビは何十年と見ないし、ラジオも聞かないので、新聞丈を、たよりにしているのに、今年丈で八回も、うち丈入れ忘れられて、それも、一ケ月に、二回の時も有るし、毎日新聞は三十年以上取って見ているが、今まで、は、どこでも、一度も、入れ忘れはなかったのに、
　ここにきた時は、前からの配達所だからよかったが、平成四年五月から、東京新聞の配達所が毎日新聞まで、引き受けて、配達される様になったが、近所の何軒かは、東京新聞だから間違なく、前からの人達で入れてあるが、うち丈は、毎日新聞だから、忘れられる事が多くて困る。

一一月三〇日(水)　はれ、あたたかい、(15・1度)
　朝八時すぎスーパー、コーンフレーク298、果汁③300、黒パン⑦180、83×②豆腐②166、65×②黒ゴマ②130。(1106円)
　朝、6時半すぎ、昨日の水道屋さんに、電話したが通じない。昨日新しくかえてもらった、トイレのタンクの水の出が悪くてよくながれないのと、水道のジャ口も新しくかえてもらったのに、カタイ上に、よくとまらないので、かたくしめると、出す時に、かたくて、困るので、又、きてもらってしらべてもらい、直してもらう様にしているが、電話が通じるだろうか。

朝9時15分頃、電話したところ、お昼からくると、言われた。お昼、1時半頃こられたが、トイレの流れないのも、これでよい。水道のジャ口の止まらないのも、これでよいと言われた。

赤の八角時計の電池かえた。

朝9時20分頃に、赤の八角時計の電池を、新しく入れかえた。一九九六年一〇月まで電池はよいと、書いてある。この時計は、昨年一一月二五日(木)に、修理に出して、一一月三〇日に出来て、もらってきた。

この頃急に、何回かうちの生ゴミ、東京都袋に入れてジャマにならぬ様に、手前の奥の下に置いて出して、その上外の人達が、袋をのせてあるのに、わざわざ、うちのゴミ袋を、下から引出して、奥の方に、気付かぬ所に置きかえてある。

後で行って、うちのゴミ袋を、出した所にないのでさがして見ると、大分はなれた奥に、わざわざ、持って行って、おいてある、だれがこんな邪魔をするのだろうか、ゴミ取りさんが、気付かれなくて、持って行かれなかったらいけないので、ゴミ取りさんが、こられる度に、うちのゴミを、忘れずもって行れるか最後まで、見つづけないと、安心出来ない。

私共は、今日まで、何十年と、邪魔から、ひどい目を、受け通し、仕手来て、安心出来ない不自由や、心配事が、たえないのに、

今年は又、特別、何倍もの邪魔がひどくて、特に、この頃は、あらゆる面で、ハラ、ハラ、心配と、不安と、恐ろしさと、苦しみと、次、次と、日増に、ひどく成って、何かすると、かえって、悪くなり、心配が増えるし、仕無ければ仕無いで、不安がひろがるし、どうも、こうも、どうしたら、良いのやら、一つ何かすると、一つ又、心配が増えるし、たのみ事しても、結果が悪いし、

私は、一寸外出するのも、この頃は、心配、不安で、行くのも、さっと出来無いが、外出の途中も、不安がつきまとい、おち、おち、買物一つ、用件も出来無い程に、恐しい程の不安がひろがり、外出中は、もちろんだが、家の中にいても、何か不安に、おそわれて、家の中でも安心して、落付ない。

子供の病気も、心配だけど、特に、私の全身の具合の悪さは、言い様が無い程にひどすぎる。どんな訳が有って、私共は、こんなひどい目ばかり、受けねばならぬのだろうか、悪因縁を神から引受けさせられておられた主人が、亡くなられて、もうすぐに三年に成るのに、

邪魔は、へるどころか、増える一方で、何時迄、邪魔を、受けねばならぬのだろうか、第一、来年三月までには、今後の事をきめないと、もう三月一ぱいでおられないが、お金が無いので、再契約も出来ないし、子供と、私は、どこに行くのだろうか、家も、お金もない生活で、ふろう者の生活は、子供が病

気で出来ないが、相談相手もないし、区等に、相談しても、結果は、よくないので、その方も、出来ない、

どんなにして、今後、私と子供は、生活して行くのだろうか、毎日、毎日、頭からその事ばかりが片時も、はなれ無い。

世の中は、良い方にはかわらないので、悪い方に、どん、どん変って、私共の考えでは、ついて行けない程である。水一てきでも、大切にする様に、口では言いながら、今度、水道のジャ口を、新しく、かえてもらったら、止めた後、一寸うごかしても水が流れる様に、作ってある、水道屋さんに、その事を話したところ、それは関係ないと、言われるが、止めたジャ口から、一ぺん、一ぺん、一寸よこにやった丈で、かなりの水が出てくるので、長い間には、使うたびに、かなりの量になるだろう、

今のジャ口の作り方は、ムダな事を、平気でさせる作り方で、それを当然としてあるので、前、一ぺん、一ぺん、きちっと、止って、一てきの水も流れないジャ口を使っていた者からすると、無駄が、多すぎるが、話しても、今のジャ口が、あたり前と、考えてあるので困る。

一一月二七日(日)　朝、11時45分頃、台所の電球が、切れたが、今迄、うちでは、何十年と、何か悪い事が、起こる前には、必ず、電球が切れて、知らせられていた

平成六年一一月二七日(日)に、電球が切れたので、日付と、時間を、合わせてみたところ、

11月
27日
―――
38、
11時
―――
49
45分
―――
94

し、死。し
く、苦。く

と、なったが、今まで、数字を合せた通りの結果が皆出て来ていた。苦。死に成らぬとよいが。

1994年（平成６年）12月１日
～
1995年（平成７年）２月21日

覚え書き64

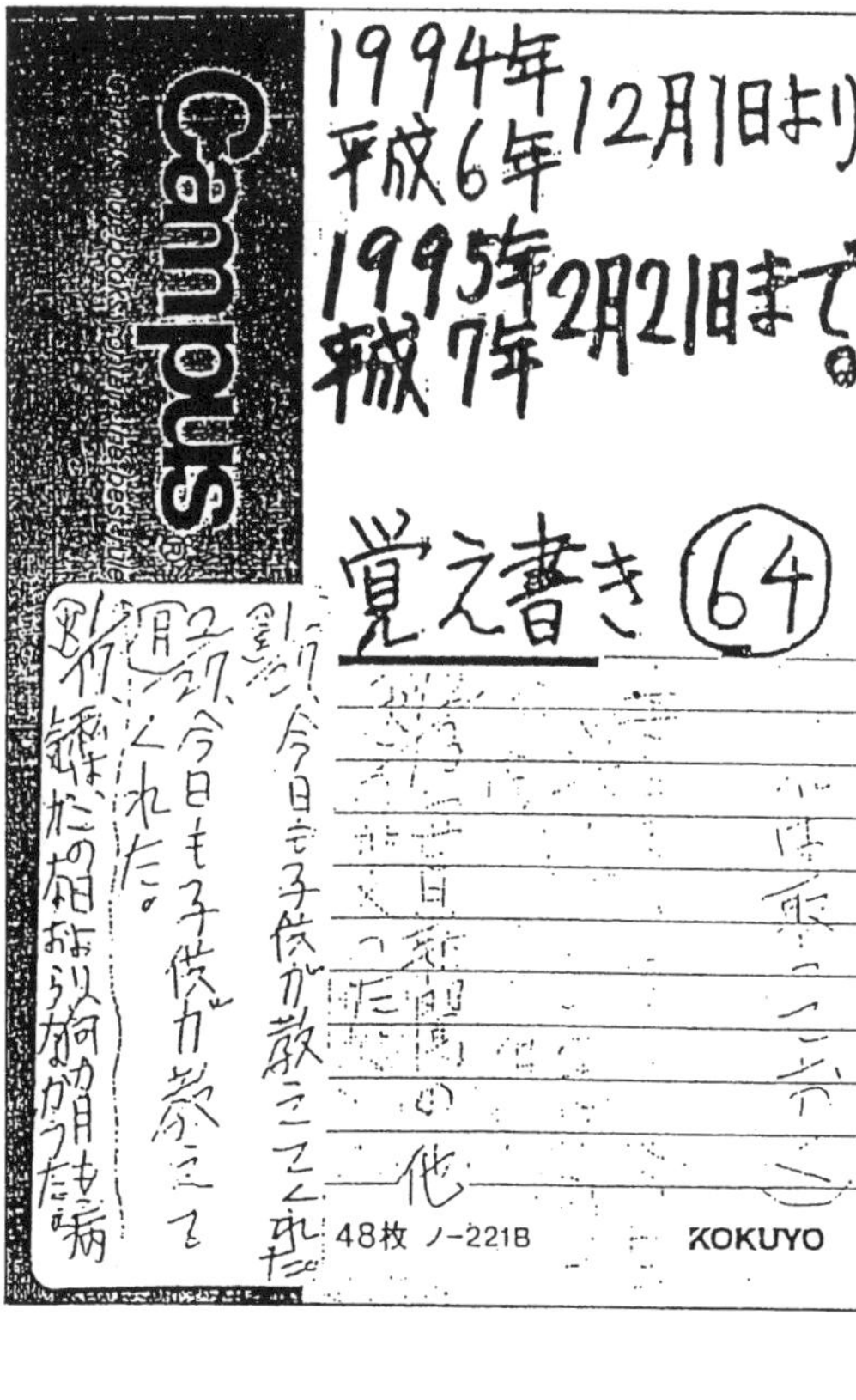

覚え書き64
一九九四年（平成六年）一二月一日より
一九九五年（平成七年）二月二一日まで

一九九四年、平成六年

平成五年四月一九日（月）
夕方、窓を開けて、外の草花をながめていた所。（只、一筋の心在るのみ）と、言う、文句がうかんで来た。

一二月一日（水）　はれ、あたたかい。（１５・６度）

一二月二日（金）　雨、くもり、あたたかい。（１６・８度）

一二月三日（土）　はれ、あたたかい。（１５・９度）
今日は無事に、年金の現況届用紙が参ます様に、お願いいたします。マイソフトも届けていただきます様に、
トイレ、サニボンＦ
朝、九時前本町スーパー、豆乳④３２０、果汁④４００、ジャンボコーン１６８、きな粉④４００、ゴボーサラダ２００、一口アゲセン②１４８×②２９６、（１８３７円）
９時４５分、ミスズ屋、マイソフト⑥たのんだが、１０時までこられないので、電話した、今日五時まで、こない時は、明日、朝、１０時頃と、言われた。
私の年金現況届用紙きた。
夕方、四時すぎに私の年金の現況届用紙きていた。ご心配おかけいたしましたが、無事に、参りました、有難うございました。無事に、書かせて下さい、無事に、出させて頂き、先方に無事に、届きます様に、お願いいたします。
電話支払用紙きた。１９０５円、夕方一緒にきた。

一二月四日（日）　はれ、あたたかい。（１４・１度）
朝８時１０分頃、みすず屋より、昨日たのんだマイソフト⑥１６３２円、２７２×⑥１６８１円を、主人の人がもってこられた。
昨日来た年金の現況届用紙に、朝の内に書きこみ、切手、印かんもおした。日付は、まだかいてない。お陰様で、無事に、書かせて頂き有難うございました、明日は、日付を書いて、出張所の㊞をもらい、ポストに無事に入れさせて頂き、先方に無事着きます様にお願いいたします。

一二月五日(月)　年金の現況届を出した。はれ、あたたかい。(15・4度)
今朝、年金の現況届に、月日付、一二月五日(月)とかきこんだ。
今朝、出張所で、㊞をもらい、ポストに、無事に入れられます様に、お願いいたします。
朝九時前に、出張所にゆき、㊞と、日付を、おしてもらった。その足で、平和通り郵便局に行って、前のポストに入れた。お陰様で、年金の現況届を、無事に、出させて頂き有難うございました。
電話代、1905円、一一月分、おさめ
その足でスーパー、豆乳④320、果汁③300、豆腐98、黒パン⑦180、ゴボーサラダ170、黒アメ165。(1269円)
今年も無事に、年金現況届を、出させて頂き有難うございました、先方に無事着きます様に、お願いたします。
電話代も、今年無事に、おさめさせて頂き有難うございました。後、年内では、ガス。家賃。水道。電気。新聞、お正月の準備等、させて頂きます様に、お願いたします。
ガス検針きた。

一二月六日(火)　はれ、あたたかい。(14・3度)
お昼から、一寸顔そりした。
私のヒザカケ横巾が、少したりないので、私の着ないパシャマ。タオル地。ふじ色を少しほどいてぬいつけた。

一二月七日(水)　はれたり、くもったり、少しひえる。(17・7度)
私は今日は又、特に腰が、一寸ひねっても、非常な痛みがひどい。腰の痛みは、ひどくなるばかりで苦しい。
朝10時頃、魚力、しそこんぶ④195×④780、ぜんまい煮174、わかめ159、イチゴジャム185、おなます280、おかし180。(1810円)
本町のスーパー、豆乳②160、果汁③300、一口アゲセン②148×②296、きな粉③300、ジャンボコーン②336。(1433円)

一二月八日(木)　はれ、ひえる。(16・6度)
私は、ここ、二三日、特に、腰痛が、たまらぬ程にひどい、一寸よこむいても、ぐっと痛んで苦しい。
一二月分の国民年金通知書がきた。
一二月分の年金通知書がきた、夕方四時半頃、85000円、今月より少し上っている。

一二月九日(金)　くもり、少しむし暑い。(17・6度)
朝九時少し前スーパー、豆乳④320、果汁③300、豆腐②83×②166、コーンフレーク298、黒パン⑦180、黒アメ165、黒ゴマ③65×③195、クッキー178。(1856円)

一二月一〇日(土)　はれ、少しひえたり、あたたかかったり。(13・9度)
トイレ、サニボンF
私は、八月一〇日(水)の朝方、ガレキの山と、新党結成が、出来るまでとの、文句の感じを、受けたが、その新党と言われるのは、今日、結成する、新進党と言う。この新党の事だろうか、そして、その新党が結成した事は、どんな意味をもつのだろうか、今後どんな関係があるのだろうか、分からない。
ガス代支払用紙がきた。1478円、引下げ18円、夕方4時すぎにきた。

一二月一一日(日)く　もり、少しひえる。後雨。(7・6度)
子供は、今まで着ていた白地綿入れシャツと、ズボン下の上に又、上は茶の毛のシャツと下は茶の綿入のズボン下を、中間に、着て、その上に、今まで着ていた毛のシャツ茶系上下を着ているので、シャッ丈、上三枚、下三枚はいている。

一二月一二日(月)　くもり、ひえたり、あたたかかったり。(12・8度)
朝9時すぎ、郵便局、ガス代、一二月分おさめた。1478円
その足でスーパー、黒パン⑦180、果汁③300、豆腐83、玄米おこし②200、モリナガマリー178、ゴボーサラダ170。(1144円)
私は、昨日朝から、今までの何倍と言う程に、ひどい腰の痛みで、動くのも、横むくのも、歩くのも、一ぺん、一ぺん、えぐられる様なゲキ痛でたまらぬ苦しさ。
今年八月一〇日(水)の朝、ガレキの山と新党結成が出来るまでとの文句の感を、ハッキリと、受けていたが、その新党が、一二月一〇日(土)に、結成したところ、どんな変り方をするのかと、待っていたところ、一二月一〇日(土)から何かと、思う様に、行かなくなったが、一二月一一日(日)昨日は朝から、水道のジャ口が、ぎし、ぎしと、明ける時も、とめる時も、ひどくて、一ぺん、一ぺん、ハラハラして、使っているが、これは、今年一一月二九日(火)に、水道屋さんが、新しくジャ口を、取りかえられたもので、始から、かたいので、翌日、電話して、来てもらったが、これは、悪くないカタクもないと、言われたが、止めた後も、一寸さわると、水が出るのを言ったが、これ

はこの様に、成っているとて、悪くないからと、言われ、トイレの方も、全部新しく変えられたのに、出が悪く、水が流れないし、タンクの水は、びっくりする程出るし、タンクの中は、一日中、水の音が、仕通しで、これも、見てもらったが、悪い所はないと言って、かえられたので、どうしようもない、前の古い時の方がジャ口もトイレも、よかったと、思う程に、新しくかえてもらった結果心配の仕通しで、ハラ、ハラして使っているが、これは邪魔が、させているのか、困ってしまう、特に、その言われた新党結成が出来るまでとの言われた日から、かえって、悪い事ずくめで邪魔が、言ったのだろうか、特に、私の腰痛のひどさは、言い様がないほどひどく、外を歩くのも苦しく、家の中でも、一寸前かがみも出来ないし、何一つどうする事も出来ない。二十四年間の耳なりは、その日から、よけいひどく成ってきた、すべてが悪くなってしまった。

一二月一三日(火) はれ、後雨、あたたかい。(14・7度)

今朝、毎日新聞は、入らないで、東京新聞を入れられた。

今朝、毎日新聞を入れないで、東京新聞を入れてあった。今年九回、昨年一回で、一〇回忘れられた。

朝七時に、電話したが通じない、10分後に、やっと、通じたが、30分すぎても、新聞もってこられないので又、かけて、8時10分前頃やっともってこられた。

一二月一四日(水) はれ、少しひえもある。あたたかい。(12・9度)

朝10時すぎ魚力、しそこんぶ④195×④780、ぜんまい煮156、わかめ133、おなます280、おかし180。(1574円)

本町スーパー、豆乳④320、果汁③300、ココナツサブレ②256、きな粉③300、一口アゲセン148、ジャンボコーン168。(1536円)

一二月一〇日(土)の、新党結成が出来た日から、いろいろと、すべてが、悪く成って来た。新党結成が出来るまでとの事は、後、悪いとの事だろう。

一二月一五日(木) 今日は、豊島の公報が新聞に入ってない。はれ、ひえる。(14・3度)

今朝は、新聞は、入ったけれども、豊島の公報を入れ忘れている。始めて。

朝、九時半頃、郵便局に豊島の公報を、もらいに行ったが、お昼からだろうと言われて、無かった。

その足で、赤札堂に、しそこんぶ④198×④792、ミカン⑧480、ラッキョ498、カンパン188、バターサブレー②138×②250、ビスケット235、チョコクッキー②138×②250、黒カステラ⑨100、塩エンドウ豆②136

×②260、うずら。茶福豆③198×③594、こんぶ豆190、ハーベストセサミ308、カボチャ煮220。（4495円）

一二月一六日(金)　はれ、風つよい、かなりひえる。（9度）

朝九時頃、郵便局に行って豊島の公報、一二月一五日(木)号を、もらってきた。お陰様で、有難うございました。

その足で、スーパー、黒パン⑦180、果汁③300、黒ゴマ③65×③195、玄米おこし②200、黒アメ165。（1071円）

今年は、あたたかいので、今日始めて、冬のコート二枚出した。白茶ナナメジマ、茶うす地

私は、今朝までガーゼのうすいシャツ一枚だったけれど、今日は、非常に、ひえるので、やっと、その上に、綿入りシャツをかさねて着た。

一二月一七日(土)　子供の年金のハガキが又きた。四回目はれたり、くもったり、ひえる。（7・7度）

トイレ、サニボンF

おふきん②、マクラカバー、その他、今日おふきん洗って、明日より使うように、マクラカバーは、髪をふいて、かえるためだした。タワシ②かえた。

今日、豊島公報が、入ってきた。

先日、一二月一五日(木)に、何時も入る豊島の公報が、今朝の新聞に入ってきた。

お昼より一寸顔そりした。

夕方、子供の年金のハガキが、又、きていた。六月二〇日(月)、七月二二日(金)、九月二二日(木)、一二月一七日(土)、納まっていないからと、これでハガキは四回、一〇月二三日(土)には、六年四月～八月分までの納付書がきたが、今日のハガキで四月～一〇月分までの77700円が未納として、おさめる様にと、来ていた。

一二月一八日(日)　私は七十六才の誕生日

はれ、ひえる。（110・6度）

私は、今日、七十六才の誕生日を、迎えさせてもらった。（一九一八年生れ）。お陰様で今年も無事に、行ずまる事なく、どうなり、毎日生活させて頂きまして、有難うございました、今後とも、よろしくお願いたします。ただ、来年三月までで、ここに住んでおられませんが、後は、どんなになるのでせうか、家賃が、はらえたら、まだ、しばらくは、おられますが、少しの年金では、食べて行く事も、外何一つ出来ません、それが心配でたまりません。

一二月一九日(月)　はれ、ひえる。(８・８度)

私は、西武の上品なニットブラウスに、三越の総よこガラ入りアヅキ色カーデーガンに、三越の黒紺厚地スラックスふだん外出茶うす地コートで、九時すぎ、うちを出て九時四〇分すぎに、第一勧銀に行って、一二月分の年金の記入をして来た。

西武におきなこんぶ会報より来ていたので、そこで、しいたけこんぶ２００g、⑤買って来た。(３０９０円)

その足で太子堂に行き、串ダンゴ⑤２００、ホームパイ３９０、モナカ⑩４００、八ツ橋２３０。(１２５７円)

今日は、お陰様で無事に、年金の記入。外の買物などまで、させて頂きまして、有難う、ございました。留守中もお守り頂きまして、有難うございました、今後とも、何卒すべてに、わたって、何時も、ご心配おかけいたして、おりますが、どうしても、今後の不安で、おちつきません。どんなにしたものか、何も分かりません、お願いたします。都合よく、はこばせて頂きます様に。

一二月二〇日(火)　くもり、ひえる。(６・６度)

朝、九時少し前、本町スーパー、豆乳⑥４８０、果汁②２００、ジャンボコーン１６８、ゴボーサラダ２００、一口アゲセ１４８、ココナツサブレ②１２８×②２５６、きな粉②２００。(１７０１円)

今度は、１０時頃よりまるやでんき店、電池大②２５５円、電池中②３３２円、電池小④５４４円。(１１６５円)

電気検針きた。㉘

そのかえり平和通スーパー、黒パン⑦１６０、果汁②２００、ゴマ③６５×③１９５、コーンフレーク２９８、黒アメ１６５、ガムテープ②１９８×②３９６。(１４５６円)

一二月二一日(水)　はれ、ひえる。(１２・１度)

子供はパンスかえた。

子供はヒゲ切りしたが、電気カミソリは、一寸だけしか、使わなかった。

朝、一〇時魚力へ、玄米フレーク④３９８×④１５９２、ポテトサラダ１７２、ぜんまい煮１６０、大根なます２８０。(２２７０円)

一二月二二日(木)　水道局に、支払用紙こないので電話した。

冬至、はれ、ひえる、寒さ少しやわらぐ。(１２度)

今日は、お掃除は、出来なかったけれども、子供の、フトンしきかえ丈は、出来て、よかった、有難うございました。今、私は腰痛が、ひどくて、今年は、ぜんぜん、一ぺんもお掃除が出来なかった、それに、この頃は、胃の具合の悪いのもひどくて、苦しい

12時半少し前に水道局に電話した。いつも、二〇日頃くる支払用紙が、今日までこないので、送ると、言われた。〈毎日夫人〉一二月も入らない。これで六回入らない

夕方、四時一寸前、新聞を、もってこられたので集金の事を言ったら、今すぐよいとの事で、その場で、3850円上げた。今日も〈毎日夫人〉はやられなかった、紙袋丈で、これで、七月二五日(月)。八月二七日(土)。一〇月二六日(水)。一一月二五日(金)。一二月二六日(木)と〈毎日夫人〉は、五回も入れられない、たのんでも、もってこられない。お陰様で、新聞代は、すまさせて頂きましたが、水道代の支払用紙が間違いなく、来ます様に、お願いいたします。丁度、一五年前の一二月も、こなかったので、電話でたのみ、二月分と、一緒に、払った。

一二月二三日(金)　はれ、少しやわらぐ。(12・9度)

朝、10時前、赤札堂、ミカン⑫500、ヤキアンマンジュー398、甘納豆288、塩エンドウ豆②130×②260、茶福豆198、カボチャ煮220、バターサブレ②138×②250、チョコクッキー138×②250、茶福豆198、チョココーヒー298、お福豆198、白花豆②198×②398、ヒジキ煮170。(3732円)

一二月二四日(土)　はれ、いくぶんあたたかい。(14・7度)

トイレ、サニボンF

今日は、主人の命日、焼マンジュー。甘納豆。ビスケット。スサミ。ミカン。お茶。お水。ご飯。ゴボーサラダ。しいたけこんぶ。お茶。お水。何時も、十分な事が、出来ませずに、すみません、おゆるし下さい。

朝、9時頃本町のスーパー、豆乳④320、果汁④400、ジャンボコーン168、ゴボーサラダ200。(1120円)

今度はスーパー、豆乳④320、果汁②200、黒パン180、白ゴマ②130、黒アメ165。(1024円)

一二月二五日(日)　私は髪毛を、お湯でふいたはれ、あたたかい。(15・9度)

私は、髪毛をお湯でふき、クシは水とお湯をかけて一寸洗い、金のワグシは、新しくかえた。お湯で髪をふいたのは、今年一月一九日、六月五日、一〇月一一日、一二月二五日、ガスコンロのガスマット、両方ともかえた。

お昼より一寸顔そりした。明日は、家賃を無事おさめさせて下さい。

水道の支払用紙と、電気の支払用紙が、間違なく来ます様に、お願いいたします。

一二月二六日(月)　はれ、あたたかい。(9・9度)

水道の支払用紙、三、六三七円が、今朝入っていたが、昨日は日曜日だから、何時きていたのだろうか、昨日夕方四時半頃まで、来てなかったが。でも、お陰様で、無事に、支払用紙が来ました、有難うございました。

今日は、家賃を、無事に、おさめさせて下さい。

朝九時郵便局、水道代、三、六三七円、一一月、一二月分、おさめた。

朝、10時すぎに、不動産にゆき、おられたので、家賃七年の一月分、85000円を上げてきた、今日は、一度で、すぐにすまさせて頂きまして、有難うございました。カレンダーを、今年も頂いた。

そのかえりに、魚力、玄米シリアル④398×④1592、おなます280、イチゴジャム185、ゴボーサラダ199。（2323円）

一二月二七日（火）　雨、くもり、後はれ、あたたかい、少しひえる。（14・7度）

子供はパンスかえた。

お陰様で、毎日新聞のホームカレンダー、今日入れて頂きました、有難うございました。

朝、九時四〇分頃、電気支払用紙きた、1305円、一一円引下げ

朝、10時頃、郵便局、電気代、1305円、一二月分おさめた。

お陰様で、今年もおさめ物等全部、無事に、すまさせて頂きまして、有難うございました。

その足で、スーパー、コーンフレーク298、ジャガイモサラダ180、豆乳④320、果汁②200、甘食⑧180、黒パン⑦160。（1378円）

一二月二八日（水）　雨、くもり、雨、あたたかい。（11・8度）

朝、10時前、赤札堂、ミカン⑫580、ブルボンアルル298、エリーゼ298、栗キントン1380、焼マンジュー⑩398、切干大根180、ワカサギ450、田作り980、一口コンブ②420×②840、チク前煮380、黒豆②290×②580、里イモ煮380、伊達巻850、クリネックス306円。（7200円ばかり）

一二月二九日（木）　はれ、あたたかい。（11・1度）

トイレにサニボンF

子供のエプロン新しく明日より、タオルもかえたカレンダーもかえた。

風呂桶の紙を、かえた。バケツの水も入れかえた。本式のお

掃除は、出来ませんでしたけれども、一通りのお掃除を、させて頂きまして、お陰様で、有難うございました、今年もいろいろと、お心配おかけ致しましたが、皆どうやら出来ました、有難うございました。

私は、今日手の指の爪をきった後、右手親ゆびの爪の所と、左り手小ゆびの所が痛み、両方に赤チンつけて、ゆびさっくはめて、水仕事している、ひどくなりませぬ様に、お願いたします。

一二月三〇日(金) はれたり、くもったり、あたたかい。(8・7度)

朝九時前本町のスーパー、豆乳④320、果汁②200、ジャンボコーン②168×②336、一口アゲセン②148×②296、ココナツサブレ②128×②256、1450円

今度は、平和通りスーパー

豆乳④320、果汁②200、甘食⑧180、黒パン⑦180、ゴボーサラダ170。(1081円)

一二月三一日(土) くもり、少しひえる。(9・2度)

お陰様で、今年も無事に、何事もなく、一年間すごさして頂きまして有難うございました、支払、おさめものすべて間違なく、有難うございました。子供も、私も、完全ではありませんが、ひどい、病気や、災難などもなく、すべてにわたって、ご心配、おごくろうをかけましたが、何事も皆、都合よくして頂きまして、本当に、有難うございました、自分勝手な無理な、お願のみ、何時も、いたしまして、申しわけございません、何か、お手伝いを、しなければ出来ませんが、何をどうしたらよいのか、何一つ分らりませんので、どうぞ、おみちびき下さい。ただ来年三月迄で、ここにおられませんので、その後、子供と私は、どこにゆき、どんな生活をしたらよいのやら、不安な毎日で、頭からはなれなくて、その事が、今一番心配しておりますが。来年も何卒よろしく、お願いたします。

一九九五年、平成七年度

一月一日(日) 上天気、冷える。(10・9度)

主人に、お正月のお供え、みかん、甘食にジャム。モナカ。洋がし②、ホームパイ等。伊達巻。栗きんとん。黒豆。一口こんぶ。里いも。お茶。お水。御飯。こんぶ。

一月一日(日)子供と私しも主人にお供えしたのと同じ物に、黒パン、子供に田作り、塩えんどう豆等でお正月を迎えた。

お陰様で、良いお正月を迎えさせて頂きました、今年もよろしくお願いたします。

今朝六時頃、急に、ガチャガチャと音がして、地震があった

が、何事もヒガイは、なかっただろう。二、三ぐらい、今朝、新聞は間違なく、毎日新聞が、5時半頃、もってこられた、元旦だから、心配していたが、よかった。

昨年は、いろいろと、ご心配おかけいたしましたが、無事に、すごさせて頂きまして、有難うございました。今年も、家の事。お金の事。その後の生活の事などで、又、ご心配おかけいたしますでせうが、何卒都合よく、はこばせて下さい。

一月二日(月)　はれ、上天気、ひえる。(8・3度)

主人に、お正月二日目のお供え、みかん。甘食。ジャム。モナカ。クッキー。チョコがし等。伊達巻。栗きんとん。白福豆。一口こんぶ。里イモ。お茶。お水。御飯。こんぶ。

一月二日(月)子供と私も主人にお供えしたのと同じに子供は、田作り、黒パンその他で頂く。

一月三日(火)　はれ、ひえる。(7・6度)

主人に、お正月三日目お供え、みかん、甘食。ジャム。モナカ。ホームパイ。洋がし②など。伊達巻。栗きんとん。お多福豆。一口こんぶ。ちく前煮。お茶。お水。御飯。しいたけこんぶ。

子供と私も主人にお供えしたの同じ物に黒パン、わかさぎ等で頂いた。

一月四日(水)　雨、ひえる、夕方すぎあがる。(6・2度)

一月五日(木)　はれ、あたたかい。(14・4度)

一月六日(金)　寒の入り、はれ。(10・3度)

一月七日(土)　はれ、ひえる。(10度)

トイレにサニボンF

お昼から、一寸顔そりした。

ガス検針きた。⑤

いつも一月六日頃に、電話の支払用紙がくるのに、昨日までこなかった。前一回こなくて、電話して、来たことがあるので、二回同じ事を、するのだろうか、一二月は、水道の支払用紙が、こなくて、電話で、たのんできたが、これも一五年前に一度こなかったので、二回同じ事をしたが。

電話支払用紙がきた。2018円、夕方四時半頃、お陰様で無事に支払用紙が来ました有難うございました。

一月八日(日)　はれ、あたたかい。(13・4度)

朝九時、本町スーパー、豆乳②160、果汁④400、一口アゲセン148、ゴボーサラダ200、ジャンボコーン168、ココナツサブレ128。(1240円)、初外出。

一月九日(月)　はれ、あたたかい。(16・1度)
朝九時郵便局、電話代2018円、一二月分をおさめた。
その足でスーパー、コーンフレーク298、果汁④400、甘食⑧180×②、黒パン⑦360、ハルサメサラダ170。(1264円)
本町の時計店で、私のうで時計の電池入れかえてもらった。1300円
朝10時、本町荒川時計店私のうで時計は昭和五八年一月二日に西武で買って、二年ごとに、西武で電池入れかえをしてもらっていたが、今年は、どうも行ききらないので、近くの時計店で、してもらった。今年は同じいのしし年で、買ってから丁度一二年目になる、よい時計で、一度もくるった事なく無事に、使わさせて頂いている、お陰様で、今日無事に、時計の電池かえさせて頂き有難うございました。

一月一〇日(火)　はれ、あたたかい。(14・9度)
子供はパンスかえた。
私は西武の紺に白花ガラ入りうす地ブラウスに、東急のふじ色カーデガン、三越の紺黒厚スラックス、茶なめじま厚地コート
明治堂わかもと1980。(2039円)
太子堂ホームパイ390、甘紺豆250、ジャム入りサンドビスケット400、串ダンゴ200。(1277円)
私は今日は、歩いて、池袋に行つもりだったが、全身だるくて、歩けなかった。

一月一一日(水)　はれ、あたたかい。(10・2度)

一月一二日(木)　はれ、少しひえる。(11度)
朝、一一時魚力、しいたけこんぶ④195×④780、しそわかめ168、976円
本町のスーパー、豆乳②一六八、果汁②200.、キヌトウフ83、ジャンボコン②168×②336、一口アゲセン②148×②296、ココナツサブレ②128×②256、ゴボーサラダ200。(1376円)

一月一三日(金)　はれ、ひえる。(10・2度)
私は、先日一月一〇日(火)に、池袋に歩いて行くつもりにしていたが、外に出たとたんから、全身きつくて、行きも、かえりも、歩けなくて、車にのったが、その頃から、私は、風邪引いていたのではなかろうか。その後、毎日、少し熱があり全身がきつくて、寒い。今日は頭が少し痛くて水で少丈ひやしているけれども、今年は、風邪が、ひどいとの事で、子供が、かせにかからぬ様に心配している。私も、ひどくならぬ様に、用心

してお願いしなければできない。

ガス支払用紙きた。１３５０円、引下げ１５円、夕方四時半近くきた。

一月一四日(土)　はれ、ひえる。(７・６度)

トイレにセニボンF

私、今日は、全身がだるく、頭痛、熱があり、水でひやしていたって、よくないので氷でひやした。今のところお陰で、食事はおいしく頂けるので、有難く思っている。これ以上ひどくなりません様に、お願いいたします。

一月一五日(日)　はれ、ひえる。(８・３度)

私は、１０時少し前からおフトンにやすみ、氷でひやして、一一時頃まで、体をやすめたが、頭痛、熱は一回にとれない、ただひどくないのは、お陰様でだと思っている。

一月一六日(月)　はれ、ひえる。(７・７度)

子供はパンスかえた

私はお昼から、一寸顔そりした。

朝九時本町スーパー、ジャンボコーン②１６８×②３３６、一口アゲセン②１４８×②２９６、豆乳④３２０、果汁③３００、ポテトサラダ８０。(１４７４円)

一月一七日(火)　近畿に直下型大地震

はれ、ひえる。(７・４度)

私は、起き立ちよりふらつきと、はき気と、頭痛、熱とて、日中具合わるくてフトンにやすんでも、一向に、さっぱりしない。二回ほど上げてしまったが、でも早くからやすんだが、気分がわるく、食事もできない。私はこの日より何か月も具合がなおらぬ。

一月一八日(水)　はれ、ひえる(９・４度)

私は、今朝も具合が悪く食事がいけない、フラつき、頭痛、熱、心臓など具合わるい。

一月一九日(木)はれ、ひえる。(８・１度)

私は、相変わらず、ふらつき、頭痛、熱、心臓と、大変具合がわるく、くるしい。

朝九時半頃、郵便局ガス代、１３５０円、平成七年一月分おさめた。

お陰様でガス代もおさめた。食事もいけさせて頂き有難うございました。

その足でスーパー、豆乳②１６０、果汁③３００、きざみしょうが②２００、１００×②、イナリズシ③１７０、野菜うまに２５０、黒パン⑦１８０、カキモチ１２８、おこし②２００、

白②黒②ゴマ260、65×②、黒アメ165、レーズンクッキー138。(2215円)

私は今日も、ふらつき、熱、頭痛、心臓などくるしくてとうてい外出できないと、思っていたが、今うちにある物では、食事が、入らないので、何か変わった物で、食べつくためと、ガス代おさめが、気になって、子供から、すすめられて、出かけ、途中は苦しかったが、お陰で食事も入ってよかった。

一月二〇日(金) はれ、ひえる。(11度)

私は、昨日おいしく食べさせて頂いたので、今朝は、よくなって、何でも出来ると思って、やすんだところ、今朝は、ふらつき、心臓、頭痛、熱、むかつきが、ひどくて、苦しくて、何一つ出来なかった。自分の心がけの悪い所を直さねばならぬが、どうしてもわからない。

一月二一日(土) はれ、ひえる。(11・3度)

今日は具合悪いので、行けないと、思っていたが、お陰様で、無事に、赤札堂に行かせて頂き、有難うございました。

朝、10時前、赤札堂、ラッキョ498、金時豆③150×③450、こんぶ豆③150×③450、塩エンドウ②130×②260、切干大根180、バタークッキー②200、チョコチップ②200、しそこんぶ④198×④792、レーズンサンド②200、チョコエール②200、バウチ②200、ホワイトロータリ②200。(3945円)

一月二二日(日) くもり、後雨、少しあたたかい。(7・9度)

朝、八時少しすぎ本町スーパー。豆乳⑥480、キナコ③300、果汁②200、ココナツサブレ②256、バナナ④240、ゴボーサラダ200。(1726円)

今度は平和通りスーパー。豆乳②160、果汁③300、細切しょうが②200、コーンフレーク298、ピーキャラ100、甘食⑧180、ゴマ白黒②230。(1409円)

一月二三日(月) はれ、あたたかい。(13・7度)

私は、一月一七日(火)より、毎日、朝から、フラッキ、心臓がくるしく、頭痛と、熱で、食事もあまりいけない。一月一七日(火)よりふとんを、上げる事が、出来なくて、しきっぱなしで、お掃除も、何一つ出来ない、今までは、どんなに具合が悪くても、フトンをあげ、お掃除など、一通りは、出来ていたが、今度の具合の悪い状態は、今までにないひどさで、こんな様子は、はじめてである。かなりひどい時でもする事は、一通り出来たが、今度はしょうにも、身体が、動かないし、ふさつきがひどくて、顔を、よこにも、上にも下にも、うごかす事が出来ない。言いようのない具合の悪さで、何時まで、つづくのか、心配である。それに、昨年秋頃から、右うでの付根の所がいたくて、よこにも背中にも手を挙げられなくて、痛い。

電気検針きた。㉙

朝刊は、7時15分頃きた。

今朝、朝刊毎日新聞が七時すぎてもこないので、朝、七時一〇頃すぎ頃、電話したが、通じなかった。7時15分すぎ頃に、やっと入った。

一月二四日(火) うすぐもり、後はれ、あたたかい。(13度)

朝一寸、顔そりした。

今日は、主人の命日である。バナナ、いろんなおかし、お茶、お水、いなりずし。おにしめ、お茶、お水、こんな事ですみませんでした、おゆるし下さい。

毎年、一月二〇日頃くる年金の源泉徴収書、申告書にはって出すのが、今日までこないので心配している。無事に来ます様に、間違などありませぬように。よろしくお願いたします。

朝10時少しすぎスーパー、豆乳④320、果汁②200、ビーキャラおかし②200、いなりずし③170、ヤサイウマニ250、福神漬118、黒パン⑦180、しょうが②200。(1687円)

一月二五日(水) はれ、少しひえる。(9・2度)

子供はパンスかえた。

朝、10時半頃、不動産にゆき、丁度おられたので、家賃二月分を上げてきた。一度で、すませて頂き有難うございました。

魚力。しいたけこんぶ②195×②390、ぜんまい煮158、玄米リシアル②398×②796、いそわかめ130、クレラップ②198×②386。(1926円)

年金の源泉徴収票がきた。

本町スーパー、豆乳③240、果汁②200。(453)

今年は、おそく、今日に、年金の源泉徴収票がやっときて、本当に、よかった、お陰様で、無事に参りまして、有難うございました。ご心配おかけいたしまして、すみませんでした、今日夕方四時半頃に、490299円。これは、平成六年度分。

一月二六日(木) はれ、少しひえる。(10・2度)

私は、一月一七日(火)より、一〇日にもなるのに、具合の悪いのが、一向に良くならない。ふらつき、頭痛、熱、心臓と、どうも、こうも全身がきついし、水でひやしても熱が一向に取れない、一寸動いても、たまらない程の苦しさで、身体がふら、ふらして、真すぐに歩けない。何だろうか、わけがわからない、どうしたらよいのだろうか。家も三月までしかおられないし、心配である。

一月二七日(金)　〈毎日夫人〉こない今月で六回、六月二七日(月)、七月二五日(月)、一〇月二六日(水)、一一月二五日(金)、一二月二二日(木)、一月二七日(金)

はれ、少しひえる。(8・8度)

朝、10時すぎスーパー、豆乳④320、果汁③300、福神漬100、甘食180、いりどうふ180、イナリズシ③170、黒ゴマ②130。(1421円)

私は具合悪いので毎日早くからやすみ、夜、六時四五分頃、急に、子供から起されて、今すぐ新聞の集金くると言われ2、3分後に、毎日新聞の集金きた。今月も、紙袋丈で〈毎日夫人〉は入らない。今月で六回入らない。お陰様で有難うございました。

一月二八日(土)　はれ、ひえる。(9・3度)

トイレ、サニボンF

電気支払用紙きた。1322円、引き下げ12円、朝9時すぎ来た。

わたしは、毎日、今日こそはフトンを上げようと思っているのに、毎朝、ふらつき、頭痛、熱、心臓、全身きつくて、何一つ出来ない状態で、一月一七日(火)から一二日間、今まで、毎日、毎日、苦しみ通しで、言い様のない程ひどい有様で、今までの苦しみの何倍と言う程、今度は又、ひどすぎると言うより外言い様がない。

子供が急に、昨年七月二五日(月)。八月二七日(土)。一〇月二六日(水)。一一月二五日(金)。今年平成七年度の一月二七日(金)にも、私は、昨年から特別具合の悪いのがひどくて、夕方、四時、五時頃より、やすんでいるので、新聞の集金が、気になっても、苦しくて、ねてしまっているが、子どもが、昨年七月二五日(月)より急に分かり出して、何分か前には、私に教えて、用意させてくれるので、大変助かっている。子どもの前生は、父の生れ変りで、普通の人ではなかったので、それが、だんだん、はっきりと出て来たのだろうか。

一月二九日(日)　はれ、ひえる。(9・9度)

私は、今日もふらつきがひどく、頭痛、熱、心臓と、どこも、かしこも、ひどくなる一方で、苦しみは、とれそうにもない、何一つ出来ない、水でひやし、ほとんど、毎日、日中も、やすんでいるが、よくなるよりも、悪くなって行くので、どうする事も出来ない。

一月三〇日(月)　はれ、ひえる。(8・3度)

私はねていても、毎日ふらつき通しであるから、朝は特別ひどいふらつき

朝九時すぎ、郵便局、電気代1322円、一月分おさめた。

その足でスーパー、豆乳②160、果汁③300、カボチャ煮180、黒パン⑦、イナリズシ③170、黒アメ165、福神漬②180×②236、ショウガ100。（1535円）

今日で一四日間も、私は、毎日、毎日、ひどいふらつきで、今日は、電気代など、おさめに行かれるだろうかと、心配していたが、お陰様で、無事に、すまさせて頂いたが、途中も何回もふらつきで困った。

一月三一日(火)　はれ、ひえる。（7・8度）

子供はパンスかえた。

私は、毎日、夜ふとんにやすみ頭をマクラにつけたとたんから又ふらつきが、ひどく、よこにも、向けないし、目も、うごかせない、どうもこうもむかつきまでしてくる程ふらつき、じっと、ねてもおれないし、起きる事も出来ない。それが、毎日、毎日で、とうとう今日で、十五日何一つ出来ないひどい状態で、昨年五月に、九日間、六月に一〇日間これも非常に、ひどい苦しみだったが、今度は、それの何倍という程ひどい。言い現しきれない具合の悪さで、再々、なぜ、こんなひどい目を、受けるのだろうか、今まで、言われたり、教えられたり、実行して来たのは、本物だろうか。何十年と、ただ苦しむ人で先で分かるとか、最後の最後まで、分からぬ様にしてあるなど言われていたのを信じてきたが、七六年間、苦しむために、生まれて来た様で、ギモンが、わいてきた。

私は今まで朝四時半頃起きていたが、一月一七日(火)より具合が悪いので、六時少しすぎまでやすんで、ぼつ、ぼつ起きているが、朝起き立ちの気分の悪いのがひどくふらつきと、全身がきつくて動けないし、頭痛、熱、心臓、はきけと、朝、毎朝、苦しいが、子供に食事させなければ、出来ないので、足も上がらないし、動けないのを、無理して、動かしているが、その苦しさは、言いようがない。一通りすんで、九時頃より、外出しない時は、やすんでいるが、しんからねむれない。ただ、横になっている丈で、ふらつきは、今日まで、一五日間ぜんぜんとれない。一月丈に、気に成るのと、ここは、三月までしか、おられないが、後は、どんな生活をするのだろうか。子供が、十五年間病人生活で何一つ出来ない上に、私まで、こうよわってしまっては、どうなるのだろうか。（ここが最後、裸に成る）と教えられた通りに、裸になって、ここを、おい出されるのだろうか。後はフロウ者になる外ないが、二人共病人で、どうしようもない。心配でたまらない。

二月一日(水)　はれ、ひえる。（9度）

私は、一月一七日(火)より、一月三一日(火)までの一五日間、全身の具合の悪いのが、ひどかったが、今日は、二月一日(水)になったから、良くなり、フトンも上げられると、思っていたところ、又、朝から、ふらつき、頭痛、熱、心臓と、ぜんぜんよくなるどころか、一向に、悪い状態がつづいて、どうも、こうもしようがない。子供の年金の事。三月から先の家と、生活の事などで、片時も、不安が取れない、今後、私と子供は、どうなるのだろうか。

二月二日(木)　はれ、ひえる。(９・４度)

朝、九時すぎ、本町スーパー、豆乳③２４０、果汁③３００、きな粉③３００、ゴボーサラダ２００、ココナツサブレ②１２８×②２５６、ジャンボコーン②３３６、一口アゲセン②１４８×②２９６。(１９８５円)

朝１０時すぎ魚力。玄米シリアル②３９８×②７９６、カンパン１９０、しそこんぶ②１９５×②３９０、ビスケット１４０、おこし１９８、キザミショウガと、甘ズショウガ③７０×③２１０。(１９８１円)

私は、毎日水でひやしてフトンに、やすみ通してある。

二月三日(金)　はれ、ひえる。(１０度)

私は、毎日、今後の事と、子供の年金の事を、考え通しで、よけいふらきや、頭痛、熱、心臓とよくなるよりも、ひどくなる一方で、どうしたらよいのか、早く、このまま、二人とも、死なせて頂き、この心配から、のがれたい。何一つ出来ないで、ただ、ただ、心配しながらも、日中まで、やすみ通しで、どうなるのだろうか。

電話支払用紙きた。１９０５円、夕方4時半、ガス検針きた。③

二月四日(土)　うすぐもり、ひえる。(６・2度)

トイレ、サニボンF

お昼から、一寸顔そりした

二月五日(日)　初雪、くもり、ひえる。(４・７度)

私は日中も、毎日フトンにやすみ通しで何一つ出来ない。ふらつきは、ひどくなるばかり。

初雪がふった。

二月六日(月)　子供の年金納付書がきた。六年四月〜一一月分までのが。

はれ、ひえる。(１０・2度)

朝九時すぎ本町スーパー、豆乳④３２０、果汁③３００、きな粉②２００、ゴボーサラダ２００、ココナツサブレ②１２８×②２５６、ジャンボコーン②１６８×②２３６、一口アゲセン②１４８×②２９６。(１９６５円)

１０すぎ、郵便局。電話代１９０５円、一月分おさめた。

その足でスーパー。コーンフレーク298、甘食、黒パン⑧⑦180×②360、豆乳④320、果汁②200、福神漬②236、子供の年金納付書が又来たので、今度は、腹をきめねばならぬ。

黒ゴマ②65×②130、黒アメ165、ピーキャラ②200。（1960円）

今朝子供の年金納付書がきていたが、四日(土)に来ていたのだろう。六年度の四月分～一一月分までの8800円を、おさめる様にと、又来た。毎日、どうしたものかと、心配仕通しで、後生活出来なくても、三月三一日までに、よく考えて、その上で、なるべくならば、おさめて、少しでも、人のために、自分達を、すてなければと思ってはいるが。

二月七日(火)　はれ、ひえる。（9・7度）

私は、毎日、朝食後は、お昼まで、フトンにやすんでいるが、めまい、ふらつきは、一向になおらない。頭痛、熱、心臓も氷でひやしても、一向に、かわらなくて、苦しい。一月一七日(火)からだから、二二日間苦しみ通しで、なぜこんなになるのだろうか。今までは、一〇日間ぐらいしたら、一度なおって、又、おきていたが、今度は、一度もなおらない。マクラつけても、ふらつきがひどくて、苦しい。

二月八日(水)　区民税の申告書がきた。

はれ、ひえる。（12・1度）

子どもはパンスかえた。

お昼一時すぎに、水道の検針きた。六年一〇月八日～七年二月八日まで。3638円

私のふらつきは、良くなるどころか、かえって、ひどくなる一方で、どうしたらよいか。毎日、毎日、頭痛、熱と、苦しさが、どうしてもとれない。

私の年金通知書がきた。

今年の年金通知書がきた。夕方、四時半すぎ。8505 0円。

今年の区民税申告書がきた。夕方4時すぎ。

お陰様で、ご心配おかけいたしておりました、年金の通知書と、税の申告書が、どちらも無事に参まして、有難うございました。書類も、無事に書かせて頂きます様に、銀行の方も無事に、行かせて下さい。いろいろと、お世話ばかりかけまして、すみません。

二月九日(木)　うすぐもり、ひえる。（10・1度）

朝、一〇時前、赤札堂、ラッキョ四九八、ヒジキ煮170、黒アメ148、しそこんぶ④198×④792、ビスケット④100×④400、豆類⑤198×⑤990、黒カステラ100、カンパン188、すずカステラ②200、ピーナッツセン②

200、(3796円)、パイナップルカンズメ②100×②。(206円)
私は、相変らず、ふらつきがひどいけれども、何かとないので、思いきって、買物に行かせてもらった。

二月一〇日(金) 大安、はれ、風つよい、ひえる。(8・6度)
大安、朝の内に、税の申告書の下がき文丈かいて、後は、気分わるくやすんだ。何時まで、こんなに、具合わるいのが、ひどいのだろうか。
ガス代支払用紙がきた。1093円、引下げ9円、夕方、4時半すぎ来た。

二月一一日(土)はれ、ひえる。(9・1度)
朝、九時すぎ本町スーパー、豆乳④320、果汁③300、ジャンボコーン168、ゴボーサラダ200、ココナツサブレ②128×②256。(1281円)

二月一二日(日) はれ、ひえる。(11・4度)
トイレ、サニボンF

二月一三日(月) はれ、少しあたたかい。(12・2度)
朝九時すぎ、郵便局。ガス代、1093円、二月分おさめた。その足でスーパー。コーンフレーク298、甘食⑧180、黒パン⑦180、豆乳④320、カボチャ煮180、福神漬②118×②236、果汁④400。(1847円)
切手、80円、税の申告書の封筒にはる。旧一月一五日

二月一四日(火) くもり雨、少しあたたかい。(9・7度)

二月一五日(水) はれたり、くもったり、少しひえる。(9・5度)
私は、一月一七日(火)より、今まで、一ケ月間、毎日、毎日、ふらつき、めまい、全身きつい、頭痛、熱、心臓と、一日も、少しは良いと言う事なく、三〇日間すぎてしまい、今日も、どうも、気分悪くて、毎日、朝から、フトンに、お昼までやすみ、夕方も、三時、四時頃から、やすんでいるが、一向に、めまい、ふらつき、その他が取れなくて、苦しい、私は、何十年と、具合、悪いけれど、一寸つづは、中休みが、あったが、今度は、一度も、中休みなしでひどい。
水道代支払用紙きた。3638円、夕方4時半頃きた。平成七年一月~二月分まで。

二月一六日(木) 大安、うすぐもり、少しあたたかい。(10・6度)

今日は、大安で、区の申告書の本式に、一通り書きこみ、印をおし、日付は二月二二日(水)大安にし、年金のハガキもはっているが、まだよくしらべた上で、封をする様にして、二月二二日(水)の大安に、出させてもらう様にしている。返信用の封筒は、先日書いていた時に、切手もはっていた。

今日申告書を書きながらも、気分が、すぐれなくて、思い切って書いたが、別の所にかくなど間違をした、一通りすんだので、思い切って、十時すぎより郵便局に行き水道代、３６３８円、平成七年一月より二月分までおさめた。

その足でスーパーに行き、豆乳④３２０、果汁④４００、甘食⑧１８０、バタークッキー１５８、チョコクッキー１７８、ピーキャラ②２００、白ゴマ②６５×②１３０、黒アメ１６５、ジャガイモのサラダ１８０。(１９６８円)

二月一七日(金) はれ、風つよい。少しひえる。(１０・１度)

朝九時頃、本町のスーパーに行ったところ、二月一七日(金)〜三月一五日(金)まで、おやすみとの事で、しばらくは、買物出来ない。

朝一〇時、魚力。玄米シリアル②３９８×②７９６、しょうが漬③７０×③２１０、しそこんぶ④１９５×④７８０、ゴボーサラダ１９７、クリラップ②１９８×②３９６、ゼンマイ煮１４８、そばボーロ２００、ビスケット１４０。(２９５３円)

二月一八日(土) はれ、少しひえる、風つよい。(１１・４度)

朝、まゆ等、一寸そった。

朝、１０ 時前、赤札堂。しそこんぶ②１９８×②３９６、豆類②１９８×②３９６、黒かし１００、カンパン②１８８×②、塩エンドウ豆②１３０×②２６０、ビスケット④１００×④４００、切干大根１８０、うにせん１００、ピーナッセン１００、スズカステラ１０、ヒナアラレ１３８、オールレーズン④１００×④４００。(３０３５円)

わたしは、相変らず、毎日、具合わるいが、今日も、無事に、買物に行かせて頂き、有難うございました。

二月一九日(日) はれ、少しひえる。(１１・６度)

今朝、区民税の申告書の封をして、出すばかりにしている。

二月二二日(水)、大安に出す様にしている。

トイレ、サニボンＦ

私は今日で三四日間、ぜんぜん、よくなるよりも、日に日に、ひどく、朝おきる時のふらつきで目の前は真暗になって、しばらくは動けない。無理しておきても、全身きつく、特に、腰から下は、ちぎれる様に、苦しく、一寸でも立っておる事が出来ない程にひどい。頭痛と熱は、ぜんぜん取れなくて、毎日、毎日、苦しい、痛いと、うめき通しで、一ケ月以上、立っているのに、かえって、悪く成って行く様で、腰の痛みは、一寸でも、立っておると、気がくるいそうに、痛くてガマンするので、たまらない苦しさ頭は、動かすと、ふらつきがひどくなるし、どうしたらよいのか、ただ、毎日、苦しさを、ガマンした生活で、何一つ出来ない。

二月二〇日(月)　はれ、時々うすぐもり、ひえる。(11・6度)

朝一寸顔そりした。

私は、外を歩くのも、きつくて苦しい。ふらつきも取れない。毎日、毎日、びとくなるばかり。

朝、10時すぎ本町スーパー。豆乳③240、甘食⑧180、ジャンボーコーン②100×②200、コーンフレーク298、大根サラダ200、黒アメ165。(1321円)。このスーパーも、今日は工事中で、品物がなくて、不自由した。電気検針きた。㉑

二月二一日(火)　はれ、あたたかい。(11度)

朝9時すぎスーパー。豆乳④320、果汁④400、ジャンボコーン②100×②200、うにせん②178×②356、白黒ゴマ②65×②130。(1448円)

明日は、無事に申告書をポストに、入れさせて下さい。無事に、着きます様に、お願いたします。通過させて下さい、お願いいたします。無事に返信が来ますように。そして、銀行で、年金の記入をさせて頂きます様に。そして、買物なども、無事に、すまさせて頂きます様、お願いたします。

私と子供は、来月三月までで、一応、期限が来るけれども、行く先もないし、又、再契約すれば、大金が入り、家賃も上り、いくら、無理しても、夏頃までしか、お金が、つづかなくて、その後の事が又心配である。それに、子供の年金を、おさめると、生活が出来ないし、免じょの手続きを出しても、受付けてはくれないだろうし、あれも、これもと、心配が多くて、今後の事、どうしたらよいか、毎日、その事で、不安が一ぱいである。私は、一月一七日(火)より、一向に、全身が、良くならずに、特に、朝起立ちのふらつき、頭痛、熱、前身のきつさ、腰が、ちぎれる様に痛くて、今だに、何一つ出来ない。

1995年（平成７年）２月22日
～
1995年（平成７年）５月12日

覚え書き65

覚え書き㊺
一九九五年平成七年二月二二日より
一九九五年平成七年五月一二日まで

一九九五年、平成七年

平成五年四月一九日(月)、酉年
夕方、窓を開けて、外の草花を、ながめていた所、只、一筋の心在るのみ、と、言う、文句が、うかんで来た。

二月二二日(水)　大安、旧一月二三日、はれ、あたたかい。(11・4度)
私は、西武の紺に白花ガラ入りうす地ブラウスに、東急のふじ色カーデーガン、三越の紺黒厚地スラックスに、茶ななめじま厚地コート。
朝九時少しすぎに、家を出て、平和通りの郵便局前のポストに、区民税申告書を入れさせてもらった。無事に、着きます様に、無事に通過いたします様に、お願いたします。無事に受取も参りますように、お願いたします。
その足で、第一勧銀に行き、二月分の年金の記入をして来た。
太子堂で、串ダンゴ⑤200、ヒナアラレ②200×②400、人形焼220、ジャム入りビスケット400。(1257円)
明治堂薬品店、わかもと1、980。(2039円)、来月でよいのだけれども、わざわざ、行けるか、わからなかったので思いきって、今日買って来た。

二月二三日(木)　はれ、あたたかい。(11・9度)
私は、相変らずふらつき、全身きつくて、頭痛。熱で苦しい。
〈略〉
朝、10時頃、平和通りの先の八百屋さんに行って、伊予柑④580、ふかしいも、さつまいも②200。(780円)
夕方五時頃になっても、夕刊が、こないので、電話したけれども通じない、5時半頃に入った。

二月二四日(金)　はれ、あたたかい。(12・6度)
又、子供の年金を、おさめる様にと、ハガキが、昨日きていたのだろう。平成六年四〜一二月。99900円、ハガキは五回。
今日は主人の命日、伊予柑、人形焼、クッキー等、ひなあられ、ジャム入りビスケット等、お茶、お水、御飯、カボチャ煮、しそこんぶ、お茶、お水、何時も、同じ様なものですみませんでした。おゆるし下さい。
子供の年金は、まとめて、おさめる様にと、納付書は、二回きた。ハガキは、今日で五回きた、今は、どうしたものか。毎日、心配している、お金はないし、書類を出しても、通るかどうか、わからないので。
子供の年金のハガキが又来た。ハガキは五回
朝、10時頃スーパー、豆乳④320、果汁③300、カボチャ煮180 甘食⑧180、白飯160。(1174円)
電気支払用紙きた、1、179円、引下げ8円、朝、10時半に来た。
明日は、無事に、家賃を、おさめさせて下さい、いよいよ来月三月で、一応、契約は、終りになるが、後、どうしたものか、無理に、契約しても、お金がないので、夏までで、生活出来ないが。
＜略＞
今日も又、昨日同様に、夕刊は、5時すぎにきた。昨年は一〇月一九日(水)、一〇月二〇日(木)の二回とも、6時頃だった。

二月二五日(土) うすぐもり、あたたかい。(7・3度)
今日は、無事に、家賃三月分を、おさめさせて頂き、後の事も何かと、よろしく、お願いたします。
朝、10時半前に、不動産に行ったが、おるすで、しばらく待って、こられたので、三月分、家賃を上げた。
お陰様で、三月分まで、無事、家賃を、すまさせて頂きまして、有難うございました。外に家が無いので、無理でも、しばらく、おらせて貰うために、再契約を、たずねたところ、家賃は、今まで通りでよいとの事で、契約更新料一ケ月分と、不動産の手数料が、半月分で、42500円、家賃85000円、更新料85000円、手数料42500円、合計212500円の由、五年にもらった契約書を、もって行く由。
今日も、夕刊は、5時45分きた。二月二三日(木)、二月二四日(金)、二月二五日(土)今日で三回、
そのかえりに、魚力、玄米シリアル②398×②796、ショウガ漬③70×③210、ぜんまい煮166、いそわかめ130、(1341円)
今日まで、三回夕刊は、夕方5時45分頃きた。

二月二六日(日) 二回目の雪、少しひえる。(5・9度)
トイレ、サニボンF
私は、相変らず、全身きつく、ふらつきなど、取れない。
今年、二回目の雪

二月二七日(月) 区民税申告書の受取が来ていた。二月二五日

(土)に来ていたのだろう。
はれ、あたたかい。(13・9度)
区民税申告書の受取が、朝早く来ていたが、昨日か、一昨日(土)に入っていたのだろう。二月二四日(金)の日付が、してあった。お陰様で、ご心配をおかけいたしておりました区民税申告書の受取を、今日無事に頂きました、有難うございました。
朝、9時半郵便局、電気代、1179円、二月分おさめた。
その足でスーパー、豆乳⑤400、果汁④400、ジャンボコーン②200、黒パン⑦180、ジャガイモサラダ180、黒アメ165、ガムテープ198、うにせん178。(1958円)
今朝がた、夢の中で、三二六一、と言う数字をはっきりと、それ丈を、おぼえているが、これは何か訳があるのか、ただ夢なのか分からないが、身に無いち(みに一つも無い)とこんな風に、といて見たけれども、みに一つも無いとどんなだろうか。
\<毎日夫人\>こない。今月で七回、六月二七日(月)、七月二七日(月)、一〇月二六日(木)、一一月二五日(金)、平成七年一月二七日(金)、二月二七日(月)、一二月二二日(木)、
毎日新聞集金きた、今日も、\<毎日夫人\>は入れないで、紙袋丈である。(3、850円)
今日は、集金くるだろうと、寝ながら、7時すぎまで待ったが、こないし、子供が、来そうにないと言ったので、その後やすんで、しっかり、寝込んでいたところ、子供が、突然8時10分頃に今すぐに、来るからと、起こされて、8時15頃集金がきた。今日も、子供が、教えてくれた。子供が教えてくれたのは、平成六年七月二五日(月)。八月二七日(土)。一〇月二六日(水)。一一月二五日(金)。平成七年の一月二七日(金)。二月二七日(月)。

二月二八日(火) 吾が心、とはどんな事だろうか、
はれ、あたたかい。(10・9度)
私は、今朝夜中の二時すぎに、目がさめて、いろいろと、考えていたところ、突然、(吾が心)と、私の口をついて出たが、どんな意味かなど、わからない。(吾が心)とは、悟る事ではないかと、後で、気付いたけれども、五月六日(土)夜に、気付いたのは、(吾が心)とは、只一筋の心在るのみと、教えられていた事ではないだろうかと、ふと思ったが。
私は、一月一七日(火)から、今日まで、一日も良くならないままで、今日で、四三日間になるが、毎日、毎日、ふらつき、頭痛、熱、全身が日常にきつい、腰が、ちぎれる程に、痛く苦しく、一寸立っておるのも、ガマン出来ない程のひどさ。私は、何十年と、病気、病気と、して来たが、こんなに、一日も休がないのは始めてで、今までは、時々、中休があったが、今度ばかりは、ぶっ通しでどうも、こうも、仕方がない。

いよ、いよ来月は、三月、無理に、契約しても、お金が、つづかなくて、夏頃まででも、おられるか、どうか、分からない、外に行く所もないし、目の前は、不安で真暗やみである。

三月一日(水)　三回目の雪。雪、1時かなりつもった。後晴。少し、ひえる。(二〇・五度)、旧の二月一日

いよ、いよ、三月に成ったが、今月は、家の事を、きめるのと、子供の年金の事を、はっきりと、しなければ出来ないが。

三月二日（木）　はれ、少しあたたかい。（10・3度）

子供はパンスかえた。

子供は、トイレで、出血したとて、三回くらい出ていたが、ジならよいが、胃だったら、大変であるが。どうぞ、ひどい事になりませぬ様に、よろしくお願いたします。

新しい保険証がきた。

平成七年四月〜平成九年三月三一日までの新しい国保の保険者証がきた。昨日きたのだろう。今朝入っていた。お陰様で、早く無事に、国保の保険者証がきました。有難うございました。

朝、九時半すぎ、スーパー、豆乳⑤400、果汁③300、甘食⑧180、コーンフレーク298、ゴマ、白、黒②65×②130、大根サラダ、ミックス230、カボチャ煮180。（1769円）

もう三ヶ月目に入ったので、わたしの身体も、少し、よくなるだろうと思っていたが、一向に、なおるどころかふらつき、頭痛、熱は、取れない上に、腰は、ちぎれる様に、ただ痛い丈でなく、たまらない程の苦しさで、今朝も、外出は、遠くえ行けないので、近くにしたが、それでも、途中、歩くのに、痛みと言うか、言い様がなく、どうも、こうも、たまらない苦しさ、直るよりも、ひどく成って行くので、どうなる事かと、心配である。

今夜も夕刊は六時に来た。二月二三日(木)、二月二四日(金)、二月二五日(土)、三月二日(木)、今日で四回。

今夜は、暗くなっても、新聞夕刊が、入らないのでだめと思っていたところ、六時に、持ってこられた。

三月三日(金)　はれ、時々、うすぐもり、ひえたり、あたたかかったり。(九・七度)

朝、10時前、赤札堂、ラッキョ498、豆類④198×④792、三角ゴミ袋台所198、しそこんぶ198×④792、塩エンドウ豆②130×②260、黒アメ②148×②296、イリゴマセンベ②158×②316、ビスケット②200、ヒジキ煮170、ピーナツセン100、黒がし100、カントリーマアム、ホームパイ②500、(4348円)

小林八百屋。バターココナツ②240円

子供は、今日も出血したとて、何回か出た由だけど、早く止まって、ひどくなりませぬ様にジ丈ならよいが。

＜略＞

三月三日(金)の朝は、近い内とか、これも、よくわからない。電話支払用紙きた。2、101円、夕方四時半頃きた。今月より200円値上げになった。

三月四日(土) 今日も夕刊は五時にきた。四回目、今日で五回、今月二回目。今日又、雪、少しひえる、(4・3度)

子供は、今日もまだ出血している由

今夜も夕刊は、5時にきた。忘れない丈、よい方である。

三月五日(日) はれ、少しあたたかい。(10・2度)

トイレにサニボンF

子供は、今日は出血は、出ないと言っている。これで、止まると、よいけれど、

私は、ふらつきもだけど、腰の下のだるさ、ちぎれる様な痛さで、苦しい。たまらないほど。

三月六日(月) はれ、少しひえる。(11・5度)

朝一寸、顔そりした。

朝、9時半すぎ郵便局、電話代、2、101円、二月分、おさめた。

その足で、スーパー、豆乳④320、果汁④400、白ゴマ②65×②130、甘食⑧180、黒パン⑦180、ジャンボコーン②200、ジャガイモサラダ180、(1637円)

ガスの検針きた。③

三月七日(火) はれ、少しひえる。(12・6度)

私は、今日は、特別、朝起き立ちより具合の悪いのが、ひどくて、ふらつき、頭痛、熱、全身のきつさ、それに、腰から下は、ちぎれる様に痛みと、だるさがひどく、朝、8時頃から又、フトンに、お昼近くまで、やすんだが、一向に、どこも、良くない、一月一七日(火)から、三ケ月も立ち今日で、五〇日間、一日も、良い日がなくて、毎日、毎日、苦しみながらの日送りで、こんな風で、どうなるのだろうか。

三月八日(水) はれ、少しあたたかい。(15・4度)

今朝の新聞は、5時半すぎにきた。

私は、今日も、具合わるく、朝9時頃から、しばらくやすんだが、どうも、こうも、苦しい毎日である。

三月九日(木) はれ、少しあたたかい。(14・9度)

朝、九時すぎ、スーパー、豆乳⑤400、果汁④400、甘食⑧180、ドレッシング大根100、コーンフレーク298、

豆腐98、（1520円）

三月一〇日(金)　雨、少しあたたかい。（9・8度）

三月一一日(土)　雨後、はれ、少しあたたかい。（14・6度）

朝、10時頃、魚力、玄米シリアル②398×②796、パラゾール520、しそこんぶ②195×②390、ゴボーサラダ207、クレラップ②198×②396、ショウガ漬③70×③210。（2594円）

ガス代支払用紙きた。1093円、引下げ9円、夕方4時半頃きた。

三月一二日(日)　朝、トイレの電球切れた。

はれ、後雨、少しあたたかい。（12・9度）

朝、6時半頃、突然、トイレの電球がきれた。前は、平成五年九月四日(土)にきれた。これは、何かの知らせなのか、悪い事が、おきねばよいが、心配である。

朝、九時すぎスーパー、豆乳④320、果汁④400、モメンドーフ98、黒パン⑦180、ジャンボコーン③300。（1336円）

三月一三日(月)　雨後はれ、少しあたたかい。（12・7度）

朝、九時すぎ郵便局。ガス代、三月分おさめた。1093円、引下げ9円

その足で、スーパー。おはぎ④280、もりながていしぼう牛乳④100×④400、甘食⑧180、モメントーフ98、ゴマ白②65×②130。（1120円）

私は、ここ十年位い、特別全身の方、方が、具合の悪さが、ひどく成るばかりだけど、特に、平成四年から、主人が、亡くなられた後からの、私の病状は、悪化する一方で、一年、一年と、ひどく成って来たが、又、又、それ以上に、今年一月十七日からは、目まい、ふらつき、頭痛、熱、腰痛、その他が、三ケ月間に、わたって、今日で、五六日間、一日も良い日は無くて、毎日、毎日、苦しみの連続で、その辛さは、たまらない程あるのに、その上、一月から、顔に、ブツ、ブツと、あちこち吹出物がしていたところ、右目の、目頭と、目尻に、ブツ、ブツと出来た吹出物は、だまっていても、ヒリ、ヒリするし、目やにがついて、ぼんやりするので、水で流して、取ろうとしても、痛くて、手でさわれない。特に目尻には、赤く大きなブツッと出来て、右のほほにさわっても、ヒリ、ヒリと痛みがひどくて、どうする事も出来ない、私は、お薬りが、のむのも、付けるのも、合わないから困ってしまう。

その上、腰の痛が、日に日にひどく成っていたが、一月からは、特別に、家の中でも、外出先でも、歩けなくなった丈でな

く、立居、ふる舞いがほとんど、出来ない程の苦痛で、台所に、一寸立っても、ガマン出来ない程の苦しさ、それが、日に日にげき痛に成り、腰丈でなく、右のももどから、ヒザにかけての苦痛は、ガマン出来ない程のはげしさで、一寸動いては、一ぺん、一ぺん、腰やももどを、手で、たたきながらでないと、動けない、外でも、一寸歩いては、腰やももどを、とんとんたたか無いと、ぜんぜん、痛くて動けなく無ってしまった。

このまま、何一つ、出来ない、動けなくなるのではないかと、不安で、たまらない。

子供が、病人だから、私が、してやらないと、食べさせる事も出来ないし、買物を始め、おさめ物、ゴミ出し、大事な用件など、私が、動け無くなったら、それこそ、一大事だから、どんなに痛くても、ガマンして、今は、動いているけれども、今後どう成るのだろうかと、心配で、痛みと共に、不安は、つるばかりで、困りはてているが、それに、昨年秋頃から、急に私の右うでが、うごかすのに痛くて、右うでもあまり、つかえなくて、不自由と、痛みで、苦しい。

その上、何十年と、手の指は、どの指も、ヒョウソウで、お湯が、使えない丈でなく、この頃は、爪が、奥の方まで、何本も、割れてゆき、痛みと、不自由で本当に困り、仕事も、はかどらない。

いったい、私は、今後どんなに成り、どうしたらよいのだろうか。

私は、髪をきることも、ふく事も出来ない、クシもしっかりよごれているが、どうしようもない。

三月一四日(火)　はれ、少しあたたかい。(13・3度)

私は今日も気分悪くフトンに、午前中、やすんだが、一向によくない、腰から、ももどは、ひきつる様な痛さで、のび、かがみが苦痛である。しまいには、何一つ出来なくなるのではないかと、不安である。

三月一五日(水)　旧二月一五日、はれたり、くもったり、少しあたたかい。(12・5度)

今夜より夕刊の人はまたかわった人。別の人。

私は今年始めて髪を切ってふいた。

私は、まだ、さっぱりないので、用心していたところ、子供が、よかったら、髪を切って、ふくようにいったので、思切って、午前中、よこと後を、切りふく事が、出来てよかった。今年始めてで、昨年一〇月一一日切って、ふいていた。

三月一六日(木)　大安、はれたり、くもったり、後雨、少しあたたかい。(13・4度)

朝、一寸顔そりした。

子供の年金の事、一日も早く、無事に、解決させて下さい。

問題なく、無事に通過させて下さい。

国民年金の免除の用紙を送ってもらう様にたのんだ。

大安、朝9時10分頃、国民年金課に電話して、免除の用紙をたのんだ。無事にきます様に、お願します。

朝、10時本町のスーパー。改装で、今日より又始まった。豆乳④320、果汁④400、ジャンボコーン②168×②336、ポテトサラダ180、一口アゲセン②148×②396、バナナ⑥200。(1783円)、ティッシュペーパー、30円引かれた。

今書いている事で、年金は、承知して、キョカを頂けます様に、お願いたします。

三月一七日(金) 子供の散髪をした、今年始めて。
雨、あたたかい。(16・4度)
子どもはパンスかえた。
トイレ、サニボンF
子供が突然、散髪すると言ったので、朝9時頃から、散髪と、ヒゲ切りした。電気カミソリも、一寸使った。昨年一〇月一〇日にしたきり。
私は、一月一七日(火)より具合の悪いのがひどく、今日までで六〇日間、一日も良く成らない。私は、何者だろうか。

国民年金の免除の用紙がきた。

昨日国民年金にたのんだ免除の用紙が、夕方来た。

三月一八日(土) 雨、ふりつづいて、少しひえる。(14・3度)
朝、9時半頃本町スーパー。おにぎり120円の品70、果汁②200、バナナ⑥200、クリームパン。ジャム。オグラパン③180から引いて152、ゴボーサラダ160、トマトリッツおかし②276。(1161円)
今日から、お彼岸だけど、今までの様に、別にお供え出来ないので、私共と同様のお台の横や前に、何時も同じだけど、バナナ、おにぎり、ゴボーサラダ、クッキー等、
年金免除の用紙は、きびしく書いてあるが、私が、書いたので、通過するか、心配である。無事に、間違なく、かかせて下さい、無事に、すみます様に、お願いたします。
電気検針きた。㉑

三月一九日(日) はれたり、くもったり、少しひえる。(10・8度)
朝、10時前、赤札堂。しそこんぶ④198×④792、しそどりんく②50×②100、黒アメ148×②296、カンパン188、ビスケット④400、甘食⑧180、豆類④198

×④792、黒がし100、ピーナッツセン②200、ヒジキ煮170、レーズンサンド②108×②216、バアム②108×②216、(4、002円)

かえり衣類の、赤札堂で、子供パンス⑫1000×③3000円、クレラップ③158×③474円。(3578円)

三月二〇日(月)　はれ、あたたかい。(13・9度)

今日は朝から、子供の年金の書類を、かかせいもらっているが、どうか間違なく、書かせて頂き無事に通過して、キョカがおります様に、後で問題が、おきませぬ様に、お願いたします。

東京方々の地下鉄で毒ガス事件

お昼から本式の用紙に一応書こみ、印もおして、三月二二日の大安の日付で、出す様にしている。年金の用紙、無事に通過させて下さい。

三月二一日(火)　はれ、少しひえる。(16・7度)

朝9時頃本町スーパー。豆乳プレーン④320、果汁④400、ゴボーサラダ160、ジャンボコーン②168×②336、一口クッキー100、ココアサンドバー148、(1507円)

10時すぎ、魚力、玄米リシアル④398×④1592、きな粉③70×③216、(1856円)

三月二二日(水)　子供年金免除書いて出した、三月二二日(水)今日は大安だから。

大安、はれ、少しあたたかい。(19・9度)

今朝、子供の年金免除の用紙、少し又、書いて、三月二二日(水)の日付で、大安、印もおしていたので封をして、朝9時すぎに、平和通り郵便局前のポストに入れた。無事にとどき、無事にキョカが、おりて、早く解決します様お願いたします。

その足でスーパー。豆乳④320、果汁100、豆腐モメン①九八キヌ①83、コーンフレーク298、甘食180、黒パン⑦180。(1296円)

三月二三日(木)　うすぐもり、少しあたたかい。(13・4度)

三月二四日(金)　うすぐもり、少しあたたかい。(13・8度)

朝一寸顔そりした。

朝、9時一寸すぎに、電気支払用紙きた。1179円、引下8円。

朝9時半すぎ郵便局。電気代、1179円、三月分おさめた。

その足でスーパー。御飯160、豆乳④320、果汁②200、カボチャニ180、(885円)

主人の四回目の命日、バナナ、クッキー等、御飯、カボチャ煮、お茶、お水今日は、主人の四回目の正月命日と言うのに、特別、何一つ、お気に入る物も、お供え出来ませず、本当にすみませんでした。今年で、この家での命日もおわりだと思いますが、現状では、どうする事も出来ませず、申し訳ございません、何か、お好な物をお供えしなければ、ならなかったのでせうけれども、かえって、一番粗末な事ばかりで、本当にすみませんでした。

三月二五日(土)　今日新に契約書もらって更新してきた。

雨、あたたかったり、少しひえたり。(12・1度)

今日は又、新たに、家賃の契約をしてもらう日であるが、無事に、間違なく、契約を、させて下さい。後、一日でも長くおられます様に、何卒、都合よく、はこばせて下さい、お願いします。平成七年三月～平成九年四月一一日までとなっているが。

<略>

朝、10時半すぎ不動産。しばらく外でまって、こられた。

○家賃85000円、

○更新料85000円、不動産手数料42500円、合計212500円、

○新通帳に85、000円とかかれ、別領収書に、

○27、500円の受取を書いて、わたされた。

お陰様で、今日無事に契約を、させて頂きまして、有難うございました、けれ共、後が、長くは、お金が、有りませんので、其の後は、どうなるのでせうか、不安で、たまりません。

三月二六日(日)　雨、小雪、ひえる。(4・5度)

私は、昨日朝がたから急に、左り心臓の所が痛み出し、今日は、胃全部に痛みが広がって、ずき、ずきと痛み困っている。

私は、具合が悪いので夕方4時、5時頃から、休んでいるが、一昨日、三月二四日(金)に夜7時頃、かすかに、ベルの音を聞いたが、何か間違だろうと、そのまま、ねてしまったが、後で、フト思い出して、新聞の集金ではなかったかと、思い、昨日夕刊配達の人に、集金を、たずた所、今夜か明日きますと言われて、8時すぎまで待って来なかった。

お昼、1時頃、毎日新聞の集金にこられたが、領収証がないから明日夕方、くると言われ、<毎日夫人>と紙袋を先に貰った。<毎日夫人>は今まで、七ケ月間みてなくて、やっと、八ケ月日に来た。

三月二七日(月)　はれたりくもったり、ひえたり、あたたかったり。(12・9度)

朝9時すぎ、本町スーパー。豆乳②160、果汁④400、一口アゲセン②148×②296、ゴボーサラダ160、(1、046円)

ホームカレンダー今日来た。先月は、二月二六日(日)に来た。

朝10時頃、スーパー、コーンフレーク298、甘食⑧黒パン⑦180×②360、キヌトーフ83、黒ゴマ②65×②130、(897円)

私は、腰から下、特に右のモモドの後横の痛みはひどくて、外でも、一ぺん、一ぺん、すーと、たたき通じてないと歩けない。今日は右ヒザまで痛みがひどく、一度歩けなくて、立どまって、やっと、歩けたが、なぜこんなに、ひどい目ばかり、私は、受けるのだろうか、こんな状態で、一生つづくのだろうか、早く、死なさせ下さい。

三月二八日(火) 大安、雨、後、はれ、少しひえる。(13・6度)

朝、8時半、新聞集金きた。3850円

私は子供の年金免除の用紙を出して、十分に、どこも、何回も、見たつもりだけど、二、三日前に、私の年金収入の月額の所に、4000と丈買いていたのを思い出して、通知のハガキを見たら、42500円と成るのに、2500円書おとしているが、これが問題に、なりませぬようにお願いたします。

三月二九日(水) はれたり、くもったり、少し冷える。(11・4度)

朝、年金係の人からの手紙が入っていた、昨日来たのだろう、うちが、お金に困り、後、暫らくしか、ここにおれないのを読まれて、相談する様にと、区役所と、西福祉事務所など、教えて、かいてあるが、私共はここが、最後と言って有るし、自分で、家さがしも出来ないし、家に入らないとも言ってあるので、それに、良い人が、世話されると、よいが、悪い人に、あたったら大変と、聞いているので、今は、最後まで、ガマンする。

朝10時前、赤札堂、その前に、ゴミ袋①90円88+二買った。

今日入物に入れた、ラッキョ四九八、甘夏ミカン⑤398、クリネックスティッシュ⑤298、切干大根180、レーズンサンド②108×②216、塩エンドウ豆②130×②260、しそこんぶ②198×②398、なの花ゴボー358、豆類②198×②396、トウハトウシュガービース長いビスケット②235×②470、黒アメ②148×②296。(3878円)

小林果物、バターココナツ②240円。

三月三〇日(木) 警察の長官が銃でそげきされた。

雨、一日中ふった。少しひえる。(10・4度)

三月三一日(金) はれ、あたたかい。(19・7度)

小林、バターココナツ⑤600円、朝、9時すぎ本町スーパー、

豆乳④320、果汁④400、一口アゲセン②148×②296、ジャンボコーン②168×②336。(1392円)

朝10時頃、スーパー。豆乳④320、甘食⑧180黒パン⑦180、360、キヌトーフ②83×②166。(871円)

私は、右モモドから、ヒザにかけての痛みがひどく、途中、歩けなくて、苦しかった。

四月一日(土) 新潟で、地震、ケガ人や家などヒガイが出た由旧三月二日。

はれたり、くもったり、あたたかい。(17・2度)

きょう一九九五年四月一日は、あの「阪神・淡路大震災」がおそった、一月十七日から、ちょうど、七十五日目にあたる。

四月二日(日) うすぐもり、少しひえる。(12・2度)

トイレ、サニボンF

四月三日(木) はれ、少しひえる、風つよい。(13・3度)

子供の年金の事、一日も早く無事に、解決させて下さい。

出張所に、前の保険証かえした。

朝9時頃、出張所に行き、国保の前のを、かえして来た。

その足でスーパー。豆乳③240、果汁②200、トウフ98、甘食180。(739円)

四月四日(火) はれ、少しひえ、後あたたかい。(15・7度)

四月五日(水) はれ、あたたかい。(17・6度)

私は、今だに、ふらつきや腰、モモド、足にかけての痛みがひどくて毎日苦しんでいる。

朝、10時前、赤札堂。玄米フレーク②398×②796、ヤキマンジュウー⑩398、クレラップ②158×②316、ピーナッツセン②200、しそこんぶ④198×②792、切干大根煮180、ヒジキ煮170、ワカメセン②168×②336、ナノ花ゴボウ358、黒マメ②148×②296、黒がし100。(4060円)

四月三日(月)に、ゴミを取りにこられるのが、昨日も今日も来られないとは、何事かあったのだろうか、沢山たまっているが。

お昼から、来たらしい、電話支払用紙きた。2101円、3時すぎに行ってきていた。ガス検針きた。③

四月六日(木) 赤の時計が又、朝止まっていた。

はれ、時々くもり、あたたかい。(18・4度)

朝、5時15分頃、きずいたが、赤の時計で2時10分頃でとまっていた。1時頃一度目がさめたが、早いので、そのまま、休んでいたが、明るくなっているので、びっくりして見た所、赤の時計が止まっていた。前、平成五年二月と三月、同じ月末に、止ったり、おくれたりしている。二月二八日(日)、三月三一日(水)

平成五年、昨年同様に、同じ時間の頃に、同じ赤時計が、止まったのは、何か訳が有るのだろうか、何か悪い事が、おこらねばよいが、不安で、心配である。

2時　10分
12
（赤時計）

5時　15分
20
12
32
4月
6月
42
（白時計）

朝、9時頃郵便局、電話代、2105円、三月分を、おさめた。

朝10時少し前に、石川荒物店。ダスポン⑤220×⑤1120円、流しのゴミ袋

かえり本町のスーパー、豆乳④320、果汁④400、ゴボーサラダ160、一口アゲセン②148×②296、ジャンボコーン②168×②336。(1557円)

月曜日から、ゴミ取は、こられない。今日は、分別ゴミもあるので、電話されたのだろう、三時すぎに、ゴミの車でなく、小さな車に、入れもの六コほどもってきて、やっと四日ぶりにもって行った。

四月七日(金)　雨、後はれ、あたたかい。(18・7度)

子供は、この頃、きつい、きついと言っているが、病気だと、心配である。ジャマだと、まだ当分は、子供も、私も苦しい。

私は、どうも自分の六のつく年は、何かある様で、特に悪い方が多くて、六歳から、一〇年ごとの六の年だけど、特別、六〇才から、六九歳までの一〇年間は、悪くひどい事ばかりだったと、いろいろと、思い出して、書いているが、私の六の年は、念が入りすぎているので、何か訳があるのだろうか、気になる。

国民年金通知書きた。

私の年金四月分がきた。8550円、夕方きていた。四時半

子供の年金免除の通知が来たが、平成六年四月〜平成七年三月までの間としてあるので、昨年の分になるが、今年の分は、こないのだろうか、不安である。

何時も、ご心配おかけしております、子供の年金の事、私の年金の事、どちらも無事に、来ました、有難うございました。

子供の年金免除の通知がきた。平成六年度のか。

四月八日(土)　はれ、上天気、あたたかい。(18・2度)

少しずつ、冬物を干してなおす。コート、厚物、ショール
いつも、四月始め頃には、きていた、子供の年金支払用紙が、
今日まで来ていないのは、良い方だろうか、分からない。
○子供の平成六年一月分の、免除の通知が、思いがけなく来て
よかった。昨年のは、だめだと思っていたから。
○私の年金の通知書も、いつも、八日に来るのに、七日に来た
ので、心配していた丈に、よかった。

四月九日(日) 雨後はれ、後又、雨、あたたかい。(20・7度)

四月一〇日(月) はれ、少しひえる。(18・5度)
コーンフレーク150g258、豆乳④320、果汁④400、
ゴボーサラダ100、ジャンボコーン②168×②336、一
口アゲセン②148×②196。(1823円)
朝、9時少し前本町スーパー。
朝11時すぎ、水道の検針きた。⑨、3、637円、今度から二か月に一ぺんになった。

四月一一日(火) はれ、うすぐもり、かなりひえる。(12・7度)
朝9時頃、スーパー。チョコチップクッキー178、果汁②
200、タイセン100、豆腐②83×②166、黒ゴマ②
65×②130、甘食⑧180、レーズンボール④180。
(1168円)
朝10時すぎ魚力。玄米シリアル②398×②796、ビス
ケット140、しそこんぶ②195×②390、バターココナ
ツ②200、きな粉③70×③210、しょうが漬③70×③
210。(2004円)
今日は、かなり冷えて、寒いので、一度直した冬物を又出して着たり、はいたりである。

四月一二日(水) 雨、後はれ、ひえる。(17・6度)
子供は、この頃とき、どき、お腹が、痛いと言って、何回も、トイレに行っているが、悪い病気でないと、よいけれども、心配である。
ガス支払用紙きた。1093円、引下げ9円、夕方4時半頃、きていた。

四月一三日(木) はれ、あたたかい、少しひえる。(17・3度)
朝、9時頃郵便局、ガス代、1093円、四月分おさめた。
その足でスーパー、甘食⑧180、黒パン⑦180、果汁②
200、トウフ98、(677円)

四月一四日(金)雨、少しひえる。(13・8度)
子供パンスかえた。
お昼から、一寸顔そりした。
私は、自分の六の年には、大きい事がいつもおこっている事に気付いて、四月二日(日)より下がきしていたのを、今日より、本式のノートに、書いているが、私と六とは、何か、関係があるのだろうか。あまりにも、六、六の年には日本と、私の身のまわりに大事件が、おこりすぎているので。

四月一五日(土)はれ、少しひえ、少しあたたかい。(19・1度)
トイレ、サニボンF
国保平成七年度分、33、600円、七月に来るのが本当
国民健康保険料の支払用紙がきた。午前中、当初決定通知書で又、七月に来るのが本当の一年分である。33600円。四月分2800円。五月分2800円。六月分2800円。
(8400円)

四月一六日(日)はれ、時々、うすぐもり、少しひえる。
(16・3度)
朝、8時半すぎ、本町スーパー。豆乳④320、果汁④400、グリンスナック②188×②236、サヤエンドウスナック②118×②236、一口アゲセン148、ジャンボコーン168、ゴボーサラダ160。(1718円)
子供は、この頃きつい、きついと、だるそうにしていたところ、昨日、右の足が、しびれて、カカトのところが、いたいと、言っていたが、今日も、どうしてもきついと、言って、早く、フトンにやすまないと、きつさが、たまらないと、言って、いるが、何か病気でないと、よいけれども、今更、お医者さんにかかるお金もないし、寝込んだり、悪い状態に、なったら、今後どうしたものか、今でも、家に、住めないで、不安なのに、その上、又、子供が、ひどい状態になったら、どうもこうも、今の私には、分からない、ひどくなりませぬ様お願いたします。

四月一七日(月) 国保平成七年、四月、五月、六月分おさめた。
朝、9時頃、郵便局。国保の平成七年度分の四月分2、800円、五月分2800円、六月分2800円の8400円おさめた。
その足でスーパー、豆乳④320、甘食⑧180、サヤエンドスナック118、コーンフレーク298、(943円)
はれ、あたたかい、少しひえる。(23・4度)
子供は、今日もきつく足がつかれるなど言っているが、どこか悪いのだろうか、これ以上、ひどくなりませぬように。

四月一八日(火)　はれ、あたたかい。(18・8度)

朝、9時前、本町のスーパー。果汁④400、モメンドウフ九八、キヌトウフ83、(598円)

水道の支払用紙きた。3、637円、夕方3時半頃きた。

四月一九日(水)　雨後、はれ、少しあたたかい。(25・5度)

朝一寸顔そりした。

私は、毎日、相変らず腰、おしり、モモド、足と、痛くて、一ぺん、一ぺんたたかないと。うごかない。

今度は横浜駅などで、又、毒ガス事件、六〇〇人近く被害。

朝、9時頃、郵便局。水道代、3637円、三月、四月分おさめた。

明日は、無事に、銀行に、行かせて頂き、無事に、お金も引出して頂きます様に、お願いたします。るす中も、子供の事など又、私も、途中何事も、おこりませぬようによろしくお願いたします。

四月二〇日(木)　大安、はれ、あたたかい、風はつめたい。(19・3度)

私は西武のうすいブルーに、肌色、総ガラ入り合の麻入りカーデーガンに、東武の合の紺スラックスで。

朝9少し前に、うちを出て、先に、第一勧銀で、私の年金四月分記入して、㉘引出した。

明治堂、ザーネクリーム②645×②1290円、わかもと1980円、(3、368円)

太子堂、かしわ餅④一コ60円④240円、ゴマ大福②一コ60円120円、ジャム入りビスケット400、人形焼260。(1051円)

お陰様で今日は銀行も無事に、すまさせて頂き、おくすり等の買物も出来て、途中も、るすも、何事もなく無事に、有難うございました。ご心配おかけいたしましてすみませんでした。

電気検針きた。㉛

四月二一日(金)　又、横浜駅近くのビルで、異臭事件はれ、あたたかい、風はつめたい。(21・3度)

朝八時頃、スーパー。甘食⑧180、果汁②200、モメントープ九八、キヌトープ八三、黒ゴマ②65×②130。(711円)

朝、10時頃魚力。玄米シリアル②398×②796、しょうが漬②70×②140、しそこんぶ④195×④780、きな粉③70×③210。(1983円)

四月二二日(土)　雨、後はれ、あたたかい。(18・9度)

四月二三日(日)　私は髪毛をふいた。

うすぐもり、あたたかい、時々はれ、風つよい、一時雨。（24・8度）

私は、髪毛を、お湯でふいた。少し汗ばんできたので。

子供は、この頃、きつい、きつい、きついと、言っておるが、今日は、朝食後、しばらく、おきていたが、きついとて、10時前に、ふとんに、やすんだけれど、どこが、悪いのだろうか、はき、はきと、言わないので、どうしようもない、ひどく、悪い病気でないと、よいけれど、心配である。

南天は、今年は、かれてしまった。何かの知らせだろうか。私の冬の衣類等に、パラゾールを入れた。九年間有難うございました。

今年は、とうとう南天はかれてしまって、毎年出ていた芽も出ないし、枝も、かれてしまったので、三月に、切ってしまったが、平成五年の十二月頃に、今までにない程の、見事な紅葉と、大きい美を沢山つけて、本当に美しく始めてで、喜んでいたが、あれが、最後を、かざって、見せて、もらったのだろう。

昨年は少し花がさいたが、実は一つもなく、後、かれてしまった。昭和六〇年春先に、買って来たが、とうとうおしまいになった、裸のしらせだろうか。

四月二四日(月)　はれ、あたたかい。（21・7度）
朝、9時前、本町スーパー、豆乳③240、果汁②300、グリンスナック③118×③354、ゴボーサラダ160、トウフ98、ジャンボコーン168、一口アゲセン148、（1633円）
今日は、主人の命日、人形焼、クッキーその他のおかし、お茶、お水、御飯に、ゴボーサラダ。冷奴、しそこんぶ等、お茶、お水、こんな事で、何時もすみません。おゆるし下さい。
10時頃、スーパー、シロメシ160、コーンフレーク298、トウフ83、正油195、甘食⑧黒パン⑦180×②、サヤエンドウスナック118。（1250円）

四月二五日(火)　雨、時々ふる。少しひえる。（16・7度）
朝、一寸顔そりした。
朝10時すぎ、不動産に行き、おられたのですぐに、家賃五月分を上げてきた。一度で、すまさせて頂きまして、有難うございました。
そのかえりに、本町スーパー、豆乳④320、果汁②200、ジャンボコーン168、一口アゲセン148。（861円）

四月二六日(水)　大安、はれたり、くもったり、ひえたり、あたたかい。（23・6度）
私の左り人差指は、上京して、始めて、お医者さんで、ヒョウソウと言われて手術したのは、昭和三九年頃と、思うが、今までも、時々、痛んだりしても心配は、してなかったが、昨年の暮か今年の始頃、その爪が、先の方が、割れていたのが、奥の方にまで、割れこんで、痛んで赤チンつけたり、指さっくで、大事にならぬ様に、気付けてきたが、爪の割れは、一向に直らないし、三ヵ月以上立っても、毎日、不自由な思いをしていたが、今日は、その爪が、奥から前まで、割れて、取れてしまったが、痛いので、又、赤チンつけて、大事にしているが、この指は、もう三〇年立っているのに、今だに、東京で、初めてかかったヒョウソウの心配が取れない、悪い事は、外にも、五〇年後とか、一〇年後とか、必ず、何十年ぶりのが、次々と、おこって、苦しい事ばかりである。

それに、この頃は、顔の、方、方に、ふき出物がして痛いが右目のふちがただれが、もうこれも、何ヵ月と、良く成らないで、一寸さわっても痛いし、困っているのに、鼻の中に、両方ともカサが、時々出来ていたが、この頃は、一寸さわっても痛く、はれ上って息も苦しい時がある。それに、両方の耳の中もカサがもう一〇年近く出来て、それも一向に直らなくて、一寸かゆくて、かくと、血が出るし、耳なりは、二五年以上も、ひどくなる一方で、聞こえも悪く成り、両方の耳なりは、ひどすぎると言うより外に、言い様がなく、一日中、夜中も、いつも、あらゆる物音、ざつ音、いろんな物をメチャ、クチャに、たたく音、いつもかつも、放送の様な話し声と、音楽の音、モーターの音、ザーザーと雨の音、ドラムカンをム茶、クチャに、いつもかつもたたく音、その他、あらゆるひどい音が、しどうしで、気がくるいそうに、もてない時がある。

今年一月一七日(火)から、私は、目まい、ふらつき、頭痛、熱、心臓、全身がきつい。腰から、おしり、モモド、ヒザ、足、と、ちぎれる様に痛く、一寸立っている事も、立ったり座ったりも、非常に苦しみ通しが、今度は、今日で、百日に、成るのに、病気だろうか、何か、訳が、あるのだろうか、こんなに、ぶっ通し苦しみ通しは、今までで始めてである。

電気代支払用紙きた。１３５８円、引下げ１２円、朝、１０時近くに行った時は、きてなかったので、その後に、きたのだろう。お昼から、２時半すぎに行って来ていた。

四月二七日(木)　はれ、大変あたたかい。(２４度)

朝９時すぎ、郵便局、電気代、１３５８円、四月分おさめた。その足で、赤札堂。ラッキョ４９８、豆類③１９８×③５９４、塩エンドウー豆１３０、ヒジキ煮１７０、切干大根１８０、黒がし１００、おいものパイ②１９８×②３９６、ラングリークッキー②１３８×②２７６、カンパン②１８８×②３７６、ビスケット②２３５×②４７０、黒アメ②１４８×②２９６、ピーナツセンペイ②２００、(３、７９６円)

小林果物店、バターココナツ⑤６００円

夕方6時20分、毎日新聞の集金きた。3850円、<毎日夫人>、紙袋も入っている。

四月二八日(金) はれたりくもったり、あたたかい。(21・6度)

朝9時頃本町スーパー。豆乳④320、果汁④400、グリンスナック②118×②236、サヤエンドウスナック118。(1106円)

朝10時前、スーパー。コーンフレーク298、甘食⑧黒パン⑦180×②360、豆腐②83×②166、黒ゴマ②65×②130、(982円)

朝10時半頃、魚力、玄米シリアル④398×④1592、きな粉③70×③210、しいたけこんぶ④195×④780。(2659円)

お陰様で、今日も、皆、支払、その他を、無事に、すまさせて頂きまして、有難うございました、又、今後ともよろしくお願いいたします。特に、子供と、私は、ここの家に長くおられます様に、何卒、よろしく、お願いいたします。

四月二九日(土) はれたり、くもったり、あたたかい。(20・5度)

トイレ、サニボンF

今日も、思い切って、冬物等干して直した、一ぺん直して又出して、着たり、はいたりした物。三越の冬カーデーガン、ポンチョ、肌着、綿入れネマキ、スラックス、ふじ色のカーデーガン、しぼりガラカーデーガン等。

私と、子供は、お金が無くて、家賃を、払えないので、八月か九月までしかおられない、少しでも長くと、節約しているけれども、家賃が高いので。少しでは足りない、お金さえあれば、後二年は、おられるけれども、後、私共は、どこに行くのだろうか。不安である。

四月三〇日(日) 雨、時々くもり、むし暑い。(21・8度)

子供は、パンスかえた。

子供のヒゲ切りした。電気カミソリも使った。

今年の私の七十六才の六の年は、どんな状態に、なるのだろうか、第一、家が、お金が無いので、八月か九月までしか、おられない。それに、子供は、十何年の病人の上に、特に私は、今年一月十七日からの病気が、いまだに直らなくて、苦しみ通しで、今後、どこに行って、どんな生活を、するのか、不安で、たまらない。

五月一日(月) 大安、雨、むし暑い。(17・7度)

五月二日(火)　雨、後、はれ、むし暑い。(25・4度)

電話支払用紙きた。2121円、お昼三時前に入っていたが、今日だろうか昨日だろうか、わからない。期限は五月一五日(月)まで。

五月三日(水)　雨、むし暑い。(22・6度)

朝9時すぎ、スーパー。甘食⑧180、小麦ロール⑧150、モメン豆腐98、果汁②200、ガムテープ198。(850円)

かえってきて今度は本町スーパー、グリンスナック②118×②236、ジャンボコーン②168×②336、果汁④400、ヒトクチアゲセン②148×②296、キヌドウフ83。(1、391円)

五月四日(木)はれたり、くもったり、少しひえる。(20・6度)

私の母と、父の母、お祖母さんとの関係を、昨日よりかき出した。前生の事など、前に、おしえて、もらっていたので。

五月五日(金)　雨後くもり、はれ、少しむし暑い。(16・1度)

五月六日(土)　はれたり、くもったり、あたたかい。(22・3度)

本式のノートに、父、母、お祖母さんの事など書いた。

お昼から、一寸顔そりした。

五月七日(日)　大安、はれたり、くもったり、あたたかい。(21・3度)

今年始めて、子供のフトン敷きかえした。

私は、今年一月一七日(火)より、目まい、その他、全身きつい上に、特に、腰から、おしり、ももど、ヒザ、足と、一寸うごいても、ひっぱられる様な痛みと、しびれなど、歩くのも、立っているのも、一寸横に、動くのも苦しい程、ひどくて、何一つ、出来ないし、特に、私のフトンは、しきっぱなしで、上げる事も、うごかす事も出来なく困っているが特に、子供は、十何年と、フトンは敷き通しだから、何とか、敷き直し丈でも、出来ないかと、今年は、一度もしていないので、気にかかり、梅雨に入って、カビなど、はえたら大変と、何時も、気にかかっていても、体が痛くて、どうする事も出来ない。

ところが、今日はまだ痛いけれども、急に、私のフトンを上げて、子供のも、しきかえて、みようと思って、どうなり、子供のフトンの敷きかえが、出来て、ほっとしている、子供の上、下のモーフは、もう良いと言うので、一寸干したけれども、お天気が、すっきりしないので、取こんで、また干すのは無理だから、直すつもりである。直した。お陰様で、フトンの敷かえ等させて頂きまして、有難うございました。今は邪魔が、ひどくて、十分な事は、させられないので、電気の笠も、両方とも、お掃除させてもらった。子供のフトンの下のカンソウ剤は、変ってなかったので、皆そのまま、フトンの下に入れた。

五月八日(月)　修理してもらってからトイレのタンクの水があふれて困っていた。

　もり、むし暑い。（19・7度）

　昨年一一月二八日(月)に、トイレと、水道のジャ口を、きて修理してもらったが、前の悪い時よりも、かえって、水道もトイレも、悪くなったので、又、翌日来てもらって、見てもらったが、悪い所はない、これで良いと言って、かえられたが、水道は、とめた後いつまでも、たらたら出るし、トイレは、水が、びっくりするほどタンクの方は、出るのに、流れるのは、一寸丈だから、よく流れないし、その上、五月八日(月)今日、思いきって、せんをしめたら、丁度、よい位に出てよかった。タンクの水が、一ぺん、一ぺん、タンクのふちから、あふれ出る様に、すごいので、いつも、ハラハラ、して使っているが、今は邪魔が、ひどいので、うちで、さわったら良くないと、ガマンしていたが、今朝は、あまりにも、タンクの水が、外に、あふれ出るので、後で、〈略〉さんが教えられていたので、少しせんを、しめてみた所、おかげで、今までのあふれる水が、中丈に、出る様に、なってほっとした。邪魔が、今度の水道屋さんを使って、させていたのだろう、水道代が、びっくりする程で使うのは、少しなのに、〈略〉さんは、よく気を使って、上手に、してやられたが、今、〈略〉さんは、るすかわからないが、しまったままである。お陰様で、トイレのタンクの水が、あふれなくなりまして、有難うございました。ただ、水道のジャ口は止めた後いつまでも、だらだら出て困っているが、これは、今の所、どうしようもない、ジャ口は新しく取りかえられたすぐからで、水道屋さんは、後、出てかまわぬと、言われるけれど。

　朝9時すぎ、郵便局。電話代、2121円、四月分おさめた。その足で、スーパー、コーンフレーク298、果汁②200、キヌトウフ83、モメントウフ98、甘食⑧180、黒パン⑦180、サヤエンドウスナック118。（1176円）

　私は、五月六日(土)の夜から、前に、色々と、教えられ、言われていた事等、少しづつ分かって来た、五十年前の事や、その前、その後の事等。

五月九日(火)　はれ、あたたかい。（24・4度）

　私は、少しずつ、分かってきた事、前に、言われていた事等を、今日、小さいノートにかいた。

　ガス検針きた。③、六月は五日検針。

五月一〇日(水)　はれ、あつい。あたたかい。(２６度)

　朝９時頃、本町スーパー、一口アゲセン１４８×②２９６、果汁④４００、ジャンボコーン②１６８×②３３６、モメントープ９８、キヌトープ８３、グリンスナック②１１８×②２３６、サヤエンドウ１１８。(１６１４円)

　１０時頃、魚力、玄米シリアル②７９６、しそこんぶ④１９５×④７８０、パラゾール５２０、しょうが漬②７０×②１４０、おかし②２００。(２５０９円)

五月一一日(木)　雨、むし暑い。(１９・８度)

　子供は、パンスかえた。

五月一二日(金)　はれたり、くもったり、冷えたり、むし暑かったり。

　朝、８時頃スーパー。バターココナツ⑤６００円、甘食⑧１８０、黒パン⑦１８０、果汁②２００、モメンドーフ②９８×②１９６。(７７８円)

　五月六日(土)　五十年前、四十年前、十年前等に、教えられていた事など、少しずつ、分かって来た。

　五月七日(日)　子供のフトンしきかえた。

　五月八日(月)　トイレのせんをしめて、水のあふれるのを止めた。

　五月九日(火)　お昼から、書物をしていた所、目の前に透明の美しい光が、次、次と現われて、美しい線をした光で、暫らくの間、続いていた。

　五月一〇日(水)　ここが最後、裸になると、言われたのは、ただ、裸と言う丈では無く、何か深い、訳があるのだろうと考えている内に、(身に無一裸なりけり吾が心只一筋の心在るのみ)と、色々言われた事を結び合わせた歌が出来たが。

1995年（平成７年）５月13日
～
1995年（平成７年）８月14日

覚え書き66

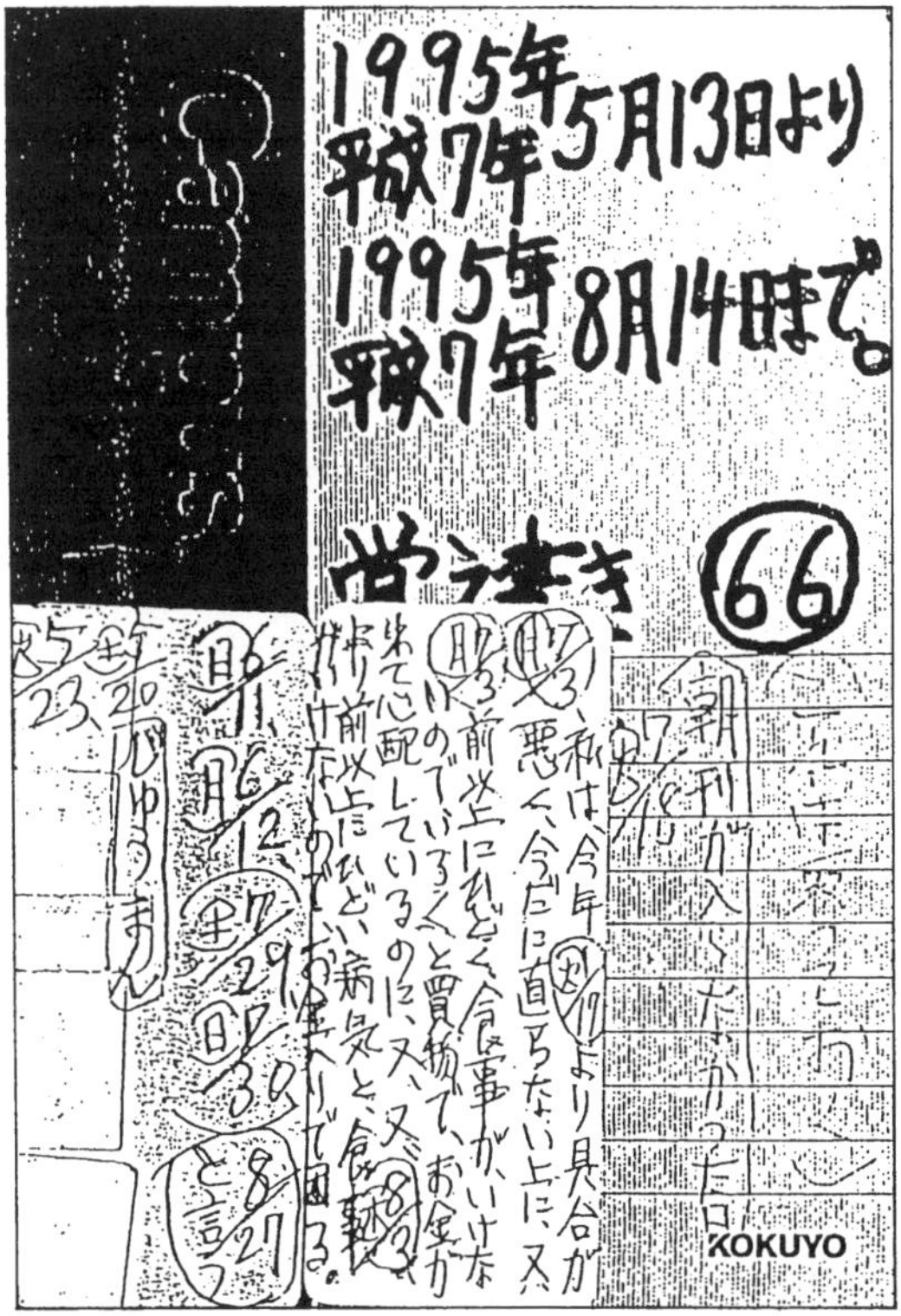

覚え書き㊻

一九九五年(平成七年)五月一三日より
一九九五年(平成七年)八月一四日まで

平成五年四月一九日(月)
夕方、窓を開けて、外の草花をながめていた所。(只、一筋の心在るのみ)と、言う、文句がうかんで来た。

一九九五年、平成七年　亥年

五月一三日(土)　大安　旧四月一四日雨後晴れ、ひえたり、むし暑かったり。(21・3度)

朝五時半頃、郵便受けを見に行ったところ、私の年金改定通知書が来ていた。昨日四時前まで来ていなかったので、その後来たのだろう。平成七年六月分より。(513、900円)

今朝、新聞は、5時半頃に来た。

トイレ、サニボンF

お陰様で、年金増加の知らせが来まして、有り難うございました。

私の国民年金改定通知書が来た。

五月一四日(日)　はれたりくもったり、冷えたり、むし暑かったり。(21・6度)

五月一五日(月)　雨、一日中よくふった。冷えたり、むし暑かったり。(18・8度)

五月一六日(火)　雨後はれたりくもったり、冷えたり、むし暑かったり。(21度)

朝、8時すぎスーパー。小麦パン⑥150円、甘食⑥180円、果汁②200円、コーンフレーク298円、キヌドウフ83円、モメンドウフ98円、白ゴマ②65×②130円、(1、173円)

ガス支払い用紙がきた。1、093円　引き下げ九円、夕方4時半すぎに行った。

オウムの教祖が逮捕された。地下鉄サリン事件、その他で。

五月一七日(水)　うすぐもり時々雨　暑かったり、冷えたり。(19度)

朝8時本町スーパー。ジャンボコーン③168×③504円、

果汁④４００円、ヒトクチアゲセン②１４８円。(１、０８３円)
朝9時、郵便局、ガス代五月分おさめた。　１、０９３円
朝１０時過ぎ魚力。しそこんぶ１９５×⑥１、１７０円、ビスケット２４８×②５９６円、きな粉７０×③２１０円　しょうが漬７０×②１４０円、おかし１６０円。(２、２４１円)

五月一八日(木)　はれ、久しぶりの上天気　冷えたり、あたたかかったり。(２４・3度)
お昼から一寸顔そりした。
久しぶりの上天気でやっと、私の綿入れハンテン②干して直す。今年はまだ冬物全部は直せない。

五月一九日(金)　大安　はれ、上天気、冷えたり、暑かったり。(２５・1度)
朝8時すぎスーパー。甘食⑥１８０円、黒パン⑦１８０円、果汁②２００円、モメンドウフ９８円、キヌトウフ８３円。(７６３円)
日傘、今朝よりさす。
今日は赤札堂に、行くつもりにしていたが、朝おき立ちより腰の痛みが特別ひどく(ひきつる様に)一寸動いても苦しいのでやめたが、何カ月も一向に良くなりそうにない。
大安、今朝も新聞は5時半にきた。五月一三日(土)同様に同じ(大安)

五月二〇日(土)　はれ、あたたかい、暑い。(２４・8度)
子供はやっと合の長袖オープン鉄色に白やピンクのほそいしま合のズボンなどかえた。
子供の冬オープン、セーター。コール天のズボンなど干してなおした。

五月二一日(日)　うすぐもり、小雨、冷えたり、暑かったり。(２１・9度)
朝１０時前赤札堂。しそこんぶ１５０×④６００円、バナナ⑥１９８円、シオエンドウ豆１３０×②２６０円。
五月二二日(月)にした。ラッキョ４９８円、ビスケット４００g２３５円、カニパン１８８円、切干大根１８０円、ヒジキ煮一七〇円、豆類１９８×②３９６円、焼マンジュー⑩３９８円、ピーナッツセン②２００円、チョコエール１００×②２００円レーズンサンド１００×②２００円、ギンビスアスパラ１００×②２００円。(４、０４０円)

五月二二日(月)　雨後はれ、冷えたり、あたたかかったり。(２４・5度)

電気検針きた。㊳

五月二三日(火)　はれ、冷えたり、あたたかかったり、(23・6度)

朝、8時半すぎスーパー、フランスパン130円、チョコロール⑩190円、果汁②200円、キヌドウフ83×②166円、コーンフレーク298円。(1、013円)

先日、五月二〇日(土)の朝、4時すぎ私は目がさめようとした所、(何かを充満にする)と言う感じの文句を受けたが、上の文句がハッキリしないのと(じゅうまん)と言う文句が何かよく分からない訳が有るのだろうか。

五月二四日(水)　はれ、冷えたり、あたたかかったり。(24・7度)

今日は主人の命日。バナナ②、焼マンジュー②、チョコレーズン、ジンギスアスパラ、ピーナッセン等のおかし。お茶、お水。フランスパン、チョコロール、お豆腐、お茶、お水。

命日に、特別のお供えも出来ませず又、ご飯なども上げないで何時もにたりよったりの粗末な物ばかりですみません。おゆるし下さい。

お昼から一寸顔そりした。

五月二五日(木)　大安　はれたり、風つよい。暑い。(26・7度)

くもったり、冷えたり、あたたかかったり

今日は、無事に家賃をおさめさせて下さい。

朝10時すぎ、不動産はおられたのですぐに家賃六月分を上げてきた。

お陰様で無事すませて頂きまして、有り難うございました。

そのかえりに、本町スーパー。ゴボーサラダ160円、果汁④400円、一口アゲセン148×②296円、ジャンボコーン168×②336円、グリーンスナック118円。(1、349円)

夜7時頃〈毎日夫人〉と紙袋を入れられたけれど。

五月二六日(金)　雨後はれたり、くもったり、あたたかい。(25・2度)

朝9時すぎ頃電気支払い用紙きた。1、484円、引き下げ15円

トイレにサニボンF

朝9時半すぎ、郵便局電気代五月分おさめた。1、484円その足でスーパー。甘食⑧180円、黒パン⑦180円、果汁②200円、キヌトウフ83×②166円。(747円)

夕方6時15分頃、毎日新聞の集金きて、今月もすべておさ

め物はすんでしまって有り難うございました。昨日、〈毎日夫人〉と紙袋は入れてあったので、

五月二七日(土)　ホームカレンダー入った。

はれたりくもったり、冷えたり、暑かったり。(25・5度)

五月二八日(日)　はれたりくもったり、むし暑い。(24・1度)

五月二九日(月)　雨、むし暑い、少し冷える。(20・5度)

大安（旧五月一日)

五月三〇日(火)　雨後はれたり、くもったり、少し冷え。少しむし暑い。(25・3度)

朝9時前スーパー。コーンフレーク298円、果汁②200円、甘食⑧180円、黒パン⑦180円。(883円)

五月三一日(水)　はれたり、くもったり、むし暑い。(24・5度)

お陰様で、今日も無事すごさせて頂き、又支払いも全部すませて頂きまして有り難うございました。今後共、来月も又よろしくお願い致します。子供と私は、八月から九月までしか生活出来ません。不安でしかたがない。

六月一日(木)　はれたり、くもったり、午後1時雨、冷えたり、むし暑かったり。(24・9度)

風呂場のバケツの水かえた。

六月二日(金)　はれたり、くもったり、少し冷える。(23・4度)

朝一寸顔そりした。

朝9時少し前本町スーパー。果汁④400円、ジャンボコーン168×②336円、豆腐83円、グリーンスナック118円、一口アゲセン148×②296円。(1、269円)

朝10時頃、魚力。玄米シリアル398×②796円、りんかけビスケット二〇8円、ビスケット248円、しょうが漬70×②140。(1、433円)

六月三日(土)　はれたり、くもったり、むし暑い。(24・4度)

朝8時半頃スーパー。甘食⑧180円、黒パン⑦180円、果汁②200円、モメンドウフ98円、キヌトウフ83円。(七六三円)

お昼2時半に電話支払い用紙きた。2、101円

六月四日(日)　大安　うすぐもり、むし暑い、1時雨。（23・3度）

子供は、この頃お腹が痛いと言って、五、六回、お通じに行っているが、どうも（邪魔）からさせられている様で、水道の料金がこの頃上がったので、ハラハラしているから、トイレの水をびっくりする程使っている。今は洗濯は、ぜんぜんしないし、ヤカンに日に二、三回わかす丈で、後は後仕舞いと手洗い丈で、一寸しか使わないのに、水道代はびっくりする程、上がっている（ジャマ）のせいだろう。

それに電気は、大きいのは、もう長い事つけないで、豆電球丈とトイレ、台所丈で始まつしているし。

ガスもヤカンに、二、三回使う丈で後は、煮たきが出来ないので、何一つ使わない。

ただ、水道のジャ口が新しく変えてもらったのに、しめた後でしばらくは、だらだら出て、もったいない。日に大分な量になるので、水道屋さんに来てもらってしらべたもらったら、こんな風に出来ているので故障ではありませんと言われたが、ムダな水をただ流すとはフにおちない。（邪魔）を、こらせない様にしたから（イヤラシサ）は、取れたと思っていたところ、子供にその（邪魔）が（歯ぎしり）でしっかりと（イヤラシサ）を出させている。ことわった後、まもなくからで、今までは、子供はぜんぜんそんな事はなかったのに、その（歯ぎしり）が、ふ通でなく、特別ひどくて（イヤラ）しいのが強く本人にいくら言っても陰から（ジャマ）がさせているのでとまらない。歯は、上下ともすり切れてしまって、歯なしと同じ様に見える。もう三年になるのでひどい。

六月五日(月)　ガス検針きた。次は七月五日。

はれたり、くもったり、むし暑い。（25・1度）

朝9時郵便局、電話代五月分おさめた。2、101円

その足でスーパー。コーンフレーク298円、イムラヤカステラ⑤290円、ナビスコリッツ148円、モメントウフ98円。（839円）

小林果物店で、バターココナッツ⑤600円

私は、何時も何か不安で仕方がない。心の安まる時がない程次々と心配事がおそってきて、なぜこんなにあるのだろうか。

今日は、買い物などに行って、むし暑くて、私は汗びっしょりになり、冷えるので、真冬の厚地ズボン下や、毛のズボン下などと、今でも五枚はき、上も冬シャツをぬぎ切らないでいたが、汗で、足にまつわり、シャツもぬれているので、一枚じかのズボン下をぬいだところ、冷えて冷えてたまらぬので、前のはよごれがひどく、合のズボン下を又重ねて、毛などの上にはいたが、やはり冷える。パンスも合物にしたが、冷えるので又少し長めのにかえた。シャツも夏シャツにしたが冷えるので、

半袖合物にし、上に何枚もかさね着しているが、やはり冷える。
クツ下も、厚地をぬいだが、冷えるので三枚はいている。

六月六日(火) はれたり、くもったり、夕方より雨、冷えたり、むし暑かったり。(22・8度)

子供は、パンスかえた。

私は、夕方3時すぎ、しばらく気分わるかった。

六月七日(水) はれたり、くもったり。冷えたり、暑かったり。(21・6度)

朝10時前赤札堂。玄米フレーク348×②696円、ラッキョ498円、黒アメ148×②296円、豆類198×②396円、塩エンドウ130×②260円、納豆③100円、ピーナツセン③200円、ワラビモチ100円、切干大根180円、ビスケット235円、ヒジキ煮170円、焼マンジュー⑩398円、サワークリーム88×②176円。(3、816円)

かえりに、向かいの田中園でお茶400g1、030円 かちょうさん

六月八日(木) 国民年金六月分通知書来た。

はれたり、くもったり、冷える。(22度)

朝8時半頃スーパー。甘食⑧180円、黒パン⑦180円、果汁②200円。(576円)

水道検針きた。⑧3、637円

私の年金六月分通知書きた。85、650円、夕方4時半すぎにきていた。お陰様で、ご心配おかけしておりました年金の通知書、無事にきまして、有り難うございました。

六月上旬に梅雨に入った由

六月九日(金) 雨、一日中よくふった、冷える。(20・2度)

六月一〇日(土) 大安 雨、時々日がさす、冷える。(23・3度)

白の置時計の電池を新しく入れかえた。

トイレにサニボンF

朝一寸顔そりした。

朝9時すぎ本町スーパー。ジャンボコーン168×②336円、果汁④400円、キヌトウフ83円、グリーンスナック118円、一口アゲセン148円 一の一。(117円)

白の置時計の電池かえた。

今日の食事をすませてから、11時すぎより、魚力に。しそこんぶ195×②390、きな粉②140円、しょうが漬②140円、ビスケット140円。(834円)

昭和六〇年にこの家に来て、今年で一〇年以上になるが、今

まで、一〇年間でネコのフンで迷惑しつづけて、掃除したのは四、五回ぐらいだけど、今年になって、うちの玄関の入口の真前とか両脇など、所かまわずドアの真下などに、二十回と言わぬ程、今年だけで、掃除しているが（邪魔）がさせるのだろう。そのくささと言ったらひどすぎる。

ガス支払用紙きた。966円、引下げ6円、夕方4時半頃きていた。

六月一一日(日)　はれ。（23・3度）

冷える、後むし暑くなった。

今朝、横のかこい（イ）がたおれかかっているのでビニールヒモで、一寸しばってきたが、ヒモがよわくて切れそうである。

主人が亡くなられた時に、受けてあった（邪魔）は本人に帰って行っていたのを、今まで気付かなかったが、夜主人が亡くなられて、三年と三カ月目の今日気付かせてもらった。

六月一二日(月)　はれたり、くもったり、冷える。（20・3度）

朝9時すぎ、郵便局、ガス代六月分おさめた。966円

その足でスーパー。甘食⑧180円、黒パン⑦180円、果汁②200円、モメンドウフ98円、キヌドウフ83円、白ゴマ65×②130円。（897円）

主人が私に対してされていたのは、母とそっくりの事だったのでギモンに思っていたのを、今夜母と主人は双子だったと教えられ、なっとくした。

六月一三日(火)　雨、くもり、雨、冷える。（18・7度）

六月一四日(水)　雨、冷える。（20・2度）

私は朝食時中に何かパンスがぬれた感じがしたのでおかしいと思っていたところ、水のような下りをしていたが、後でかなり下りをした。

六月一五日(木)　くもり、1時冷える、むし暑い。（25度）

朝9時頃、スーパー。甘食⑧180円、黒パン⑦180円、果汁②200円、キヌドウフ83②160円。（七四七円）

朝10時すぎ魚力。リンカケビスケット208円、玄米シリアル②796円、しそこんぶ195×④780円。（1、837円）

六月一六日(金)　大安　雨後はれ　冷えたり、むし暑かったり。（21・3度）

水道支払用紙きた。　3、637円　家に入れられた。お昼3時20分頃、家に直接だれかが入れてやられたのだろう。

六月一七日(土)　はれ、あつい。(26・2度)
トイレ、サニボンF
朝9時、本町スーパー。ポテトサラダ168×、豆乳③240円、果汁③300円、ジャンボコーン②336円、一口アゲセン②296円。(1、392円)

六月一八日(日)　はれ、うすぐもり、冷えたり、暑かったり。(27・1度)
私は朝食後、すぐに又お腹がいたみ出して、お通じがあり、良くなったと思っていた所、すぐに今度は、初めてと言うようなひどい下りをして、周囲から何からバンスまで、びっくりする様な下りをしてしまったが、先日六月一四(木)日に、かなりの下りをしたのに、今日も又ひどい下りとは、食べ物が合わないのか、食べすぎか、胃が悪いのか、わからない。新しいパンスを又よごしてしまった。

六月一九日(月)　雨、むし暑い。(23・6度)
朝9時郵便局、水道代五月、六月分おさめた。3、637円
その足でスーパー。コーンフレーク298円、コーンフロスト198円、甘食⑧180円、黒パン⑦180円、果汁②200円、チョコクッキー178円、白ゴマ65×②130円。(1、404円)
小林果物店。バターココナツ⑤600円、ビスケット120円。(720円)

六月二〇日(火)　雨、くもり、時々はれ、むし暑い。(27・4度)
朝一寸顔そりした。
電気検針きた。㊲七月は二〇日予定日

六月二一日(水)　はれたり、くもったり、むし暑い後雨。(24・2度)
全日空機がハイジャックされた。翌日無事に助かった。

六月二二日(木)　大安　雨　冷える(19度)
今日は、銀行や、買物などに行く様にしていたが雨のためにやめる。何卒無事に明日か近日に池袋に行かせて下さい。年金の記入と引き出し、買物ですので子供の事はよろしくお願いいたします。

六月二三日(金)　雨、冷える。(18度)
今日も雨で銀行に行けない。赤札堂に朝、10時前。玄米フレーク348×②696円、豆類198×②396円、塩エンドウ豆130×②260円、ラッキョ七月一日に入れた。49

8円、ナビスコリッツ248円、焼マンジュウ⑩398円、切干大根180円、ヒジキ170円、ピーナッセン②200円、伊達巻350円、シキノツキ168円、黒アメ②296円、ハーレスビスケット298円、ロアンヌゴーフレット298、ロデイビスケット450g298円、レーズンサンド②200円。(5、102円)

お陰様でるす中も、途中も買物も、皆無事にすませて頂きまして、有り難うございました。

六月二四日(土) 雨、くもり、冷える、少しあたたかい。(24・7度)

今日は主人の命日

焼饅頭の四季の月、ゴーフレット。チョコチップクッキー、レーズンサンド等のおかし。

お茶、お水。ご飯、伊達巻、豆腐、お茶、お水。

いつも十分なお供えも出来ませず、果物などもなくてすみません。ここに私共も何時までおられる事やら不安で、お気に入るものも有りませんでおゆるし下さい。

朝9時すぎスーパー。シロメシ160円、甘食⑧180円、黒パン⑦180円、果汁③300円、キヌトウフ83×②166円、黒ゴマ65×②130円。(1、149円)

六月二五日(日) 雨、くもり、冷えたり、むし暑かったり。(25・6度)

トイレ サニボンF

朝一寸顔そりした。

朝9時半頃本町スーパー。果汁④400円、ジャンボコーン②336円、一口アゲセン148×②296円。(1、062円)

朝、10時すぎ魚力。しそこんぶ195×④780円、サンカケビスケット208円、きな粉70×②140円、しょうが漬70×②140円。(1、306円)

朝一1時10分頃、毎日新聞集金きた。〈毎日夫人〉、紙袋。3、850円 今日もいろいろとお世話様になりました。新聞代も早くすませて頂き有り難うございました。明日は又無事に、家賃をおさめさせて下さい。いつもご心配おかけいたしましてすみません。近日中に、銀行や、買物にも無事いかさせて下さい。お願いします。

十何年間と続けてきた山本山のお茶今日できれいにおわった。明日からは400g千円で買ったお茶だけど、安物買いで失敗だろうか、今はお金の事ばかりが気になって、少しでも安くと思って買ってみたけれども、どんな風だろうか。

明日より、そのお茶を頂く。

六月二六日(月)　雨、むし暑い。(22・1度)

今日は無事家賃をおさめさせて下さい。

電気支払用紙きた。1、465円、引下げ15円、朝9時半すぎにきた。

朝9時半すぎ郵便局、電気代六月分おさめた。1、465円朝10時すぎ不動産に行き、おられたので家賃七月分おさめた。一回ですぐすませて頂きまして、有り難うございました。今月もおさめ物、支払いなど全部無事にすまさせて頂き有り難うございました。

又、来月も、何卒すべてよろしくお願いします。るす中も途中も無事、いろいろとご心配おかけいたしまして、すみません。おかげ様です。

六月二七日(火)　雨、くもり、時々うす日、むし暑い。(26・3度)
朝、9時少し前スーパー。コーンフレーク298円、甘食⑧180円、黒パン⑦180円、果汁②200円、キヌドウフ83×②166円。(1、054円)
この頃、水道のジャ口が、しめた後だらだら水が出てとまらない。いくらしめても出るので、又出してしめなおすのを、何回も何回もくりかえすのでかなりの水の量をむだに流しているが、昨年十一月に新しいジャ口に取りかえてもらってからがひどい。
邪魔がしているのであれば、水道屋さんにたのんでも良くならない。新しくかえてもらってすぐからだから、翌日に、水道屋さんに来てもらって、見てもらったら、こんなに出来ているのだから、悪くはない、後で水が出るようになっていると言われたが、どうもフにおちない、止めた後で、水がだらだら出るとは、おかしな事で、もったいない事をなぜ今はするのだろうか。止めたら出ないのが本当だろうに、いくら言っても分かってもらえない。(水道代が多い)。

六月二八日(水)　雨、くもり、日がさす、むし暑い。(26・1度)
私は東武のホープセンターの大きい半袖ブラウスに、坂下の麻入りふじ色夏スラックス、
朝9時前、くもっていたが、思い切って出かけた。先に第一勧銀に行って、六月分の年金の記入をすませて、105、000円引き出した。
明治堂でわかもと1981円、ザーネクリーム645円。(2、703円)
太子堂人形焼き220円、イチゴ入りジャムビスケット400円、大福⑥360円、くず桜⑥330円。(1、349円)
タクシー　1、300円

大変ご心配おかけいたしておりましたが、お陰様で今日無事に銀行に行かさせて頂き、年金の記入引き出し、おくすりその他をいろいろと買わせて頂きまして、有り難うございました。るす中の子供の事、私の事など、ご心配おかけいたしましたが、すべて無事にすまさせて頂きまして、有り難うございました。今後共よろしくお願いいたします。お陰様で、今月も無事に何事もすまさせて頂きまして、有り難うございました。今後とも、又よろしくお願いいたします。

六月二九日(木)　私は髪の後ろを切った。

雨、くもり、むし暑い。(24・9度)

私は髪の後ろがのびているので、切ってふいた。三月一五日(水)に前はしていた。

六月三〇日(金)　うすぐもり、日さす、むし暑い、上天気になった。(28・8度)

子供の散髪をした。

今日、子供の散髪とヒゲ切りした。電気カミソリを使った。三月一七日(金)に前はしていた。

お昼から、一寸顔そりした。

今日も子供の散髪を無事すまさせて頂きまして有り難うございました。

七月一日(土)　雨、後はれる、むし暑い。(25・5度)

トイレ　サニボンF

私は、お腹の調子がどうかあって、何回もお通じが。

七月二日(日)　くもり、むし暑い。(27・6度)

朝8時すぎスーパー。コーンフレーク298円、果汁②200円、白ゴマ②130円、甘食⑧180円、黒パン⑦180円、キヌトウフ83円、モメントウフ98円。(1、204円)

朝10時頃、魚力。しそこんぶ④780円、きな粉70×③210円。(1、019円)

本町スーパー。果汁③300円、一口アゲセン②296円、ジャンボコーン168×②336円。(959円)

七月三日(月)　くもり、むし暑い。(27・2度)

私は、おき立ちよりふらつき、むかつき、朝食の時はきけがしたところみみず色したはしほどの太さで二〇センチ以上ある虫が出て、後で又みみず位で二〇センチ以上ある虫が出た。

七月四日(火)　電話代支払用紙きた。3時頃。

雨、むし暑い。(24・6度)

今日も、昨日同様食事が一日中食べれなくてふらつき、むかつき、心臓のどうきがひどかったが、3時頃、一日寝ていて食べる物がないので本町に、プラム400円、ところ天②二四七円、とまと200円など買って来た。

七月五日(水) 雨、冷える。(22・9度)

ガス検針きた。②

私は今日も一日中具合わるくやすんでくるしい。食事はぜんぜんいけないし、心臓の苦しさ。どうきがひどい。

七月六日(木) 雨、冷える。(23度)

今日も私は具合わるいけれど、10時頃、郵便局に電話代六月分おさめた。2、101円

その足でスーパー。おむすび②ウメ、タカナ220円、コワケソバ270円、福神漬②236円、キヌドウフ83円。(1、039円)

七月七日(金) はれ、くもり、1時雨、むし暑い。(26・9度)

私は、三日の朝起立ちより具合が悪く、食事がいけないので、ところ天、果物、冷たい水等頂いているが。

昨日よりスーパーで買って来たご飯物やおそば等でやっと頂けるようになったので、今日又、買ってきておいしく頂いた。

朝10時頃スーパー。キンピラご飯280円、コワケソバ270円、イチゴヨーグルト③300円、ガムテープ198円。(1、079円)

今度は、3時頃より本町に行き、八百屋でバナナ150円、本町のスーパーで、おにぎり③240円、豆乳③240円。(494円)

七月八日(土) 雨、一日中よくふる、少し冷えたり、むし暑い。(23・8度)

私は、まだすっきりしない。熱が取れなくて頭痛、心臓が苦しく、三日より、毎日水で、夜中も冷やし通し、食事が今までのは、どうしてもいけないので、毎日ご飯やおそばなど買ってきて食べている。少しはおきられる様になっただけ有り難うございます。ただ今は、毎日私の食事代に、お金を使っているのが心配である。それでなくてもお金がないのに。

朝10時すぎスーパー。キンピラご飯280、　ゴマコンブおむすび120円、トウフ83円、トロロソバ360円。(868円)

七月九日(日) 大安　雨、一日中ふる。少し冷える、むし暑い。(26度)

朝一寸顔そりした。

朝10時すぎスーパー。コワケソバ270円、ナットウマキ240円、福神漬118円、ゴマコンブおむすび120円、グリコヨーグルト110円。（883円）

七月一〇日（月）　はれたり、くもったり、少しむし暑い。（31・7度）

しっかり暑くなった。

朝10時頃、三幸。お赤飯300円、肉ジャガ300円。（600円）

その足でスーパー。アズキアイス⑥240円、コワケソバ270円、切干大根120円、福神漬118。（770円）

七月一一日（火）　はれたり、くもったり、雨も、暑い。（32・5度）

朝10時スーパー。イナリ巻きずし300円、コワケソバ270円、アズキアイス⑥240円　果汁180円。（937円）

そのかえり三幸で。大根、人参、ゴボー煮付300円、カボチャ煮200円。（500円）

七月一二日（水）　雨時々ふる。むし暑い。（27・5度）

朝8時半頃本町スーパー。五目チラシズシ290円、豆乳②160円、果汁④400円。（875円）

朝10時少し前スーパー。アズキアイス⑥240円、カルピスアイス⑥200円、ワラビモチ150円、スパイシートポテト190円。（803円）

ガス支払用紙きた。966円、引下げ6円。夕方4時すぎに。

七月一三日（木）　はれたり、くもったり、暑い、むし暑い。（31・5度）

うちのヘイの角の所が先日風がひどくてはなれてたおれそうで、家の中がまる見えのため、早くから気にかかっていたが、私が具合わるくて出来なかったし、今日は、少しはよいので、内がわからビニールヒモで少したおれて、はなれているのをちぢめてきたが、まだ外側からしめないと、たおれそうで又、明日あたり出来たらさせて頂きたい。

七月三日（月）によこのヘイがはずれたのでビニールヒモでしばったが、私が具合わるく十分出来なかった。

朝9時すぎ、平和通り八百屋。プラム⑬380円、オレンジ⑨350円。（730円）

かえりにスーパー。白メシ160円、のり168円、キヌトウフ83×②166円、福神漬118円。（630円）

朝一1時頃　魚力。エルモアティッシュペーパー⑩368×②、サランラップ148円。（910円）

朝9時すぎ郵便局、ガス代七月分、966円おさめた。

七月一四日(金)　雨後お天気、むし暑い。（30・7度）
朝8時少しすぎ本町スーパー。五目チラシズシ290円、五目ヒジキ150円、チョコモナカ氷菓子98円、豆乳④320円。（八83円）
私は、七月三日(月)より急に又具合わるくなり、今日で一二日間になるが、今日は又、頭痛。熱全身のきつさ等がひどくて苦しい。毎日、毎日きつい、きついと苦しんで、特に食べ物が今までおいしく食べていたのが、ぜんぜん入らなくて、毎日、ご飯物でやっと食べついてはいるが、今は何でも高い上に、特に食べ物が、さい、さい値上がりしているので、安い物をさがすのが大変で、安いのは、量が少なく何も入っていないので外に又買わねばならぬので、私の食事代だけで、七月三日(月)から大分使っているので、毎日ハラハラしての買物だけど、どうしても家にある今までの品物が、受け付けないので、少しずつ買って来ているが、お腹が太らないので困る。一日も早く、良くなって今まで通りの食事をしないと、お金のことで心配である。

七月一五日(土)　大安　上天気、暑い。（28・6度）
トイレにサニボンF
朝10時前、スーパー。キンピラゴハン280円、アズキアイス⑥480円、モメントウフ98円、キヌトウフ83円。（969円）
うちのヘイのブリキの板がはずれかかっているので、方々にセメンダインテープをはりつけて、少しは良くなった様である。後はたおれるのをふせぐために後日又、ヒモかけをするつもり。

七月一六日(日)　くもり、むし暑い。（27・9度）
朝8時少しすぎ本町スーパー。豆乳②160円、果汁④400円。（576円）
朝10時少し前スーパー。シロメシ160円、アズキアイス⑥240円、モメンドウフ98円。（512円）

七月一七日(月)　雨、むし暑い。（30・7度数）
朝一寸顔そりした。
朝、10時少し前スーパー。巻ずしいなり300円、アズキアイス⑥240円、福神漬118円。（677円）
うちのヘイのブリキ板がはずれかかっているのを今日もセメダインテープをはり、今日は隣の所や角家の倒れかかったり、はずれそうな所にも、セメダインテープを方々はりつけて、少しはみよくなった。

七月一八日(火)　又、朝刊が入らない。一一回目。
雨、くもり、少し冷える。（24・1度）

今朝又、朝刊が入らない。今年は今まで忘れず入っていたので、大丈夫と思っていたところ、とうとう今朝又、忘れられた。朝7時一寸前に電話したがはっきりしないので又、7時一五分すぎにかけて、7時半頃やっともってこられた。

朝9時少し前スーパー。小わけそば270円、アズキアイス⑥240円、コーンフレーク298円、モメンドウフ98円、キヌトーフ89円。(1、018円)

子供はパンスかえた。

七月一九日(水) くもり後はれ、少し冷える、あたたかくなった。

朝8時前、スーパー。小わけそば270円、カイソウサラダ230円、カルピスアイス⑥200。(721円)

朝10時頃魚力。しそこんぶ195×③585円、ゴマコンブ195円、モズク120×②240円、しょうが漬②140円、コーン100円。(1、297円)

国保平成七年一年分、10、080円

子供は、今日やっと冬の厚地シャツ、ズボン下をぬいで、クレープシャツと合の白半ズボンにかえた。

昨年夏、子供が着ていたクレープシャツ、ズボン下を今日やっと水洗いした。

国民健康保険料平成七年度一年分10、080円　これが本当の国保金額、お昼3時前にきた。前納分が1、680円おさめた。

七月二〇日(木) 国保前納分おさめた。平成七年はすみ。雨、夕方あがる。少し冷える。(27・1度)

朝9時すぎ、郵便局、平成七年度分の国保前納分おさめた。1、680円。平成七年七月分から、平成八年三月分まで全部おさめた。

その足でスーパー。アズキアイス240×②、480円、果汁100円、コワケソバ270円。(875円)

電気検針きた。今月より紙が変わり金額も知らせてある。1、678円　引下げ22円　夕方4時にきた。次は八月二一日。

七月二一日(金) 雨、むし暑い。(28・6度)

朝7時すぎ本町スーパー。豆乳②160円、果汁③300円、ジャンボコーン168円、一口アゲセン148×②296円。(951円)

朝8時すぎスーパー

大盛コワケソバ330円、モメンドウフ98円。(440円)

七月二二日(土) 雨、午後お天気になる。むし暑い。(29・5度)

朝一寸顔そりした。

その足でスーパー。コワケソバ270円、アズキアイス⑥240×②480円、モメンドウフ98円。(873円)
かえり三幸で。カボチャ300円。(300円)

七月二三日(日) お天気になる、むし暑い、大変暑い。(32・2度)
朝10時前、スーパー。ワラビモチ150円、アズキアイス240×②480円、コワケソバ270円、モメンドウフ98円。(1、027円)

七月二四日(月) 上天気、大変暑い(34・3度)
朝8時半近く本町スーパー。五目ちらしずし290円、果汁③300円、豆乳②160円、モメンドウフ98円、ゴボーサラダ160円1、038円
梅雨明けした。
今日は主人の命日
わらび餅。クラッカービスケット ブドウ。バナナ お茶お水 五目ちらしずし ゴボーサラダ 冷豆腐 お茶 お水
何時もまともなお供えも出来ませずにすみません。しっかり暑くなったので私はやっと夏パンスや夏ズボン下などにかえた。
今日やっと私のモーフ二枚干してなおした。

七月二五日(火) 上天気、きびしい暑さ。(35・9度)
朝10時少しすぎ不動産へ行ったがまだきておられないので、本町スーパーで買い物して、しばらく待ったら来られた。八月分の家賃、無事にすませて頂き有り難うございました。
朝10時すぎ、本町スーパー
五目ちらしずし290円、モメンドウフ98円、豆乳160円。(564円)
かえりに魚力。玄米シリアル398×②796円、きな粉③210円、しそこんぶ④780円、草餅⑤300円、黒も煮280円、コーン1g。(2、539円)
昨日より急に暑さがきびしくなって、子供は暑くてねれなく毎晩ほとんどおきている上に、汗でフトンがびっしょりで、今日は掛ブトンを干して直し、厚地シーツもはずし干したりしたがまだ十分でない。
ビニールの大きい袋をひらいて、二枚フトンの上にしき又、大きい紙もあてて、昨年が、子供はフトンをびっしょりぬらして大変だったので、今年は早目にしたが、やはり汗でぬらしている。昨年、特別ひどい猛暑だったので今年は、よいと思っていた所、梅雨明けと同時に今年もきびしい暑さで子供は、毎晩暑くてねむれないと、おき通ししているので、後で具合わるくならないかとハラハラで、私もあまりねむれないで苦しい。

七月二六日(水)　朝早く1時雨、はれたり、くもったり、毎日きびしい暑さ。（34・3度）

朝9時半すぎまで電気の支払用紙こないので、スーパーだけ行ってきた。

コワケソバ270円、果汁②200円、キヌトウフ83×②166円、アイスブロックアソート98円、森永アズキバー98円、アカギレシュウイリイチゴ59円、黒ゴマ②130円。（1、051円）

朝一1時頃やっと電気支払用紙きた。1、678円、引下げ22円。

七月二七日(木)　はれ、毎日きびしい暑さ。（34度）

朝9時半すぎ郵便局電気代七月分おさめた。1、678円

その足で平和通り先の魚屋さんで豆類180×②360円、岩のり150円。（500円）

八百屋さんで、オレンジ⑨350円。（350円）

今度はスーパーで、小わけソバ270円、コーンフロスト198円。（482円）

お陰様で、今月も皆支払いその他無事にすまさせて頂き有り難うございました。

七月二八日(金)　六畳のカーペットはずした。

はれ、毎日きびしい暑さ。（35度）

今朝思い切って六畳のカーペットはずした。

朝10時前スーパー。　コワケソバ270円、果汁②200円、キヌトウフ②160円、アカギ氷イチゴ59×②118円、ロッテスイカバー98②196円。（978円）

パン屋で、夕食がわりに、ラスク180円。（180円）

電気の笠も、両方とも掃除させてもらって有り難うございました。

七月二九日(土)　四畳半のカーペットはずした。

はれ、毎日きびしい暑さ。（33・8度）

今日は四畳半のカーペットをはずさせてもらった。

今年は私が、一月一七日(火)より今だに具合わるいのが、とれない上に、また、その上、七月三日(月)より、今度は食事が今だに思う様に食べられなくて、味がしなくて困る。腰はちぎれる程の痛みで、動きも、歩きも苦しいのでカーペットはずしなど出来ないと思っていたが、お陰様で無事に両方ともすまさせて頂き有り難うございました。

今年の暑さは、温度は昨年ほど高くはないが、毎日、毎日きびしい暑さの猛暑つづきが昨年よりひどく、いろいろと感じるのは、根に入っているみたいで、表面の暑さの昨年よりもかえってひどい感じを受ける。

七月三〇日(日)　はれ、毎日きびしい暑さ。(33・5度)

朝一寸顔そりした。

トイレ　サニボンF

昨年夜やすんでから何かぼんやりしていた時に(八月二七日)と言う文句が出たが何か分からない。

朝9時半すぎスーパー。コワケソバ270円、ドイツラスク⑦一八五円、グリコメッコ90円、果汁②200円、キヌトウフ83×②166円、シロゴマ65×②130円、ロッテスイカバー98円、森永アズキバー98×②196円。(1、375円)

今まで私は、いろいろと感じを受けて来たが、月日をはっきりと感じた事は一度も無い。昨晩八月二七日と月と日にちを感じたのは、初めてでこの八月二七日とは、何か訳が有って知らせられたのだろうか。その訳とは良い事か、悪い事か又、私と子供二人の事か、世の中の事か今は何一つ分からない。

七月三一日(月)　はれ、毎日きびしい暑さ。(34・1度)

朝、9時前、本町スーパー。豆乳②60円、果汁②28え円、ジャンボコーン168円、ラスク168円、一口アゲセン148②296円、ツブツブアズキ98円、パイシグレバーパイ、パイ氷菓子98円。(1、223円)

朝10時少し前スーパー。コワケソバ270円、キヌトウフ83円、ジャーマンスパイシーポテト190円、森永アズキバー九八×③294円、ロッテスイカバー98円、モリナガミゾレイチゴ59×②118円。(1、084円)

八月一日(火)　私は、髪をお湯でふいた。

大安、はれ、毎日きびしい暑さ。(35・4度)

毎日、毎日、きびしい暑さのために子供は、毎晩ねむれなくて、おき通しで、今朝などは朝4時一寸すぎにはもうおき上がって、おしっこに何回も行くなどおつい立ち早々から、変わった事などしてハラ、ハラである。

八月二日(水)　はれ、午後雷雨、毎日きびしい暑さ。(34・5度)

子供はクレーブシャツとクレーブズボン下、パンスなどきがえた。綿の半ズボン下は、処分した。クレーブシャツは水洗いした。

朝10時少し前スーパー。コワケソバ270円、ラスク⑩185円、キヌトウフ83円、森永アズキバー98×③294円、ロッテスイカバー98円、アカギレンニュー入りイチゴ59円。(1、018円)

平和通りトウフ屋。うの花200円

3時すぎ頃より、雷が大あばれして、後でつよい雨が久しぶりに降った。

八月三日(木) はれ、むし暑い、毎日きびしい暑さ。(34・6度)

ガス検針きた。②(九月五日)

子供のタオルケットのカバーがやぶれてしまっているので、真中にキャラコ布をずーとぬいつけた。カバーがないので、1時丈だから。

私は又、今日はふらつきがひどく、一寸動いても、ふらふらして苦しい。一カ月前の七月三日(月)よりふらついて丁度、一カ月目になるが、この頃は少しはかるくなっていたのが、今日は又、ひどく、ぶり返して気分悪く、うごけない。一日中氷でひやし通しで熱も取れない。

八月四日(金) はれ、日が強くてりつけている。毎日きびしい暑さ。(36・3度)

私は、おき立ちよりふらつきがひどく、一寸うごいても、よろよろと気分悪い、今日は買物に行くつもりだったが、くるしく、朝食後すぐに氷でひやして、やすんでしまった。うちに何もないので、苦しかったが、朝9時半すぎより、本町のスーパーに行った。

ラスク168円、果汁②200円、ところ天120×②240円、豆乳③240円、五目ちらしずし290円、キヌゴシドウフ98円。(1、273円)

水道の検針きた。⑧3、637円

八月五日(土) はれ、毎日きびしい暑さ。(34・3度)

朝8時半すぎ、本町スーパー。豆乳⑤400円、果汁③300円、氷菓子98×②、アメリカンチェリー196円。(922円)

朝9時半すぎ平和通り魚屋で、白福豆180×②360円豆腐屋。うの花200円。(200円)

平和通りスーパー。コワケソバ270円、スイカバー②196円、森永アズキ98×③294円。(782円)

私は、又八月三日(木)より、毎日ふらつきがひどくて、どうしてもとれなくて苦しい。

電話支払用紙きた。2、101円、3時半すぎきていた。

八月六日(日) はれ、夜一寸雷雨。毎日きびしい暑さ。(33・2度)

朝10時すぎ魚力。玄米シリアル398×②796円、おかし198×②296円、しょうが漬70×②140円、ラッキョ250g298円、ところ天98円、しそこんぶ195×④780円、テイッシュペーパー⑤328円。(2、921円)

私はふらつきと頭痛、熱が一向に取れなくて、毎日、一日中氷でひやし通しである。

大安　はれ、毎日きびしい暑さ。（32・9度）

朝一寸顔そりした。

八月七日(火)　朝9時半頃郵便局電話代七月分おさめた。2、101円

その足でスーパー。小わけそば270円、ジャーマンスパイシーポテト190円、アズキアイス、アカギアズキバー240×②480円、キヌドウフ83×②166円、ラスク185円、シロゴマ65×②130。（1、463円）

八月八日(火)　はれ、毎日きびしい暑さ。（35・3度）

子供のタオルケットの衿カバーにタオルをぬいつけた。

八月九日(水)　はれ、二、三日ひどくなった。毎日きびしい暑さ。（34・4度）

朝9時半すぎ本町スーパー。豆乳④320円、果汁④400円、一口アゲセン148×②296円八日、パンミルク100円、ジャンボコーン168円、うの花200円。（1、322円）

朝10時前スーパー。小わけそば270円、コーンフレーク298円、赤ぎレンニューイチゴ④180円、アカギアズキバー⑫240×②480円、ラスク185円、福神漬118円、コッペパン、ジャム、マーガリン880円。（1、667円）

ガス支払用紙きた。966円、引下げ6円　夕方4時頃きていた。

国民年金八月分通知書きた。

私の年金八月分の通知書がきた。8、5650円、夕方5時半すぎにきていた。

八月一〇日(木)　はれ後風強い。夕方雷雨　毎日きびしい暑さ。（35・2度）

朝10時すぎ、魚力。ところ天98×④392円、クッキー160円、あん入りおかし198円、しょうが漬70円、きな粉③210円。（1、060円）

テイッシュペーパー⑤328＋9。（337円）

おふきんを新しくおろし、アミタワシ、タワシ等も全部新しくおろした。

八月一一日(金)　はれ、毎日きびしい暑さ。（34・3度）

朝9時半すぎ郵便局ガス代八月分おさめた。九六六円

その足でスーパー。小わけそば270円、アカギアズキアイス242×②480円、キヌトウフ83円、果汁②200円、

チョコパン88円。(1、154円)
トウフ屋。うの花　200円
子供の年金免除の通知がきた。(平成七年度分のが。)
子供の平成七年四月から平成八年三月までの間の国民年金免除の通知書がきた。
四月七日(金)に昨年度分の平成六年四月から平成七年三月までの間の免除の通知書がきたが、今年の分は、今日まで来ないので、だめだとあきらめていた所で、今日、思いがけなく、今年の分も免除の通知書を頂きまして、お陰様で有り難うございました。何時もご心配おかけしておりましたが無事に解決させて頂き有り難うございました。

八月一二日(土)　はれたり、うすぐもり、毎日きびしい暑さ。(31・6度)
トイレ　サニボンF
水道支払用紙きた。3、637円、夕方4時半頃きていた。

八月一三日(日)　大安　はれ、毎日きびしい暑さ。(31・5度)
朝一寸顔そりした。
9時頃本町スーパー。宇治抹茶入り玄米茶150g300円、豆乳②160円、アロエドリンク②200円。(679円)
10時前スーパー。小わけそば270円、ラスク185円、ゴボーサラダ150円、キヌトウフ83×②166円、フルーツ氷菓子⑥200円。(1、000円)
私は、今年一月一七日(火)の朝、起立ちよりふらつきがして頭痛、心臓、はきけ、目まい、腰から全部のひきつる様な痛みなどがひどくて食事も食べられない程が半年以上、未だにさっぱりしない上に又、その上に七月三日(月)より、前にも増して、全身ひどい状態で苦しみ、今度は今まで長い間、食べてきた食べ物がどうしても食べられないのが、ひどくて、
毎日、毎日食べ物に困っているが、具合が直らない上に、又、又、同じ八月三日(木)に、一ケ月前の七月三日(月)同様にふらつきがひどく、頭痛、熱、心臓、特別それに腰。モモド、ヒザ、足、おしりとひきつる様な痛みが、毎日、毎日ひどくて、家の中での動きも苦しいが、外出の時はずーと腰、おしり、ももどをたたき通しでないと、歩けない程にひどい苦しみでどうもこうも、言い様がない毎日、毎日頭は氷でひやし通ししないと、苦しくてもてない。

八月一四日(月)　はれたり、くもったり、今朝は又、特別きびしい暑さ。(33・3度)
朝9時半近く郵便局、水道代七月、八月分おさめた。3、637円

その足でスーパー。小わけそば270円、コウゲンキャベツサラダ180円、ブルボンロアンヌ268円、ブルボンルナール278円、果汁アロエ②200円、アズキアイス240×②480円。(1、726円)

子供のヒゲをハサミ丈で切ってやった。

昨年の猛暑は、温度が非常に高く、きびしい暑さがしばらく続いたが、今年は温度は、昨年ほど高くないのに、身体に非常にこたえて苦しい。昨年のひどさでも、子供は一度も裸にならないし、一晩丈、ねむれないとて、夜通し起きて、フトンも何もかもびっしょりとぬらしてしまい、ビニール布を何枚もフトンにかぶせて、時々フトン干しをして、今年の暑さがひどくて、苦しいと、大変、苦しがっているが、

昨年はひどい猛暑でも子供は、一晩丈ねなかったが、後は昼も夜もやすみ通しで、シャツなどもキチンと着ていたが、今年はシャツが着られないとて、もう二十二、三日間、裸の上に、夜もほとんどねてないので、後でつかれが出て、具合が悪くならないかと心配しているが、今年は私も、昨年よりはひどく感じるし、何か暑さが根に入りこんでいる様な気がする。

私も、今年は今までのように着ておられない、初めから今年の暑さはひどくて、昨年よりこたえると、子供も私も言っていたが、表面の温度よりも、中にしみこんでいる熱さがこもって、外に出てないみたいで、身体には今年の暑さが非常にこたえて苦しい。昨年ひどかったので、今年は冷夏か普通の夏だと思っていたのに、二夏つづけてこんなにひどいとは思わなかった。同じ事の二回目は、かならずひどいと、外の事では感じていたが、まさか、猛暑つづきで、二度目がこんなにひどいとは思わなかった。

私は、今年一月一七日(火)からの病気が直らない上に又、七月三日(月)からひどくなって、今までの食べ物がどうしても食べられない上に、又、又八月三日(木)からは、よけいふらつきと腰から下がひきつる様な痛みで、一寸動く度にちぎれる様な痛みと、外を歩くのに二、三歩行ってはやすみ、腰、おしり、ももどと、しばらくたたかないと、動けぬ程で、頭痛と熱はとれないので、毎日氷で一日中冷やし通し。

1995年（平成７年）８月15日
～
1995年（平成７年）11月30日

覚え書き67

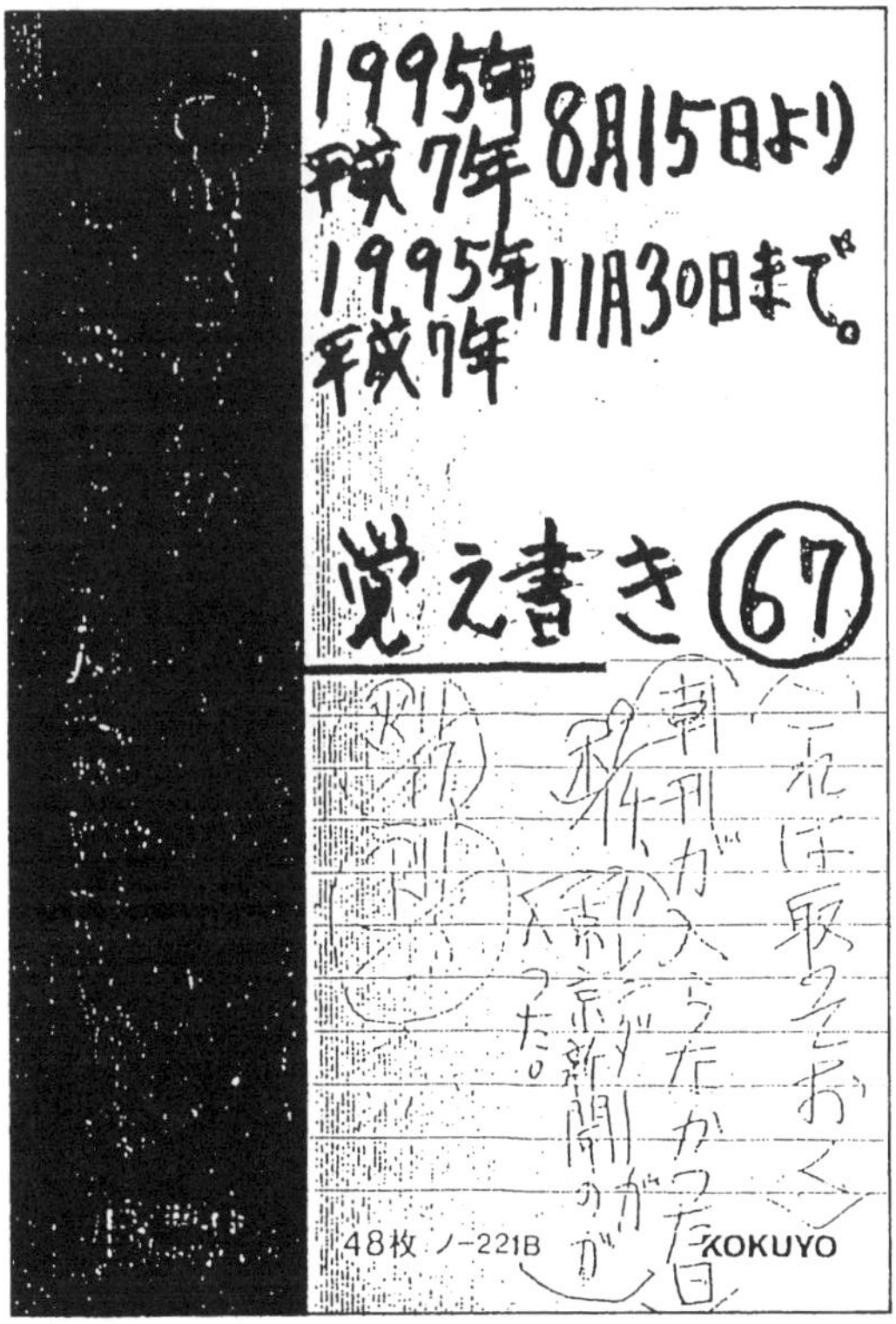

覚え書き㊼
一九九五年（平成七年）八月一五日より
一九九五年平成七年一一月三〇日まで

一九九五年、平成七年(亥年)

平成五年四月一九日(月)(酉年)
夕方、窓を開けて、外の草花を、ながめていた所。只。一筋の心在るのみと、言う、文句が、うかんで来た。

八月一五日(火)　はれ、毎日きびしい暑さ（３３・７度）

八月一六日(水)　はれ8月13日(日)より特にひどくなった。夕方雷雨、毎日厳しい暑さ。（３４・３度）
朝9時半頃、スーパー、小わけそば270、ミカワヤザ、ソフトオカキ118、ナビスコオレオクッキー188、福神漬118、アズキアイズ②240×②480（1209円）
うの花200円

八月一七日(木)　はれ、毎日きびしい暑さ。（３２・４度）
この頃の暑さは特別ひどい。
朝9時前、本町スーパー、五目ちらし290、豆乳②160、アロエドリンク②200、ジャンボコーン168×②336、一口アゲセン148、モメントーフ98（1268円）
朝10時すぎ魚力、398×②玄米シリアル②796、ところ天④98×④392、しそこんぶ③195×③585、きな粉③70×③210（2042円）
六月二六日(月)から400グラム千円で買ったお茶（五三日間あった。）名前カチョウサンが今日までで終り明日より宇治抹茶入り玄米茶（150g300円）

八月一八日(金)　はれたり、くもったり、毎日きびしい暑さ（３２・２度）
朝、9時すぎスーパー、アズキアイズ②240、アロエ果汁②200、キヌトーフ②83×②166、コーンフロスト198、黒パン⑦180。（1013円）
うの花（200円）
私は、この頃は、毎日、毎日腰から下、特におしりからモモドにかけてのひきつる様な、はげしい痛みで、家の中でも動けないが、買物に行く度に、歩けるのだろうかと、不安がひどく、二、三歩行っては、立どまっておしり、モモドをたたいたり、たたきながら歩いているが、痛みがはげしい。

近い内に銀行に、行かせて、もらわぬとお金が心配で不安である、年金の記入と、少しだけど、引出して、持っておかないと今後の生活が、出来ないので、早く、行かせて頂きたいが、近所でもやっと、歩いて、不安な毎日だから、池袋まで無事に行って、帰ってこられるかが、非常に、今気になっている。

子供の（わかもと）も、もうないので買わなければならぬが、今の私の様子では、一寸行けるかどうか、心配である。

毎日の暑さで、窓も全部開けて、子供一人おいてゆくのも不安で、どうしたらのよいのだろうか。まよう。

八月一九日(土)　はれ、又、特別きびしい暑さ。（35・6度）
私は頭痛、熱、特に腰、モモド、おしりとひきつる様な痛みがひどく、朝の内は、氷で頭を、ひやしながら休んだ。

八月二〇日(日)　はれ、日ましにひどくなってきた。一日、一日特別きびしい暑さがひどい（35・1度）
朝、9時前、本町スーパー、豆乳②160、果汁②200、ジャンボコーン168、ウメポテト138、オーチップサワーポテト138、ラスク②168×②336。（1174円）

八月二一日(月)　はれ、毎日、熱風がふきつけ日ましに、ひどくなる一方で、きびしい暑さつづき。（34・1度）
朝、9時すぎスーパー、黒パン⑦180、果汁②200、オカキミカワヤザソフト118、オニオンサワークリームポテト（トクヨウ）298、キヌドーフ②83×②166、アズキアイズ②240×②480。（1485円）
うの花200円
電気検針きた。2054円、引下げ31円　3時15分頃きた。（次は九月二一日）70km

八月二二日(火)　はれたり、くもったり、午後雷雨。毎日きびしい暑さ。（32・4度）
子供は、クレープシャツと、クレーブズボン下、パンスかえた。（シャツ、つまみ洗い、水で）

八月二三日(水)　はれたり、くもったり、一時ひえたが、まだ暑い。（31・3度）
朝、一寸顔そりした。
朝9時前、本町スーパー、バナナ④230、果汁③300、牛乳スズ190、マクビティバニラ258。（1007円）
朝、10時前スーパー、ラスク⑩185、ナビスコバタークッキー158、ナビスコオレオクッキー188、ゴマ白、黒②65×②130、キヌトーフ83。（766円）

うの花200円

八月二四日(木)　はれ、毎日きびしい暑さ。(35・3度)

朝、9時前本町スーパー、豆乳②160、果汁②200、五目ちらしずし290。(669円)

今日は、主人の命日、バナナ、スズ菓子。クッキー、せんぺい、その他、お茶、お水、五目ちらしずし、冷豆腐、お茶、お水。

何時も、同じ物ばかりで、十分のお供えも出来ませずに、すみません、何時まで、ここに、おられるのか、毎日不安で、たまりません。

八月二五日(金)　はれ、昨夜は特別又、きびしい暑さでねられなかった。特別ひどい暑さ。(35・1度)　大安

私共は、来月も、この家におられるのでしたら、今日、無事に家賃を、おさめさせて下さい。今後、どうなるか、不安でなりません。

朝10時すぎ、不動産、おられたので、九月分の家賃を、上げて、すぐにすませてもらった。

無事に、家賃を、すまさせて頂き、有難うございました、今の所は、来月も、この家に、おられるのでせうか、でも、家賃を上げたので、後のお金が心配です、一日も早く銀行から引出させて下さい、お願いたします。

そのかえりに、魚力、玄米シリアル398、ラッキョ250グラム298、きな粉③210、ショウガ70、ところ天98、しそこんぶ④195×④780。(1909円)

電気支払用紙きた。(2054円)　お昼頃きた。

トイレ、サニボンf

夕方6時15分頃、新聞集金きた。〈毎日夫人〉と紙袋3、850円

お陰様で、今日もいろいろと、無事にすまさせて頂いております。後は、電気代も無事すまさせて下さい。

八月二六日(土)　はれ、夜中もひどい。毎日きびしい暑さ。(34・4度)

朝、8時半前。本町スーパー、果汁(大)198、豆乳④320、ジャンボコーン168、一口アゲセン148 (859円)

朝9時半すぎスーパー、コーンフレーク298 果汁②200、アズキアイス②480、イトウラングリチョコクリーム178、黒パン⑦180、ブルボンカフェアルル185、キヌトーフ83、福神漬②118×②236。(1895円)

うの花200円

八月二七日(日)　はれ、毎日夜中もひどい毎日きびしい暑さ、

（35・4度）

新聞朝刊は、6時頃きた。

今朝新聞は、6時頃もってこられた。

八月二八日(月)　はれ、夜中もひどい、毎日きびしい暑さ。（36・4）

朝、一寸顔そりした。

朝、9時すぎ郵便局、電気代八月分、おさめた。（2504円）

明日は、何卒無事に銀行にお金の引出しに行せて下さい。その足でスーパー、果汁②200、氷イチゴ④180、アズキアイス②240×②480、キヌトーフ83。（971円）

うの花200円

私は今年一月一七日(火)の朝、起立より、全身具合が悪く、苦しみが取れないので、長い事、苦しみつづけていた上に、又、七月三日(月)より前にも増してひどい状態で苦しんでいる上に、又、又、八月三日(木)からも一つ、どうも、こうも、言い様のない、ひどさで、ふらつきと、腰、おしり、ももどなどは、ひきつる様な、ちぎれる様なたまらない痛み通しで。

歩く事も、立ったり、座ったりも、一ぺん一ぺん、たまらぬ程の苦しさで、ねても起きても激痛の仕通しで、外に、一歩でても、痛くて、しばらく、腰、おしり、ももどを、たたきながらや、立どまらないと、歩けない程の激痛で、外に、買物その他、何一つ、してくれる者もいないし、いろんな仕事や、買物してこないと、病人の子供に、食べさせられないので、無理の仕通しで、ひどくなっても、一向に、よくならない、

だけど、今は、お金が心配で、痛くて、歩けないけれども、明日は、ぜひとも、銀行に行せて頂き、少しのお金でも引出して、持っていないと、毎日が不安で何んとかるすの子供も、私も、無事に、明日は、銀行と、子供のおくすり、その他の買物などまで、無事にさせて頂いて、無事に、かえらせて下さい

何時も、外出して、歩けるのだろうか、帰れるのだろうかと、不安のままで、お願しながら、立どまっては、たたいたり、又、歩き、又立どまってたたくの、くりかえしをしながらでも、毎日何んとか、買物や、おさめ物などさせて頂いているが、銀行が遠いので、タクシーで行っても、大分歩かねばならないし、行く丈行っても、かえれるかが、心配である。

子供も、一人、残して、るすの事も心配で、どうしたらよいか、わからない。

八月二九日(火)　はれたり、くもったり、今日は少し丈すずしい。（29・9度）

東京の真夏日、三七日間で終った。七月二三日(日)より、八月二八日(水)までの間

朝八時半、銀行に行く様に、外に出たが、腰から下の痛みがひどくて、歩けない、休み、休み、たたきながら、やっと、通に出て、車で、銀行前まで、のせてもらった。
お陰様で、年金の記入と、引出し（85、000）無事に、引出ださせて頂きまして、有難うございました、長い間、毎日、毎日、ご心配おかけ、いたしまして、本当にすみませんでした。でも、途中、どうなり、歩かせて頂き、るすの子供も、何事もなく無事お世話様になりました。有難うございました。ご無理なお願のみ、いつも申しまして、すみません。
明治堂、わかもと1、980と、私のシップ剤980。（3、048円）
太子堂大福⑥360、ジャム入りビスケット400。（760円）
私のシップ剤は、痛みがひどいのと、長い間の苦しみで、買って来たけれども、はれない。カブレるおそれがあるので。
タクシー代920円

八月三〇日(水)　はれたり、くもったり、一寸丈すずしい。（三〇・八度）
朝9時半すぎ、スーパー、黒パン⑦180、キヌトーフ②83×②166（356円）
うの花（200円）
クリネックス⑤378＋11、手前の赤札堂（389円）

八月三一日(木)　くもり時時雨、むし暑い。（29・5度）
子供は、クレープシャツと新しいクレープズボン下、パンスなどかえた。
お陰様で今月も、すべて済まさせて頂き有難うございました、来月や、今後も何かと、よろしくお願いたします。私と、子供は、今後どこで、どんなにして、生活してゆくのか不安でなりません、お金がなくて、生活出来ません、どんなになるのでせうか。

九月一日(金)　はれ、後に、暑い、少しすずしい。（34・2度）

九月二日(土)　はれたり、くもったり、むし暑い、風つよい。（三〇・五度）
今朝新聞は、七時近くもってこられた、又、入れ忘れで、電話と思っていたので、入れてもらって助かった。
朝、9時前、本町スーパー、果汁④400、ラスク②168×②336、ジャンボコーン168、一口アゲセン②148×②296。（1236円）
朝9時すぎ、スーパー、コーンフロスト198、甘食180、

キヌ豆腐83、福神漬118。(596円)
うの花(200円)
朝10時すぎ、魚力玄米シリアル②398×②796、ビスケット②ゴマリンカケ248、208、抹茶入り玄米茶200g300、しそこんぶ⑥195×⑥1、170、きな粉⑤70×⑤350、しょうが漬70、玉子パン100、サランラップ②148×②296。3142円より二割引。628円引(2997円)

九月三日(日) 雨、はれ、くもり、むし暑い、風つよい。(31・3度)
この二、三日、夜中もひどい暑さ。

九月四日(月) 大安、はれたり、くもったり、むし暑い。(30・5度)

九月五日(火) はれたり、くもったり。少しはすずしい。(29・5度)
朝から横のヘイのはずれ、かかっているのに、又ビニールテープを、方々、はりつけてきた。前していたのは、風で、はげてしまっているので、これも、何時まで、もてるのだろうか、はずれてしまったら、家の中がまる見えする。

朝、9時前、本町スーパー、豆乳②160、果汁㊅、オーチャートピー198、アロエドリンク100、ゴボーサラダ200、ジャンボコーン168、ラスク168、一口アゲセン148(1、176円)
電話支払用紙きた。2121円、午前中にきていたのだろう、2時すぎ行って、来ていたから。
ガス検針きた。②(一〇月は四日)

九月六日(水) はれたり、くもったり、少しひえたり、むし暑かったり(28・8度)
朝一寸、顔そりした。
朝、9時すぎ、郵便局、電話代2121円、八月分おさめた。その足でスーパー、黒パン⑦180、果汁②200、黒アメ165、イトウチョコチップクッキー178、カイモノセンカ200、カリントウ・エビセン65×②、トウハトオールレーズン135、キヌトウフ②83×②166、黒ゴマ②65×②130(1394円)
うの花200円

九月七日(木) はれ、少しすずしい、後、むし暑く、夜中も暑い。(32・1度)
朝、7時半頃、区役所より敬老金、(5千円頂く)

今朝もヘイにビニールテープをはりつけてきたが、たりなかったので、又、何時か、しなければ出来ない。

今、お金に心配している時に、5千円の大金を頂いて、大変助かります、有難うございました。

トイレにサニボンF

九月八日(金)　うすぐもり、雨一寸ふった。ひえたり、むし暑かったり、(27・1度)
朝、9時半すぎ本町スーパー、豆乳②160、果汁オーチャードビー198、アロエ。アップ果汁②200、ラスク⑫168、ジャンボコーン168、一口アゲセン148。(1073円)
今朝も一寸ヘイにテープをはってきたが、、ジャマ物があって、されなかった。

九月九日(土)　はれ、むし暑かったり、少しすずしい、(28・4度)
八月一八日(金)から本町スーパーで買った(二二日間あった)宇治抹茶入り玄米茶一五〇gを、のんでいたが、今日まででおわったので、明日より、魚力で買った抹茶入り玄米茶(200g三〇〇円)を、のむようにしている。
朝、9時半すぎ、スーパー、黒パン⑦180、コーンフレーク298、カルビーエビセン110、流しのゴミ袋水切り40枚135、モモ。ナシカンズメ②200、黒ゴマ③65×③195、福神漬118。(1273円)
うの花200円

九月一〇日(日)　大安、一時一寸雨、はれたり、くもったり、少しひえ、少しむし暑い、夜中まで、大変むし暑い。(29・1度)

九月一一日(月)　はれ、日がつよく暑い、又、真夏の様な暑さ。(35・8度)
朝、8時すぎ本町スーパー、豆乳②160、果汁④400、ラスク②168×②336、サワーソフトオニオン128。(1054円)

九月一二日(火)　はれ、少しひえたがまだ暑い、(29・4度)
朝一寸顔そりした。
朝、9時すぎスーパー、コーンフロスト198、黒パン⑦180、黒アメ165、福神漬118、ダガシ屋のアメ玉145。(830円)
うの花200円
ガス支払用紙きた。(966円、引下げ6円。)夕方4時半すぎ行った。

九月一三日(水)　はれ、少しひえ、少し暑い、(38・4度)

朝、9時すぎ、郵便局、ガス代966円、九月分おさめた。

その足でスーパー、キフドーフ②83×②166、エビセン②200（376円）

三幸、カボチャ（300円）

九月一四日(木)　うすぐもり、少しむし暑い。

今朝又、朝刊が入らない（一二回目）

今朝又、朝刊が入らない、どうしてうち丈は、何時も、忘れられるのだろうか、今度の販売店になってからで、今まで外ではなかったのに。

朝、7時少し前に電話したが、20分すぎても、こないので、又電話して、七時半頃、新聞、もってこられた。(夕刊の人が)

朝、8時すぎ、本町スーパー、果汁④400、ジャンボコーン168　一口アゲセン148（737円）

昨日ヘイが風でたおれそうで、ヒモで、しばってきたが、皆古いので、よくしまらぬ、ボロ、ボロになっている。

さお竹のはしに、カブセテあるのが、はずれたので、テープで、はりつけたけれど。

朝、10時魚力、ホクシーティッシュペーパー378、おかし100、玄米シリアル②398×②796、ビスケット248、おかしサツマイモ198、きな粉③70×③210、ショウガ漬70、しそこんぶ④195×④780。(2863円)

朝、11時半頃、町内より敬老の品、冬パジャマを頂いた。

九月一五日(金)　雨、後くもり、少しひえる。(22・4度)

朝刊が入らない。7時半頃きた。今朝も、七時すぎても、朝刊が、入らない、電話も通じない。忘れたのか、後でくるのか、昨日は忘れて、電話して、もってこられたが、今日は、何回、電話しても通じない。

7時半頃やっと、通じてまもなく、もってこられた。新聞がおそかった由。

お昼、12時頃、豊島区からとて、私に喜寿の祝として、上等の綿厚地シーツを三越から、とどけられた。私は、十二月十八日が、七十七歳になると、言ったけれども、当然だと、言って渡された。町内の人

九月一六日(土)　大安、雨、台風一二号が関東に近づいている由(大型)、少しすずしい。(21・4度)

朝、8時頃、スーパー、コーンフレーク298、黒パン⑦180、甘食⑧180　トーフキヌ83、黒ゴマ③65×③195、アメ玉145。(1113円)

うの花200円

子供は、今日朝の内まで真夏のクレープシャツ上下でどうし

ても、着なかったのが、やっと、着た。子供、合の少し厚地うすみどり長袖シャツに合の少し厚地メリヤスズボン下。パンツ、合、冬の少し厚地オープンシャツ、合のズボン。合のパジャマなどに、かえた。

九月一七日(日) 昨日から一ぺんに、寒くなって、冷え方がひどい、私も半袖シャツや、ズボン下など、いろ〳〵とかさねた。

雨台風一二号が、はっきりしない。ひどい雨も午後には冷える。はれた。(17・1度)

一二号台風のために、うちの玄関のドアの上から雨がふりこんでいるのと、トイレの窓の上から、どん、どん雨がふりこんで、一ぺん、一ぺん、しぼるのに、いっぱいたまっている。早く去って下さい。

九月一八日(月) はれたり、くもったり、少しひえる。(24度)

お陰で、たいした事もなく、台風が無事さってもらって、本当に助かった、有難うございました。

お昼、2時頃より本町スーパー、オーチャードピー198、果汁100、サワーソフトオニオン128、ジャンボコーン168、一口アゲセン148、ラスク②168×②336。(1110円)

九月一九日(火) はれたり、くもったり、むし暑い。(24・3度)

子供のフトンなど、一寸干したけれども、日が、ぬるくて、十分でない、又、干してから、頂いたシーツに、かえてやるつもり

九月二〇日(水) はれ、くもり、少しむし暑く、少しひえる。(25・5度)

私は、髪をお湯でふいた。私は髪毛を、お湯でふいた、六月にしたきりで、子供のマクラが、去年、今年と暑さで、びっしょりぬいているので、又、布をかぶせる。昨年もかぶせたけれど。

九月二一日(木) はれ、あたたかい。(24・6度)

トイレにサニボンF

今日は上天気の様で、又、子供のフトン干したけれど。時々、くもるので、十分ではない。

電気検針きた。(1803円、引下げ25円) 2時45分頃きた。次は一〇月二〇日(56㎞)

九月二二日(金) 大安、はれ、時々くもり、少しあたたかい。(23・3度)

朝、一寸顔そりした。

朝、9時前スーパー、黒パン⑦180、甘食⑧180、黒ゴマ②65×②130、コーンフレーク298、ナシ果汁100、キヌトーフ83、福神漬118、アメ玉145。(1271円)

うの花200円

朝10時すぎ、魚力、マイスモーレティッシュペーパー348円、玄米シリアル②398×②796、きな粉③70×③210、しそこんぶ②195×②390、サツマイモせんぺい198、ビスケット248、しょうが70、おかし100。

(2430円)

九月二三日(土) はれたり、くもったり、少しあたたかい。(25・4度)

朝、8時すぎ、本町スーパー、三色餅198、ジャンボコーン168、果汁④400、一口アゲセン148、サワーソフトオニオン128。(1073円)

九月二四日(日) 雨、むし暑い。(25・2度)

今日は、主人の命日。三色餅。サツマイモせんぺい。クッキー。この他。お茶、お水、黒パン。甘食パン。福神漬。お茶。お水まともな、お供えも出来ませずすみませんでした。

お昼近く、国勢調査の紙を、女の人がもってこられた。〈略〉と、調査員の人、かいてある。今日、一通り、書いては、いるけれども。

お金がないので、電話を、何とか、買取ってもらいたい。その他、お金になる物を質屋などに、もっていくつもりだけど、私が、腰から下がいたくて、歩けないので、すぐに出来なくて困っている。

八月二五日(月) はれ、大変暑い。(31度)

朝、不動産のかえり本町スーパー、果汁②200　206円

朝、10時すぎ、不動産、家賃、一〇月分を上げてきた。無事すまさせて頂きまして、有難うございました。

けれども、家賃は、おさめさせて頂きましたが、生活費がありませんし、来月も、家賃をおさめたら、後、生活費がないので、不動産のかえりに、質屋をさがして、たずねたが、何んでもは出来ない、電気品丈と、言われたが、うちのは十年以上の品で、お金にはならないし、今後どうやって、生活したらよいか、毎日、不安で、何時まで、ここに、おられるのだろうか、私と子供は、どうなるのだろうか。

夕方六時四五分頃、毎日新聞集金きた。夕刊と一緒に、毎日夫人と、紙袋は、入れてある。(3、850円)

九月二六日(火) 雨、くもり、むし暑さ、(23・4度)

今朝の朝刊に、毎日新聞のカレンダーは、入らないで東京新聞のカレンダーが入れてあるが、間違って入れたものか、後で

毎日のは、入るのかわからない。
今日も、国勢調査の紙、かきなおしたりした。

九月二七日(水) くもり、むし暑い。(26・8度)
電気支払い用紙きた(1803円)。お昼近くきたのだろう。
朝、10時すぎまで来てなかった。(引下げ25円)

九月二八日(木) 大安、はれ、時々くもり、風は、つめたいが少し暑い。(27・7度)
朝、9時前、郵便局、電気代1、803円、九月分、おさめた。
その足でスーパー、甘食⑧180、黒パン⑦180、キヌトーフ83×②166、コーンフレーク298、アメ玉145、果汁100(1、101円)
お陰様で、今月も無事に、すべて、おさめもの等も、すまさせて頂きまして、有難うございました。今後共よろしくお願いたします。

九月二九日(金) はれたり、くもったり、風はつめたい。あたたかい。(26・4度)
朝刊が七時頃きた。今朝、朝刊は、7時頃きた。
朝、8時少しすぎ、本町スーパー、果汁③300、ジャンボコーン168、ヤキタテサラダ168、一口アゲセン148(807円)

九月三〇日(土) はれたり、くもったり、時々暑い。(25・1度)
お陰様で、今月も、無事におわり、有難うございました。

一〇月一日(日) はれたり、くもったり、少し暑い。(25・8度)
十一時頃、国勢調査の紙に書こんだのを、受取にこられた。

一〇月二日(月) 雨、くもり、後はれ、むし暑い。(27・8度)
子供は四十一歳の誕生日。子供は、今日、四十一歳の誕生日を、迎えさせてもらった。
朝、一寸顔そりした。

一〇月三日(火) 上天気、後くもり、又、はれ、大変暑い。(二七・三度)

一〇月四日(水) 大安、はれたり、くもったり、むし暑い(26・4度)

朝、8時すぎ、本町スーパー、宇治抹茶入り玄米茶150g300円、ジャンボコーン②336、サワーオニオン128、果汁③300、玄米コマルセンペイ198（1299円）
朝、10時すぎ、魚力玄米シリアル②398×②796、ビスケット②220×②440、しそこんぶ④195×④780、きな粉③70×③210、サツマイモセンペイ198、しょうが漬②70×②140、パン屋（食パン一斤363円）
（2、640円）
電話支払用紙きた。（2132円）夕方四時前にきていた。
ガス検針きた②（一一月は六日に）

一〇月五日(木)　はれたり、くもったり、むし暑い。（25・1度）
朝9時頃郵便局、電話代、九月分おさめた。（2132円）その足でスーパー甘食⑧180、果汁②200、キヌトウフ83、アメ玉145、ゴボーサラダ150　（780円）
水道検針きた⑨（3637円）

一〇月六日(金)　はれたり、くもったり、少しひえる。

（22・5度）

子供のフトン冬仕度した
朝早く、年金の通知書が、郵便受に、入っていたが、昨日五日にきたのだろう、有難うございました。

子供が急に、寒がり出したので、子供の敷フトンの上に、モーフと、厚地の冬シーツをのせその上に丈、今度（喜寿）で頂いた綿の厚地シーツをのせてその上に又、新しい厚地の黄色い冬シーツをのせて、タオルケットに、モーフ、掛ブトンと、子供は真冬なみにしてやった。

今までいくら言っても、フトンをかけなかったので、風邪引いているのだろう、寒がっている。

電気の傘両方共掃除した。

子供はコール天のオープンシャツと厚地の冬ズボンにかえ、クツ下も冬物二枚はいた。お陰様で、今は、一通り冬支度を、子供は、させて頂きましたが、お金がありませんので、今の冬のカーペットが、買えませんし。

又、何時まで、ここに、おられるのか、家賃を上げたら、生活費がありませんので、食べて行けないし、二ケ月に一ぺん（85650円）年金を頂いても、全部家賃に出して仕舞って又、二ケ月だから、毎月の家賃が、払えません、今年一ぱいも、おられるかどうか、不安で、毎日、毎日、心配しております。

一〇月分の年金通知書がきた。

私の年金の通知書が、昨日きていたのだろう。入っていた。

（85650円一〇月分）

一〇月七日(土)　はれたり、くもったり、ひえた、むし暑かったり。（19・6度）
今朝、朝刊は、6時近く頃きた。
トイレ、サニボンF

一〇月八日(日)　雨、一日中、よくふった。ひえたり、むし暑かったり。（16・1度）

一〇月九日(月)　くもり後一寸ひえる、はれた。日中は、いくらかあたたかい。（20・8度）
朝、8時一寸すぎ、本町スーパー、ラスク168　果汁④400、サワーソフトオニオン②128×②256　（848円）

一〇月一〇日(火)　大安、はれ、時々くもる。少しひえる。（20・4度）
朝一寸顔そりした。
九月一〇日(火)より魚力で買った抹茶入り玄米茶200g300円（三〇日間あった）を今日まででのみおわり、明日より、又、本町スーパーで九月九日(金)に買った宇治抹茶入り玄米茶150g300円を、のむように、している。

一〇月一一日(水)　はれたり、くもったり、ひえる、（21・3度）
朝、9時少し前、スーパー、黒パン⑦118、果汁②200、福神漬118　ヤキタテショウユ168、アメ玉145。（835円）
うの花（200円）

一〇月一二日(木)　少しひえ少しあたたかい。（21・2度）
ガス支払用紙きた。（966円、引下げ6円）夕方3時半頃、きていた。

一〇月一三日(金)　一時朝雨、くもったり、てったり、あたたかい、（24・9度）
朝、9時、郵便局ガス代966円、一〇月分おさめた。
その足でスーパー、甘食⑧180、カメダソフトサラダ⑳168、ヤキタテショウユ168、黒ゴマ②65×②130、トウフ83（750円）
朝、10時すぎ、魚力、玄米シリアル②398×②796、サツマイモセンペイ198、しそこんぶ③195×③585、ビスケット220、しょうが漬70、バターココナツ②120×②240円。（1925円）

一〇月一四日(土)　はれたり、くもったり、少しあたたかい。

（２４度）

朝、８時少しすぎ、本町スーパー、果汁④４００（４１２円）

子供は、今月一〇月一日(日)よりきついてと言って朝、一回食事に起きた後は、すぐにフトンに、やすんでいるが、一寸起きては、すぐに、フトンにやすみ通しで、どこが悪いのか、ただきつい丈言ってはっきりしない、ひどい病気にならぬとよいけれども。

今、子供に、何事か有っても、私一人では、どうする事も出来ない。一日も早く良くなります様に、お願いたします。悪くなりませぬように。

水道支払い用紙きた。（３６３７円）午前中にきた。お昼頃、入っていた。

一〇月一五日(日)　はれ、少しひえ、少しあたたかい。（２４・２度）

私は、ここ、何日か、夜中に左り下腹のいたみと、胃のいたみがしているが、食事をすると、おさまるので、よかったと思っていたところ、今朝は朝食すんだ後、すぐから、お腹全体が、痛み出して、しっかりお通じがあった上に、下りまでしたが、冷えのためだろうか、いくらズボンをはいても冷えが、ひどくて困る。

一〇月一六日(月)　大安、くもり、雨、後はれ、少しあたたかい。（２４・４度）

朝、一寸顔そりした。

私は、今朝も下りした。私は、相変らず何カ月と、腰のひきつる様な痛み、えぐられる様な痛み、ちぎれる様な痛みが、いつまでも、取れないで、外を歩く時は、二三歩、行っては、立どまって、たたき、しばらく行っては又、立どまってたたかないと、一歩も行けない程に、痛みがひどくて、家の中でも、立つ事も、すわる事も、ねても痛み通しで苦しい。

朝９時郵便局、水道代３６３７円、九月、一〇月分おさめた。

その足でスーパー、ジャンボコーン１００、トウフ８３、果汁②２００、黒パン⑦１８０。（５７９円）

うの花（２００円）

一〇月一七日(火)　上天気、あつい、夜中もあつい。（２７・５度）

朝、９時少し前出かけて、第一勧銀で、年金の記入とお金（８万７千）引出させて頂いた。心配していたが、無事に行かせて頂き、無事にすまさせて頂きまして有難うございました、ご心配おかけいたしました、るすも無事有難うございました。

明治堂はわかもとが無かったので、又、何時か、行かねば出来ない。

太子堂、串ダンゴ⑤200、人形焼200、甘納豆250。(六七〇円)

一〇月一八日(水)　はれたり、くもったり、大変あたたかい。(25・7度)

私は髪の後と横を切った。

私は、髪の後と、横が、のびているので切ってふいた。前は三月一五日(水)、六月二九日(木)にしていた。

今まで、十何年間使っていたヤカンが、中が、白く、方々もり上っているので今日、思いきって、私が十年前くらいに髪洗う時丈わかしていた新しいヤカンにかえた。

一〇月一九日(木)　はれたり、くもったり、あたたかい。(25度)

朝、8時、本町スーパー、果汁④400、ジャンボコーン②168×②336　サワーオニオン128。(889円)

私は朝食後、すぐから、お腹が、いたみ出して、今日も、大分、下りした。病気でないと、よいけれど。

一〇月二〇日(金)　はれたり、くもったり、あたたかい、風がつよい。(23・1度)

朝刊は6時すぎ来た。女の人に代った。今朝、朝刊は、6時10分すぎ頃きたが、今度は女の人に交代している。

私は今朝も胃の調子が悪く下りした。

3時一寸前に、電気の検針がきた。四〇K(一一月は二一日)1518円、引下げ18円

一〇月二一日(土)　はれ、ひえたり、少しあたたかい。(22度)

朝、9時スーパー、甘食⑧180、カメダソフトサラダ⑳168、福神漬118、やきたてしょうゆ168。(653円)うの花200円

朝、10時一寸すぎ明治堂に(わかもとの大)きているかたずねた。きているとのこと。

一〇月二二日(日)　大安、うすぐもり、冷える。(20度)

朝一寸顔そりした。

今日は無事に、わかもとなど買いに、行かせて下さい、るすもよろしくお願いいたします。

朝、9時半頃、くもってはいたが、思いきって出かけて、行きも歩くつもりにしていたところ、外に出た時から非常に、腰、おしり、ももどと、引つき様な痛みがひどくて、どうしても、歩けないので、行きだけは、もったいないお金丈ど、車に、のらさせてもらい、帰りは無理して歩いてきたので、後非常には

げしい痛みで困っている。
明治堂にゆき、わかもと198〇円（2039円）
太子堂で明後日の二四日の主人に、お供物とさがして、いろいろあったが、二四日まで皆はもてない、フダン食べない物ばかりだから買ってはきた。八ツ橋⑦230、お正月に買っていた、やわらかい餅に、アンをまぶした物⑤160円、茶饅頭⑧220、甘納豆300g200（834円）
タクシー650円
かえり平和通り、八百屋で柿⑤580円

一〇月二三日(月)　はれ、少しあたたかい。（21・7度）

子供は散髪した。

今日、子供はやっと、散髪と、ヒゲ切りした。電気カミソリも使った。電気カミソリの刃を、新しく変えた。前は六月三〇日(金)。三月一七日(金)にしている。

お陰様で、子供の散髪も無事すまさせて頂き、私も先日、無事させて頂き、昨日は、無事（わかもと）など、買物に行せて頂きまして、何時もご心配おかけ致しまして、すみません、有難う、ございました。今後共、よろしくお願いたします。

私は、何か月と、相変らず、腰、おしり、モモドが、ひきつる様な痛みがひどく、一向に良ならない、なおるのだろうか、苦しい。

子供は綿入り白シャツと厚地白ズボンと、パンスと、新しい毛の真冬の茶のシャツ上下を、かさねて着た。

一〇月二四日(火)　はれたり、くもったり、少しあたたかい。（20・7度）
朝、8時半すぎスーパー、果汁②200、黒パン⑦180、ゴマ②65×②130。（525円）
うの花200円
今日は主人の命日、柿、八ツ橋。大、小のせんべい。甘納豆、サワーオニオン等。お茶、お水、黒パン、うの花、お茶。お水何時も、まともなお供えも出来ませず、すみません、お許し下さい。

一〇月二五日(水)　はれ、少しあたたかい。（23・8度）
今日は、無事に、一一月分の家賃をおさめさせて下さい。後、私共は、どんな生活をして行くのだろうか、家賃を払ったら、生活費がないし、家賃を払わないと、おい出されるし、どうしたらよいか、毎日、毎日、不安である。
朝、10時少しすぎ、不動産、おられたので、一一月分の家賃を、すぐに、上げてきた、お陰様で、無事に、すまさせて頂きまして、有難うございました。
かえりに、魚力で、玄米シリアル②398×②796、ビス

ケット220、しそこんぶ④195×④780、イモセンペイ198、きな粉③70×③210、しょうが漬70。（2342円）

お昼、一時五分すぎ頃、毎日新聞集金きた、毎日夫人は、忘れたので、今月、明日夕刊に入れると言われて、紙袋丈もらった。（3850円）

一〇月二六日(木)　大安、はれ、少しあたたかい。（23・1度）

トイレ、サニボンF

一〇月二七日(金)　はれ、少しひえる。（22・4度）

朝8時本町スーパー、果汁④400、サワーオニオン②128×②256、ジャンボコーン②168×②336。（1021円）

＜毎日夫人＞は昨日夕刊に入ってきた。

電気支払用紙きた。今月より郵便になって、夕方きた。

（1518円、引下げ18円）

一〇月二八日(土)　はれ、少しひえる。（19度）

朝、8時半スーパー、コーンフレーク298、果汁②200、甘食⑧180、豆腐83。（783円）

私は、今朝、起立ちより腰から下の痛みがひどくて、買物に行けるかと心配しながら、出かけたが、一歩外に出たとたん、特別痛みがひどく、たまらぬ程の苦痛で、一寸行っては、立止って、たたいたり、さすったりで、足の下の方まで、しびれる程の痛みで、その痛さ、痛さを、ガマンしながら、無理に、歩いて来たが苦しい。

一〇月二九日(日)　うすぐもり、ひえる。（18・6度）

一〇月三〇日(月)　はれ、少しひえ、少しあたたかい。（22・4度）

朝、9時少し前、郵便局、電気代1518円、一〇月分おさめた。

その足でスーパー、ナビスコオレオクッキー188、果汁100、トウフ83、黒パン⑦180、グリコ、コメッコホタテアジ90　（660円）

うの花（200円）

私は腰から下が、ちぎれる様に痛かったが、無事に、今日も歩せて頂きまして有難うございました。

一〇月三一日(火)　はれたり、くもったり、ひえたり、あたたかかったり。（25・8度）

お陰様で、今月も無事にすまさせて頂きまして、有難うございました。来月も、又、何かと、ご心配をおかけいたしますが、どうぞ、心配なく、生活出来ます様に、すべてで、よろしくお願いたします。

すべての支払、おさめ物に、毎日の生活費などで、不安な、日、日を送っておりますが、問題が、おきたり、行きずまる事など、有りませぬ様に、何卒よろしく、お願いたします。

一一月一日(水) 大安、はれ、少しひえ、少しあたたかい、(23・9度)

朝、一寸顔そりした。

一一月二日(木) はれ、少しひえる。(19度) 朝、8時、本町スーパーサッポロポテト118、ジャンボコーン②168×②336、果汁④400 (879円)

朝、10時すぎ魚力、しそこんぶ②195×②390、玉子パン100、しょうが漬70、ビスケット220、イモセンペイ198、サラダソフト⑳甘塩158。(1170円)

一一月三日(金) はれ、少しひえる。(18・5度)

一一月四日(土) はれ、少しひえる。(20・7度)

電話支払用紙きた(2101円)、夕方四時頃きていた。

一一月五日(日) はれ、少しひえる。(18・8度)

一一月六日(月) はれ、少しひえる。(19・5度)

朝、9時頃、郵便局、電話代2101円、一〇月分おさめた。その足でスーパー、甘食⑧180、果汁②200、黒ゴマ、白ゴマ②65×②130、イトウチョコチップクッキー16枚178。(708円)

うの花200円

小林果物店、キャラメルコーン100、バターココナツ120(220円)

ガス検針きた③(一二月は五日)

一一月七日(火) はれ、少しひえる。(19・4度)

私の腰痛は、日に、日にひどくなる一方で良なりそうもない。大安、今朝がた、まだ目がさめない、夢現の中で、ラッキーノーと言う若い女の声がして、今度は中年くらいの男の広い声でノーとか文句がわからなかったが、又、女の声で、ラッキーノー、男の底い声で?が言われていたが、だんだん女の声がハッキリとして、男の声は、だんだん、分からなくなって、言ったが、次、次と、同じ事を、くり返しながら、一〇回くらいは言われたと思う後の方は、何回も何回も、ハッキリと、女の声をきいて、目がさめたので、時計を見たら二時すぎから三時近くだったと思うが。

この言われた文句は、良いのか、悪いのか、ラッキーと言う文句は始めから終りまで、ハッキリと、わかっているがノーと言われたのか、どうゆう意味か、それは、分からない。

最後まで、女の声、男の声で、交代に、言われたが、男の言われた文句が始から、最後まで、分からなかった。

何か、訳が有って、きかせられたのか、邪魔が言ったのか、良い事か、悪い事か、今日は七日と言う良い日ではあるが。

一一月八日(水)、はれ、少しひえる。(20・8度)
今朝は、又、ねている時に、(二、二、九)と丈わかったが、何んの事か、わからない。今まで、一回も、言葉をきいた事もなく、まして、ハッキリと何回も何回も、ラッキーノーと、くどいくらいに一一月七日(火)、朝のはひどかったのでおかしいと思っていたところ、今朝(二、二、九)と感じたので、今夜、フトンに、やすんで、しっかりと、考えたところ、邪魔が、(二二九　フフク)を、言っていると言う感じを受けて、そうだろうと、なっとくした。

一一月九日(木)、はれ、かなりひえる。(16・8度)
朝、9時前、本町スーパー、ジャンボコーン②168×②336、チーズスナックアラレ128、果汁④400、サッポロポテト118。(1011円)

一一月一〇日(金)、はれ、ひえる。(18・5度)
朝、一寸顔そりした。
朝、9時すぎ、スーパー、甘食⑧180、コーンフレーク298、果汁②200、福神漬け118、トーフ83。(905円)
うの花200円
私の腰から下の激痛のひどさは、もう、たまらぬ程の苦しみで、良くなるどころは、一日一日と、ひどく成る一方で、家の中でも、一寸でも立っておれない。
台所でも、何秒どころか、ぜんぜん立つ事も、出来なく、なってしまった。まして、外出は、なるべくしない様に、何日分も、買だめしていても、用件もあるし、ついでに又、買物も、してくるが、家を、一歩出た時から、もうぜんぜん、歩けない。
家の外で、しばらく、腰、おしり、ももど、足と、たたいたり、さすったりして、やっと外に出ても足が、ひきつる様に、腰、おしり、ももどの痛みで、動けない、二、三歩、歩いては、しばらく、立止って腰。おしり、ももどをたたき、又、一寸行っては、腰、おしり、ももどを、しばらくたたかないと、ぜんぜん歩けない。
片方づつの足で、ひきづる様にして歩いているが、その苦しさ激痛のひどさで、どうもこうも、ただ、苦しい。
病気でなく、邪魔のせいで、私はすべてで、ひどい目を、受けているので薬も、のめないし、付ける事も出来ない。
今まで何十年と、邪魔のためとは、訳を、知らなかったので、あらゆるお薬を、のんだり、つけたり、してあげくには、かえって、ひどい目を受けどうしで、無駄金のみ使わさせられ、苦しませられてきた。

一一月一一日(土)　はれ、ひえる。(19・3度)
朝10時一寸すぎ魚力、玄米シリアル②398×②796、ビスケット220、しそこんぶ②195×②390、北海道せんべい㉔198、抹茶入り玄米茶200g300円、きな粉③70×③210、しょうが漬70。(2249円)
ガス支払用紙きた、(1093円、引下げ9円)夕方4時すぎに。

一一月一二日(日)　はれたり、くもったり、ひえる。(16度)
子供は、又、急に寒いと言って、厚地ハイ色シャツと、厚地ハイ色ズボン下を又、かさねて、三枚づつ、着たり、はいたりして、パンスもかえた。
冬厚地オープンシャツと、コール天厚地ズボンに、厚地のセーターを、着て、クツ下も又、新しくはき、二枚、冬厚地パジャマにかえた。

一一月一三日(月)　はれ、少しひえ、少しあたたかい。(18・4度)
私と、子供は、今後どうなるのだろうか、生活費で、毎日、毎日、ハラ、ハラして、心配がたえない。
朝、9時頃、郵便局、ガス代1093円、一一月分おさめた。
その足でスーパー、甘食⑧180、果汁②200、チーズアラレ128　(523円)

一一月一四日(火)　はれたり、くもったり、少しひえ、少しあたたかい。(19・8度)

一一月一五日(水)　くもり後はれ、少しひえ、少しあたたかい。(13・9度)

一一月一六日(木)　うすぐもり、少しひえる、(10・8度)
一日中、くもって、大変ひえた。
朝8時半、本町スーパー
果汁④400、ジャンボコーン②168×②336、スナックアラレ128、　サッポロポテト②118×②236。(1133円)

一一月一七日(金)　はれ、少しひえる。(18・6度)
朝、9時スーパー、コーンフレーク298、カメラソフトサラダ⑳168、甘食⑧180、トーフ83、165×②ゴマ②130、福神漬118。(1006円)
うの花200円

一一月一八日(土)　はれ、少しひえ、少しあたたかい。(18・6度)
トイレ、サニボンF
朝10時魚力、越後のモナカ、しそこんぶ②195×②390、モナカ198、玉子パン100、ビスケット220、しょうが漬7。(1007円)

一一月一九日(日)　はれ、少しひえる。(18・3度)

一一月二〇日(月)　くもり、少しひえる、少しあたたかい、雨、かなりふって、雷がひどい。(12・6度)
私の腰痛は、日に日に、ひどくなるばかりで、外を歩くのが非常に痛く苦しい。

一一月二一日(火)　うすぐもり、少しひえる後ひえる。(12・6度)
朝、一寸顔そりした。
朝、9時すぎ、スーパー、甘食⑧180、果汁②200、ウスヤキ㉔スイートミックス198。(595円)
電気検針2時半頃きた。1375円、32K、次は一二月二〇日、引下げ14円

一一月二二日(水)　うすぐもり、かなりひえる。(11・5度)
朝、8時半、本町スーパー、果汁⑧400、サッポロポテト②118×②236　(655円)

一一月二三日(木)　雨、後くもり、かなりひえる。(14・6度)
一〇月一一日(水)より、本町スーパーで買った宇治抹茶入り玄米茶（四四日間あった）150グラム300円を一〇月一一日(水)より、今日までのんで、明日より、魚力で買った、抹茶入り玄米茶20g300円を、のむようにしている。

一一月二四日(金)　大安、はれたり、くもったり、風がつめたい。(13・9度)
朝、9時頃スーパー、甘食⑧180、果汁②200、カメダソフトサラダ⑳168。(564円)
私しは腰の腰痛に加へ、この頃は右下腹が、寝ていて、身う

ごきも出来ない程に、痛くて苦しい。
今日は主人の命日、今日は、別のお台に、お供え出来なかった。今は、お金がないので、すべてで節約しているので、毎日、私共のお台で、お供えしている、そのままで、今日はすまさせて頂き、何一つ、特別のお供えも、出来ませんで、すみませんでした。おゆるし下さい。

一一月二五日(土)　はれ、ひえる。(14・4度)
今日は、無事に、一二月分の家賃を、おさめさせて下さい。後は、生活費もないし、年金も、一二月までで、終りだから、お正月の家賃もおさめられるか、おさめたら、生活費が、ぜんぜんない。
朝、10時すぎ不動産にゆき、しばらく待って、こられたので、一二月分の家賃を、上げてきた、おかげで無事にすまさせて頂きまして有難うございました。
そのかえり本町スーパーで、ジャンボコーン②168×②336、果汁②200、サッポロポテト②118×②236(795円)
12時すぎに、魚力にゆき、玄米シリアル②398×②796、きな粉②70×②140、しそこんぶ②195×②390、しょうが漬70、ビスケット220。(1664円)

一一月二六日(日)　うすぐもり、ひえる、一寸雨ふった。(14・4度)
昨日、夕刊に、〈毎日夫人〉を入れてあったので、6時頃まで、フトンに入りながら待ったが、来られなかったので、そのまま、ねてしまっていたが、今朝早く(紙袋が入っていたので、やはり夜こられたのだろう、今朝集金に、きてもらうと、助かるけれど。
夕方4時一寸すぎに毎日新聞集金こられたので、ホットした。お陰様で、今日もいろいろと無事にすまさせて頂きまして、有難うございました、後、電話代の支払丈になりました、よろしくお願いいたします。

一一月二七日(月)　はれ、ひえる、風つめたい。(13・4度)

一一月二八日(火)　はれ、風つめたい、ひえる。(13・1度)

一一月二九日(水)　はれ、ひえる、風つめたい。(15度)
朝、9時少しすぎスーパー、甘食⑧180、果汁②200、トーフ83、カメダソフトサラダ⑳168　(649円)
小林果物店、バターココナツ②120×②(240円)
電気支払用紙きた。(1375円、引下げ14円)夕方4時すぎてきていた。

一一月三〇日(木)　大安、はれ、ひえる。(14度)

朝一寸顔そりした
朝、9時半、郵便局、電気代1375円、一一月分おさめた。

かえりは、本町の魚力に行き、ビスケット②220×②440、しょうが漬(525円)

今度は、本町スーパー、サッポロポテト、ジャンボコーン168。(294円)

赤の八角時計電池入れかえた。

12時半頃、赤の八角時計の電池入れかえた。

お陰様で、今月も無事にすべてを、すまさせて頂きまして、有難うございました。今後とも何卒よろしく、お願いいたします。

いよいよ今年も終りの月になりました、私と、子供は、今後、どんなにして、生活してゆくのでせうか、毎日、生活費がたりなくて、ハラ、ハラして使っておりますが、いよ、いよ、一二月で生活費は、もう年金からは、入りませんし、一月家賃分丈でも、おさめられたらよい方ですが。

家賃は上げても、生活費がありません、一二月分の生活費でも、十分ありません中から、無理に、少し残して、一月の始丈でも、何んとか、食べて行かれる様に、しようと頭を、いためておりますが。

それも、ほとんど、あてにならぬ程の、お金ですから、それが、一銭も、無い様になくなってしまったら、後は、のまず食はずで、どんなにしたらよいのでせうか、役所などにたおむ様にと、おしえられましたが、私共は、普通と違う丈に、一般の人、同様には、してもらえないでせう。

今後どうして生きて行くのでせうか早く、死なせて下さい、子供と私を一緒に死なさせて下さい、外に方法が有りません。

子供も病気で何一つ出来ません、まして私は腰から下の激痛で、毎日、毎日苦しんでいる状態で、家の内でも満足に歩いたり、動けない上に、外出して歩くのがぜんぜん出来ません。

身を切られる様な、えぐられる様な、引きつく様な、ちぎれる様な激痛で、寝ていても痛く、横にも、動けない程の苦しみで、毎日、毎日、無理して動かないと、子供に食べさせる事もできないので、痛い、痛いと、うなりながら、動いては、おりますが、その苦しさ、つらさは、とても言い様がない程のひどさで、こんな何一つ出来ない身体を、生きながらえても、どうしようもありません。

第一、私は、何者でせうか、いろ、いろと、教えられた事は、七十七才の今日まで、今の所、何一つ分かりもしませんし、現実に現われて、おりません。

最後の最後とは、いつの事でせうか、そして、(ここが最後裸になる)と、教えられておりますのはここで、すべて無くなってしまい、生活出来なくなるとの事でせうか、そして、その最後の日とは、一銭もない様に、なくなった時の事でせうか。

何か、一つでも、二つでも、分からせて頂くと、安心出来ますけれども、最後の最後とは、何時に、なるのでせうか、心配と、不安の毎日で、たまりません、一日も早く、何とかして下さい、お願いいたします。

1995年（平成７年）12月１日
～
1996年（平成８年）１月28日

覚え書き68

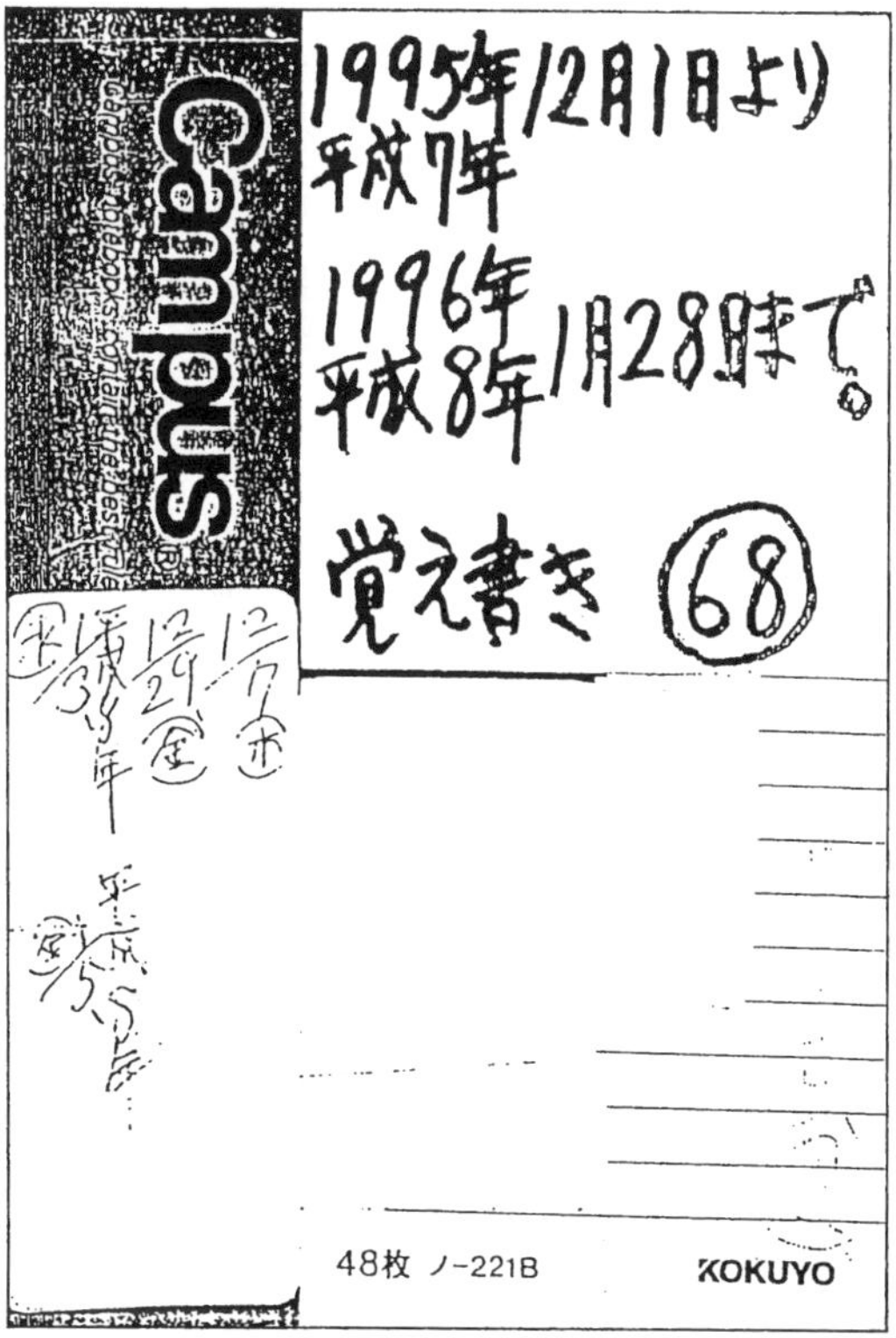

覚え書き㊻

一九九五年(平成七年)一二月一日より
一九九六年(平成八年)一月二八日まで

平成五年四月一九日(月)(酉年)
夕方、窓を開けて、外の草花を、ながめていた所。只。一筋の心在るのみと、言う、文句が、うかんで来た。

一二月一日(金) はれ、かなりひえる。ひえる。(13・1度)

一二月二日(土) はれ、ひえる、(15・4度)
朝、9時すぎスーパー、甘食⑧180、果汁①100、イトウチョコチップクッキー178、コーンフレーク298、オコノミカリント100。(881円)
切手(文具店で)50円。年金にはって出すため。
うの花200円。

一二月三日(日) はれ、ひえる。(14・5度)
朝、9時一寸前、本町スーパー。サッポロポテト②118×②236、果汁④400、ジャンボコーン②168×②336。(1001円)

一二月四日(月) うすぐもり、ひえる。(14・6度)
今、うちでは、お金をはらはらして使っているので支払は、ぜひしなければ、出来ないので食事の方で、かげんして、うちで出来ないので、安いおかしをさがして毎日子供と、二人食べて来たが、実になる物が、ない。かるいせんべいやビスケット、スナック菓子等だから、子供も私も、非常にお腹が、すき通しで少々、加えても、たりない。お腹がすくと言うので、何日分ときめて、買って来た物も、どんどん無く成って行き、お金があれば、おかずや、果物、も少し、実のある物を、買いたいが、お金の事を考えると、後は、のまず食わずですごさねばならぬので、つい、つい、量が多くて、安い物ばかりだから、お腹が太らなくて、子供丈でなく、私も、すきどうしで、苦しい。
何んとか、しなければならないが、外に、方法がないので、電話を売って少しでも、お金に、なればと、今朝、九時半すぎにかけたけれども、どうしても通じない。早くから考えていたけれども、だまされたり、お金を少ししかやられないのではないかと心配で、実行しきらなかったが、今日は、思い切ってかけてみたが、何回しても、通じない。子供が、今はまだ、だめだろうと言うので、やめたけれども、世の中の事がわからないので、どんな風にして、お金をつくったものか、だれも頼る人もないので、私は、一人で、毎日、毎日、今後の生活の心配ばかりをしているが、今月の生活費もハラ、ハラで、使ってしまったら今後一銭も無くて、どうしたら、よいのだろうか、不安でたまらない。
年金の現況届はがき来た。
私の国民年金の現況届のはがきが来た。（夕方4時に）お陰様で無事に来ました。有難うございました。

一二月五日（火） はれ、ひえる。（13・2度）
朝、昨日きた年金の現況届はがきに、名前、住所、印かん、切手など書いたりはって、明日出すまでに、お陰様で、出来ました、出張所で明日（六日）に印をもらって、出させて下さい。ただ私共は、ここに、おられませんので、この年金は、預けるのでせうか、どこで私共は生活するのでせうか、不安で、お金がなく心配でなりません。
電話支払用紙きた。（2111円）夕方3時半すぎに来ていた。
ガス検針きた②。次は一月八日。

一二月六日（水） 年金の現況届はがき出した。
大安、はれ、ひえる。（14・5度）
朝、九時一五分前から、区の出張所に行き、年金の現況届はがきに、印を、おしてもらって、平和通りの郵便局前のポストに、入れさせてもらった。お陰様で無事に、一通すみました。無事に、先方に着き、無事に、又頂けます様に、お願いたします。有難うございました。
その足で、郵便局に行き、電話代2111円、一一月分をおさめた。
その足で、スーパー。甘食⑧180、果汁①100、トーフ83、ソフトサラダ168、オコノミカリント100。（649円）
小林果物店、バターココナツ2120×②。（240円）
水道検針きた。⑦（3637円）朝11時頃きた。（一〇月～一二月分）

一二月七日（木） うちの電話を売る事にした。
はれ、ひえる。（13・4度）
朝九時前、本町スーパー。サッポロポテト③118×③354、果汁③300、ジャンボコーン168×②336。（1019円）
朝九時半すぎに、電話を買ってもらうために、日本電話通信センター株式会社に電話して、5万5千円で買取ると言われ、先に電話を電話局に、止めてもらう様にして、書類がきたら、印かん証明も取りよせて又、電話してくれと言われたので、すぐに電話局に、(一一六番)にかけたところ、すぐに止めるけれど、書類は、来週か次の週になるだろうと言われ、電話器を取りに、来週月曜日の夕方、五時頃来るからと言われた。
お陰様で、無事に、電話を、通じさせて頂きましたが邪魔して、売れない事がありませぬ様に、お願いいたします。何卒無事に、売れます様に、お願いいたします。

一二月八日(金) 国民年金の一二月分通知書きた。はれ、ひえる。(11・7度)
朝、一寸顔そりした。
朝10時すぎ、魚力、玄米シリアル②398×②796、ビスケット220、しそこんぶ②195×②390、大根なます298、ゆであずき100、きな粉②70×②140。(2002円)
国民年金の一二月分の通知書がきた、夕方4時頃きていた。
8565０円
お陰様で、今年も年金、全部を預かさせて頂きまして、有難うございました。今後ともよろしくお願いいたします。

一二月九日(土) はれ、かなりひえる。(10・9度)
今うちでは、実になる食事がなくて、かるいスナック菓子、ビスケット、せんぺい等で、お腹が、ふとらなくて、子供も、私も、毎日、お腹をすかしても、ガマンしているが、この頃、特に、子供が、いくら食べてもお腹がすくとて、後から後から、つぎたして、食べさせているけれども、かるいので、お腹がすぐにへって困っている。お金がないので、何日分と、きめているのも、一ぺんに、食べてしまう程に、くるしい、どうしたら、よいのだろうか、不安である。

一二月一〇日(日) はれ、ひえる。(11度)
朝9時、スーパー、コーンフレーク298、オコノミカリント100円、甘食⑧180、ソフトサラダ168、果汁100、ゴマ②65×②130。(1005円)

一二月一一日(月) はれ、ひえる、(14・5度)
今日は、無事に、電話器を取りに、きて頂きます様にお願いたします。書類も無事に間違なくきます様に印かん証明も無事に、取らさせて下さい、電話も無事に通じさせて下さい。無事に一日も早く、電話が、売れます様に、お願いたします。私が、耳が、きこえませんので、間違いが有りませぬ様に、きかさせて頂き、こちらの住所も間違なく、通じさせて頂きます様に、お願いたします。公衆電話は、かけた事がありませんので、無事に、かけさせて下さい、ご無理な、お願ばかりで申訳ございませんが、今非常に、お金に苦しんでおります、何卒よろしく、すべて無事に、すまさせて下さい。一二月一九日(火)頃、今度は、銀行に無事に、行かさせて頂きます様に、無事に、お金を、引出させて下さい。災難を、受ませぬ様に、無事に、かえらせて下さい、お願いたします。

うちの電話器を取はずされた。

お昼、11時半すぎに電話器取はずしにこられた。お陰様で、無事に、早目に、こられて、助かりました、有難うございました。二人こられて、工事費として、2060円後で電話料金と、一緒に、請求がくる由。後は書類が、早く来ます様に、お願いたします。

一二月一二日(火) はれ、ひえる。(14・7度)

朝、8時半すぎ、本町スーパー。サッポロポテト③118×③354、果汁③300、ジャンボコーン②168×②336。

(1019円)

ガス支払用紙きた、966円、引下げ6円、夕方4時前に来ていた。

一二月一三日(水) はれ、ひえる、風がつめたい(14・1度)

朝9時、郵便局、ガス代966円、一二月分おさめた。

その足でスーパー。甘食⑧180、カメダソフトサラダ168、トーフ83、果汁100、(546円)15円足す。

朝10時すぎ、魚力、ビスケット②220×②440(453円)13円足す。

バターココナツ②240円、小林果物店

一二月一四日(木) はれ、ひえる。(13・2度)

水道代の支払用紙きた、3637円 夕方4時頃。

一二月一五日(金) はれ、ひえる。(16・7度)

朝、9時前郵便局、水道代3637円、一一月、一二月分、おさめた。

うの花200円

トイレにサニボンF

一二月一六日(土) はれ、風がつめたい。かなりひえる、(10・4度)

朝、8時半前本町スーパー。サッポロポテト②118×②236、果汁③300、ジャンボコーン②168×②336。

(898円)

一二月一七日(日) はれ、ひえる、毎日よく冷える。(12度)

朝一寸、顔そりした。

朝、9時頃、スーパー。甘食⑧180、果汁②200（391円）11円たす。

明日は、出張所で、無事に、印かん証明書を、受けさせて下さい、一日も早く、電話局から書類がきまして、電話を無事かけさせて頂き、一日も早く電話が売れます様に、お願いたします。

一二月一九日(火)に、無事銀行に、行かさせて頂きます様に、お願いたします。銀行で、年金の記入と、お金を引出させて下さい、そのお金を無事に、来年一月分の家賃におさめさせて下さい、外に、お金がありませんので無事に途中災難を、受けませぬ様に、無事に持ってかえらせて下さい、そのお金で、外にありません、全額が家賃代丈です、もう二月の家賃代は、一銭もありません、電話が売れないと、生活費もありません、色、色と、何卒無事に皆よろしく、お願いたします。

一二月一八日(月)　私は七十七才の誕生日

はれ、風がつめたい、冷える。（11・3度）

今日、私は、七十七才の誕生日を、迎えさせて頂きまして、有難うございます、今後とも、よろしくお願いたします。

朝、8時40分頃、出張所にゆき、印かん証明書を無事に、取らさせて頂きまして、有難うございました。（200円）。そして電話局からの書類も今日お昼に、無事に頂きまして、有難うございました、ただ私がすぐに、電話を、買取って頂く様に、お願しましたが、私の耳が、悪るいので、きこえなくて、書類を、午後送ると言われましたが、本当に、住所や、名前などわかられたのかが心配で、又、明日でも、電話させて下さい、無事に間違なく、電話を売らさせて下さい、

もう生活費がありませんので、一日も早く、お金が入ります様に、お願いたします。

心配で、電話局に、買ってもらえるか、たずねた所、あつかわぬと言われた。

子供はパンスかえた。ヒゲ切りと、爪を切った。

一二月一九日(火)　くもりお昼前一時雨、大変ひえる。（9度）

朝、8時半前に、今日は、くもっていたけれども、銀行に、行かせてもらった、歩けないので、行丈池袋北口まで、車でゆき後は歩いて、第一勧銀に行き、年金の記入と、お金を、引出させて頂きまして、有難うございました。無事に、すまさせて頂き、ご心配おかけいたしておりましたが、このお金は、全額来年一月分の家賃に、おさめさせて下さい。これでもうお金は、全部無く成ってしまいました。でも、家賃代丈でもありましたので、本当に助かります。

何時もながら、しっかりと、ご心配おかけいたしてきました

が、無事に行かせて頂き、無事に、かえらせて頂き、るす中、子供も無事でお陰様で、有難うございました。

後は電話を無事に間違なく売らさせて下さい、私の耳がきこえないために、先方には不快な思いをあたえておりますが、何卒、無事に書類が参りまして、一日も早く、電話が売れます様に、お願いたします。もう生活費がぎりぎりで、毎日、ハラ、ハラしております、ご無理な、お願では、ございますが、何卒、お金が間違なく、入らさせて下さい。外に、お金になる物も有りませんし、お正月に、子供に少しは実の物や、お腹を、すかせておりますのを、なくさせて下さい。子供も、私もお腹がすき通しで、毎日くるしんでおります。

電話の人が、腹立てて、書類を送らぬ様な事がありませぬ様に、何卒、何卒、よろしく、お願いたします、邪魔のため、特に、この頃は私の耳が、きこえなくて、相手の人々に迷惑をかけておりますが、どうぞ、よろしく、おとりなし下さいます様に、外に方法がありません、どうぞお助け下さい、お願いたします。

その足で、太子堂にゆき、大福④60×④240、串ダンゴ⑤200（13円加えて）。（453円）

タクシー代、片道行丈650円

夕方四時頃、昨日電話をかけた電話買取の所より書類が、無事にきました有難うございました。

一二月二〇日（水） はれたり、くもったり、大変ひえる。（9・9度）

今日は朝から、電話買取って頂くために、昨日きた書類にかきこみ、文具店で、コピー（10円）してもらって、又、お昼から、書いて、二時すぎまで、一応かきおわり、急に封をして、今から出そうと思い立ち、すぐに、二時半すぎ頃、郵便局前のポストに、入れさせて頂きました。今日は一日無事にかかせて頂き、無事に、出させて頂きまして、有難うございました、無事、買取って頂きます様何卒、よろしくお願いたしまう、間違なく、着きます様にお願いたします。私は、何一つ、分かりません、後は、神様方のよろしい様に、お願いたします、子供丈は、ひもじい思いをさせない様に、お願いたします。

電気検針きた。（2時すぎに）次は一月二十四日。1231一円、引下げ11円

一二月二一日（木） はれ、手足がつめたい、大変ひえる。（13・3度）

夕方6時半、毎日新聞集金きた。〈毎日夫人〉、紙袋

一二月二二日（金） 大安、旧一一月一日、冬至、はれ、ひえる、（12度）

朝、9時すぎ、本町スーパー。果汁③300、ジャンボコー

ン②168×②三三六、サッポロポテト②118×②236。(898円)

朝、10時すぎ平和通りスーパー。スーパーのところで、公衆電話で、電話買取ってもらうための書類を一二月二〇日(水)に、送ったが、ついたかを、たずねたところ、かなり、着くまでに日数がかかった上に、書類を又何かしらべた上で、書いて送ってもらうかもわからないと言われ、銀行には、来年一月十日すぎ頃だろうと言われ、今年一ぱいは、だめだと言われた。それで、先日送った中の内の電話局から来たのを、下半分切取って送っていたので、思い立。

日本電話通信センター株式会社に手紙とコピーしたのを出した。

郵便局で、切手封筒用80円を買ってかえり、今度は文具店で又、コピーしてもらいに行き、かえてすぐに、手紙をかき、前と同じ利用休止のお知らせも入れて一二時半頃、又、郵便局前のポストに入れてきた。

朝、電話した後、スーパー、コーンフレーク298、果汁②200、ゴマ②65×②130、カメダソフトサラダ168、甘食⑧。(1005円)

切手封筒用80円、文具店コピー代10円

電話利用休止のお知らせを電話買取ってもらう所に出した。

一二月二三日(土) はれ、ひえる。(15・1度)

朝、10時すぎ、魚力、ビスケット②220×②440(13円加えて)。(453円)

一二月二四日(日) くもり、後はれ、ひえる。(14・9度)

今日は主人の命日。今日も、別のお台に、お供え出来なくて、一一月、一二月と、何時もと変らず、毎日私共のお台に、お供えしているそのままですみませんでした。今は、お金もなく、本当に、すみません、おゆるし下さい。

明日は、無事に、来年一月分の家賃を、おさめさせて下さい、これが、最後の家賃になりました。私共は後、どこに行き、どんなになるのでせうか、家賃どころか、生活費も有りません。電話は、連絡先が、ないから買っては、くれないでせう、後は、今少し丈のお金で、一月はお金が無く生活できません。こんな風で、子供も、毎日、食事が足りなく、お腹をすかしており、私もお腹がすきどうしですが、もうこれ以上はのぞめません、一日も早く、死なせて下さい、もう食事もあまり出来ませんから。

朝、10時すぎ、私が一人で、夕食を食べていた時に、今使っている食台の足が一本、よくとまらなくて、ぐら、ぐらして、いつも、ハラ、ハラして使っているが、今日は、特に足をこていさせるのを忘れて使ったために、食事中、おきゅうすのお茶と、私と、お供えについでいたお茶全部が、押入れ前のタタミ一ぱに、じゅっくりこぼれてしまって、ふいてもかわかないし、大変である。後、お台の足は、ビニールテープで、しばりつけてはいるけれども邪魔が、すべてに、今はひどい。

一二月二五日(月)　はれ、きびしい冷えこみ。大変ひえる。(7度)

朝、一寸顔そりした。

今日は、来年一月の家賃を、無事に、おさめさせて下さい、とうとう、これが最後の家賃となりました。今後、私共は、どこで生活して行くのでせうか、生活費もなく、不安でなりません。何卒よろしくお願いたします。

朝、１０時少すぎ不動産に、おられたので一月分の家賃を上げた。お陰様で、無事にすまさせて頂き、有難うございました。今年も来年のカレンダー頂きました。有難うございました。

そのかえりに、本町スーパー、果汁②２００、カリントウ３００ｇ１８８円、１１円足して３９９円

一二月二六日(火)　はれたり、くもったり。(5度)

今までにない、きびしい寒さが、昨日より、つづいている。

一二月二七日(水)　今朝、新聞は、7時頃きた。

はれ、きびしい冷えこみ、(7・5度)

朝、9時半すぎスーパー、コーンフレーク２９８、果汁②２００、甘食⑧１８０(２０円加える)(６９８円)

うの花２００円

電気支払用紙きた(１２３１円)１１円引下げ、夕方4時頃きていた。今朝新聞は7時頃きた。

一二月二八日(木)　今日も朝刊は7時半頃きた。

はれ、きびしい冷えが毎日である。(7・6度)

今日は朝刊は、7時半頃もってこられた。

朝、8時すぎ、本町スーパー。ジャンボコーン②１６８×②３３６、果汁③３００、サッポロポテト②１１８×②２３６。(８９８円)

朝九時郵便局、電気代１２３１円、一二月分おさめた。

かえり小林果物店、バターココナツ②２４０円

お陰様で、今年も、おさめ物など皆無事に、すまさせて頂きまして、有難うございました。来年も又、皆、無事におさめさせて下さい。

朝、１０時すぎ、魚力。玄米シリアル３９８、ぽたぽたせんべい㉔１８５、ビスケット２２０、きな粉②７０×②１４０、しそこんぶ②１９５×②３９０。(１３７２円)

一二月二九日(金)　くもり毎日ひどい、大変ひえる。(7・8度)

トイレ、サニボンF

おふとんをかえ、食器洗いタワシ(くつ下)、タワシはナイロンを始めて使うようにした。ガスコンロは、まだしてない。

子供が、ここ二、三ケ月前から、鼻がひどくて、今は、紙が、かえないので、衣類を切って、使わしているが、その衣類をもう何十枚と切って、使わしているのに、日に、シャツ一枚分を、使ってしまうので、いくらあっても、足りない、もう切る衣類も、ほとんどなくなり、どうしたものか、心配である、一ぺん、一ぺん、びっくりする程の使い方で、お金がないので、ティッシュペーパーもかえないし、それに掃除布としても、衣類を大分切っているが、私共のあらゆる品物は、ほとんど、無くなってしまった、タンスが、空になる丈でなく、いろんな品物が、次、次とへってしまって、裸同様になった。ここが最後、裸になると、言われた通りに、お金が、もう家賃も、おさめられないし、生活費も、ガマンする丈してきて、やっと、食べ物代丈は、少し残しているが、来年一月は、どうなるのだろうか、電話を、無事買ってもらって、そのお金を、使わしてもらわぬと、年金も、全部使ってしまっているので、外に、方法がない、何卒、電話が売れまして、銀行に、ふりこんで頂きます様、お願いたします、私共は、裸に成って後は、どうなるのだろうか、早く死なさせ下さい、区役所などには、たのみたくありません、たのんでも、私共は、生活出来ないでせう。

一二月三〇日(土)　はれ、大変ひえる、毎日ひどい冷え。(13・4度)

朝、8時少しすぎ、本町スーパー、カリントウ188、果汁②200、11円加え399円。

朝、9時すぎ、スーパー、甘食⑧180、ソフトサラダせんぺい⑳168。(358円)10円加えてうの花(200円)

昨夜、フトンにやすんでしばらくしてから、最後は必ず降参すると言う文句を感じたが、邪魔のことを、言われたのだろうけれども、その最後とは、何時の事だろうか、あまりにも、何十年と、邪魔から、今日まで、ひどい目を、受け通しで、しっかりつかれはて、お金はなくなり、この先どんなになることやら、毎日、毎日、心配しているので、一日も早く、少し丈でも、心配が取れると、よいけれども、いくら、のぞんでも、思う様には、いかないので、まだ、暫くは、ガマンしなければならぬが、もう生活費がなく、いろんなおさめ物のお金が、心配で、電話が早く売れて、お金を預かさせて下さい。

一二月三一日(日)　今日も朝刊は、6時15分頃きた。

はれ、ひえる、毎日きびしいひえ。（10・5度）
お陰様で、今年も、無事に、一通り、すまさせて頂きまして、有難うございました。後は、お金がないので、心細く、心配でなりません。
何卒、電話を、無事買って頂き、お金を、銀行にふり込んで頂きます様、一日も早く、お願いいたします。
外には、一銭も入るところがありませず、子供も、私も、毎日お腹がすいて、困っておりますが、子供にもガマンさせて、お金を、使わぬ様に、ぜひ必要以外は、買わないし、食べない、ひもじいけれど、毎日、ガマンして、やっと、少し丈は、食べ物を、買っておりますが、長くはありませんし、第一電話局のお金が、何千円、言ってこられるかが、心配でガス代、新聞代、電気代と、一万円以上いるかもわかりませんが、無理にガマンして、残しました少しのお金でも、一月は、食べては、行けません。お腹をすかして、死んで行ければ、何よりですが、すぐは、死ねないでせう、二月の家賃も、ありませんし、お正月早々どうなるのか、不安でなりません。

一九九六年（平成八年）（子年）

一月一日(月)　はれ、きびしい冷えこみ。（10・6度）

お陰様で、今年も無事に、お正月を、迎えさせて頂きまして、有難うございました。昨年は、色、色と、今までにない、心配事ばかりで、毎日、毎日、ご無理な、お願いや、ご心配を、おかけいたしまして、本当に、申わけございませんでした。

今年は、私共は、一月までしか、この家には、おられません、二月の家賃が払えないし、生活費もありません、後、私共は、どこに行き、どうなるのかが、心配で、心配で、不安な毎日を送っております。それに、第一、電話を買って頂きますお金が、銀行に、いつ、入るのか、本当に、お金を頂けるのか、もう後少し丈しか、お金がありませんので、このままだと、ここにおる間も、食べてはいけませんし、おさめ物のお金もなく、ガス、電気、その他を、とめられは、しないかと、心配でなりません。私と子供は、どんな運命に、生れてきたのでせうか。

何とか、一日も早く、今後の事を、少しでも、わからせて下さい、お願いいたします。

今日は、お供えも出来ないで、毎日と同じ、お菓子丈で、本当にすみませんでした。私共も何もありません。

一月二日(火)　はれ、毎日きびしい冷え。（9・4度）
私は、長年の腰痛が昨年の夏より特に、ひどくなって、そのまま歩く事が、出来なく、一寸歩いては、立どまって、腰、おしり、ももなど、しばらく、たたいて、一寸痛みを、やわらげないと、歩けぬ程の重しょうになってしまって、家の中でも、立ったり座ったりに、非常にくるしんでいるが、今日は、特に、ぎっくり腰みたいに、うごけなくなってしまった、一寸、うごくたびの、その痛さは、たまらない程に、くるしい、良くなるどころか、何も、かにも悪い事ずくめで、こん後は、どうなるのだろうか、買物一つ出来なくなったら、子供に、食べさせる事も出来ないし、お茶一つ、わかせなくなってしまったら、どうしたらよいのだろうか、右、左り両方だけど、特に、右の腰、おしり、ももどは、ちぎれる様なひきつる様なえぐられる様なげき痛が、つづいているので、どうも、こうも、ガマン出来ない程の苦しさである。第一、銀行に、お金が入っても行けなかったら、食べても、いけないし、二月の家賃はないし、今後、私と、子供は、どうなるのだろうか、お正月早々、心配がふえて、困る事ばかりである。

一月三日(水) 大安、はれ、毎日、きびしい冷えこみ。(14・2度)

昨日から特別、ひどくなった、私の腰痛は、今日は、とう、とう、フトンも上げられない、一人で家の中も、歩けなくなってしまった。

畳を、はっても歩けないし、子供に、つかまって、やっと、歩いても、すぐにたおれて、歩けない、何一つ出来なくなってしまった。

昨年は、一月十七日から、何か月も、具合が悪く、フトンは、しきどうしだったが、まさか、今年まで、それも三日からとは大変な不幸である。昨年、十一月末から、十二月と、私は、今まで感じた事のない程のひどい冷えこみで、うちは、暖房もないし、今年はカーペットも何もない、お湯もないので、水だけだから、両手のしもやけもひどい、今までにない程の、きびしい毎日の冷えこみで、私は、敷ブトンもないし、掛ブトンもないので、身体を、ひやして、しまったのだろう、座ブトンを二枚つなぎ合せてしいているが、足元は、何もしくものがないし、綿入ハンテンや肩かけ、いろんなセーターなど、下にしいたり、掛けているが、そのくらいでは、冷えて、ひえて、毎日、ねていても、冷えがひどくて、苦しい、ストーブも入れないし、畳丈で、手はフトコロで、あたためているが、どうもこうも、冷えがひどくて、全身が、冷え切ってしまっているので、腰に、こたえたのだろう、子供は十月一日からほとんどフトンに、やすみ通しで、子供は十分ではなくても、敷ブトンに、掛ブトンもあるし、下も毛布や、厚地布、厚地シーツなど、四枚重ねているし、上もタオルケットに毛布掛ブトンと、私よりは、ましな方で、それでも冷えがひどいので、鼻取布が、シャツ、衣類など、何十枚と、切って、紙のかわりに使わせているが、すぐになくなってしまって困っている、衣類も、ほとんど切ってしまって、もうわずかになってしまった。まさか、こんなに、ひどい生活を、するとは、夢にも、思わなかったし、お金がないので、子供と、私は、かるいお菓子丈、毎日食べて、お腹は、すき通しで苦しい。
二月は、家賃もないし、後は、子供と、私は、どこで生活するのだろうか、電話が売れて、早くお金を、頂かないと、もう食べる物もない。私は腰がこんなで行けるだろうか。

一月四日(木) はれ、毎日きびしい冷え。(9・5度)
昨日、私は腰痛がひどいので、お昼すぎ頃より早くフトンに、やすんでいたところ、まだ昼間に、うと、うとしていたところ、いよいよ、決戦の時がきた。(一月三日(水)、昼間)と、言う文句を感じたが、
昨年一二月二九日(金)、夜、フトンにやすんでしばらくして、最後は、必ず降参すると言う文句を感じていたのを、実行される時がついに、とうとう来たのだろうか、私しの受けた感じが、間違いなければ、喜ばしい事だけど、あまりにも、何十年と、苦しみが、ひどかった丈に、形に、現われて、私も、子供も、身体がすっきりとして、外の不安も取れていかなければ、ただ安易に当にたより、たのみ、漠然(とりとめのないさま、不明なさま)としたままでは、これから先が本当に、心配で、生きて行けない。早く、死なさせて下さい、毎日が苦しみ通しで、つらくて、たまりません。

一月五日(金) はれ、毎日、きびしい冷え。(11・9度)
私は、今日は、とう、とう、歩けなく、家の中を、はってまわる程腰痛が、ひどくなって、今日からのゴミ出しも出来ないし、食べ物がないけれども、買物にも行けない、どうしたらよいのだろうか、どうも、こうも、今年の寒さが、ひどすぎるので、困ってしまう、外を、はっては、歩けないし、どうしたら、食べ物がなくなってしまったら、子供も、私も今までさえ、たらないのに、この上、ぜんぜん食べないでは、この冷えこみにたまらない、苦しい、お助け下さい。
今日の真夜中だろうか、突然、何かぐらっと地震の様な感じを受けたのと、同時に私の横に寝ている、子供の所から、子供の二、三倍ある位いの大きい何かが、ふあっと浮き上って、さっと窓の方へ出て行ったが、形はない透明で、ただ輪郭の細い白い線丈で、私は、眠っているのに、それを感じたが、何か悪い事が、おこる前兆だろうか、不安である、あまりにも総べてが、今は悪い事ばかりなので。

一月六日(土) 寒の入り、はれ、毎日、きびしい冷え。(12・3度)
今日も、私の腰痛は、ひどくて、ぜんぜん歩けない、表の郵便受まで無理して行ったが、痛くて痛くて、ぜんぜんだめ、もう食べ物もなくなって今後、買いに行けなかったら、どうする

のだろうか、心配である。

一月七日(日)　はれ、毎日きびしい冷え。(11・5度)

電話支払用紙きた。(2464円)昨日きていたのだろう。これが、最後の電話代。

私は毎日腰痛が、ひどいけれど、今日は、何んとか、買物に、行かせて下さい、途中、まがったままでも、無事に、歩かさせて頂き、無事にかえらせて下さい、お願いたします、もう食べ物がありませんので、御無理なお願ですけれども、どうぞ、行かせて下さい。

電話代も、無事に、おさめさせて下さい。

お陰様で、無事に買物に、行かせて頂きまして、有難うございました、途中も、るすも、無事に買物させて頂きまして、有難うございました。

朝、9時半、本町スーパー、黒パン⑦180、ジャンボコーン②168×②336、サッポロポテト②118×②236、カリントウ188。(968円)28円加える

そのかえり、魚力、黒砂糖500g370①、ビスケット220、しそこんぶ②195×②390。(1009円)29円加える

一月八日(月)　くもったり雨も、はれ、後、急にあたたかくなった。きびしい冷え。(15・4度)

今朝は、無事に、ゴミを今年はじめて、出させて頂きまして有難う、ございました、今後も、どうぞ、よろしくお願いたします。

今日は、又、無事に、歩かさせて頂き、電話をかけさせて頂き、電話が、売れて、お金が、銀行に入ったかを、たしかめさせ下さい、耳が、きこえませぬので、どうぞハッキリと、わからせて下さい、それに、うちにある少しのお金から、電話代の最後の支払を、させて下さい、何卒お金が、無事に手に入ります様に、よろしくお願いたします。もう、うちには少し丈のお金しかありませんので。

朝、9時半すぎに、文具店の前で、電話でたしかめたところ、どちらも入っていると言われまして、本当に、有難うございました、ご心配おかけいたしましたが、銀行も、たしかに入っているとて、金額も言われて、本当に、有難うございました、もうだめかと思っておりましたので、本当に、有難うございました。

朝、9時半すぎ、平和通り文具店前の電話代、第一勧業銀行30円

電話代支払すませた、2464円、一二月分で、これで終り。

その足で、スーパー、コーンフレーク298、黒ゴマ②65×②130。(440円)12円加える

今日も、一日いろいろと、させて頂きまして、有難うございました。今後も、よろしくお願いいたします。

私は腰痛がひどく、外も満足に歩けないので、カガンで歩いたり、カガンで、腰、モモドをたたいたり、シャガミこんでいるなど、まともな状態ではなく、苦しいのを、ただガマンしている丈で、その辛さは、たまらない程だけど、外に、どうしようもない、これが、私の運命だと、あきらめなければならないが、明日は、何んとか、無事に銀行に、行かせて下さい、お金を手に入れるまでは、不安でなりませんので、でも入っているとの事で、本当に安心いたしました、有難うございました、明日は無事に、お金を、受取らせて下さい、お願いいたします。

ガス検針きた。②二時近くにきた。二月は五日

一月九日(火) 大安、はれ、又、きびしい寒さ。(5・3度)

今日は無事に、銀行に、行かさせて下さい、途中、腰痛で、歩けなくなりませぬ様に、何卒無事に、お金を、引出させて、受取らさせて下さい、途中災難を、うけませぬ様に、お金を取られたり、おとしたり間違がありませぬ様に、買物なども、無事に、させて、下さい、無事に、歩いて行かさせて下さい、かえりも無事に、かえらせて下さい、車も間違なく、銀行の前につけて下さい、かえりも、車ですみませんが、途中何事もなく、無事に、かえってこられます様に、お願いいたします。

るす中、子供の事も、よろしくお願いいたします。何時も、いつも、すみません、お世話ばかりかけております。

電話は昨年一二月二八日に買取って頂き、53455円、今日頂きました。

昨年から長い間、毎日、毎日、ご無理な、お願を、いたして来ました電話が、無事に売れまして、そのお金を、今日受取らせて頂きまして、有難うございました。

残りわずかのお金で、ハラ、ハラした毎日を、送ってきましたがこれで、少しの間は、心配なく、使わさせて頂きます、本当に、有難うございました、

これで、暫らくは生活費は、心配ありませんが、ただ二月の家賃が、払えませんので、後、私と子供は、どこに行って、生活を、するのでせうか、それが、まだ、まだ、心配つづきで、不安でなりません、

今までも、お陰を、頂いてきましたので何とかさせて頂くとは思っておりますが、目の前は、何一つ、分からない事ばかりですので、結果が、出るまでの間は、不安で、不安でなりません、いよ、いよ、ここで最後の時が参りました、どうぞ、今後の事も、よろしく、お願いいたします。

朝、8時半すぎに、家を出て、タクシーで、池袋第一勧銀前まで、のせてもらい、銀行に行って、通帳に、記入してもらい、安心して5万4千円引出させて頂いた。

明治堂、わかもと三〇〇錠880円、ザーネクリーム㊅680円、46円加えて1606円。

今日は途中、無事に、歩かせて頂きまして、有難うございました。お陰様で本当に、有難うございました。

太子堂、カステラ500、せんぺい②400、大福⑩、ノリセンペイ300、甘納豆250。(2112円(62円足す))

タクシー行、かえり1620円

一月一〇日(木) はれ、きびしい冷え。(10・3度)

お陰様で、昨日は、無事お金も引出させて頂き、買物も、歩く事もすべてに、有難うございました、大分、買ったお菓子などでは、子供は、足りないので、ふらつくと、次々ほしがりますが、すぐに下りなど、よくするので、それも、心配で、あまり食べさせられませんが、実になる物が、ないのと、おかずが、ぜんぜんないのと、果物などもなく、ただ、かるいお菓子丈で、お腹が、すくとて、言っておりますが、私も同様で、でも、昨日、頂いたお金を、全部使う事も出来ませぬ、半分以上は、差引いて取っておりますが、今は、すべてが高い上に、歩けなく、私が、タクシーにのったので、何千円かは、くるって、しまいました。あてにして買物出来ると思っていた私が間違いでした。それに二月分の家賃をおさめられないので、どうなるのでせうか。

一月一一日(木) はれ、毎日きびしい冷え。(12・1度)

私の腰痛は一向によくならない、何十年と無理していた上に、主人の病気から無理してきた上に、今年の寒さがひどく、カーペットも無い上にフトンがなくてザブトン丈で、上は小さいフトンをつぎ足しているが、足元の方は畳丈だから、冷え方がひどい、ストーブもないし湯わかしもないし、外同様の冷えで、今年は特に苦しい、でも家に入れてもらっている丈、有難いが、二月の家賃が、払えないので、後は子供と、私は、おい出されるだろうが、行く所もないし、このままだと、かえって、早く死なさせて頂きたい、現状は、人間生活ではなく、動物以下の生活で、だれも本当にしない様な毎日、風呂には、私は十年ほど入らない、子供は、十五年ほど入らない、身体もぜんぜん二人ともふかない、髪も十年ほど洗わない、洗濯も七、八年ぜんぜんしない。電気も昨年からほとんど、大きいのはつけないで、まめ電球丈である、ガスも昨年から、お茶のお湯丈を、一回か二回わかす丈で、使わない、節約される丈しても、食事代は、少ししか使われない、ご飯や、めん類や、おかず等、食べたいが、昨年から、ほとんど食べられない、かるいお菓子等で、一時お腹を、ふとらせてはいるが、子供も私もひもじくてガマンしているが、苦しい、この家を借りた時すぐに、今までの様にきれい、きれい、しないと言う文句の感じを浮けたが、私は、入院しながらのこの家に、転宅して来たが、ここに来たのと、同時に、三人共、病気、病気でお掃除どころではなく、毎日病院通いを、主人と私はするし、子供は来た日から、寝込んで、動けないし、その後は、主人が、六年間寝たぎりになられた後、亡くなられるし、私は、二人の看病と、自分の病気を、無理してきた結果、具合は、ひどくなるし、腰は、動けなく、買物に歩くのに、大変な苦痛をガマンして来た結果、今年一月二日から又、又、腰は、ぜんぜん、動かなくなって、フトンは敷どうし、何一つ出来なく、家の中はホコリだらけで、子供もきつい、ふらつくとて、一日中毎日休んでいるし、台所に、立てないので、少しづつ、お菓子等ご飯がわりに、二人とも食べているが、おかずも、果物もないし、本当に苦しい、私は、歩いて、買物等、出来るのかと、毎日、毎日不安で、途中の苦しさは、本当に、つらい、どうなるのだろうか。

一月一二日(金)　はれ、ひえる。(11・8度)

朝9時半すぎスーパー。天プラソバ②230×②460、黒パン⑦180。(659円) 19円足し

私が腰痛で、思う様に、買物が出来なくて、朝から食べてぃる物が、味がしないので、子供が、ソバを食べてみたいと言ったので、今日、思いきってソバ②を買って、私が、今日味見してみたが、以前の物の方が、おいしかったみたいである、明日、子供が食べて、どんなに言うだろうか、第一、手が入ってこまる、今、私が、動けないのに。

うの花200円

一月一三日(土)　はれ、ひえる。(12・6度)

朝、9時半すぎ本町のスーパー、宇治抹茶入り玄米茶150g300円、ジャンボコーン②168×②336、サッポロポテト②118×②236、カリントウ188。(1091円) 31円足す

黒砂糖500g370②、大根酢物298、しょうが70、かき餅せんべい398、ピーナッツせん260、ビスケット220。(1787円) 52円足し　魚力。

私の腰痛は、かえって、一日一日と、ひどくなってしまって、家の中でも、はげしい痛み、ねていても、痛み通しでたまらない、特に外に出て歩くのは、げき痛で、その上、重い荷物を、さげているから、全身、まがったまま、歩くか、時々シャガミ込んで、しばらくは、動けない、今後、どんな状態になるのだろうか、私が、うごかないと、子供の食事の世話も、何も出来なくては、子供が、食べられなくて、苦しむだろう。どんな訳があって、私は、こんなに苦しまねばならぬのだろうか、最後の最後まで、わからぬ様に、してあると、四十二年前に、教えられたけれども、最後の最後とは世の中が変る時の事ではないかと、この頃、そんな気がして来たが、私は、いろいろと、教

えられた、小さい時からの事は、わからないままで、この世を終るのだろうか、何か、少しでも、わからせて頂く事は、出来ないのだろうか、そして、二月から先の私と、子供は、どうなるのだろうか、すべてが、不安な事ばかりで、肉体と、精神両方でただ苦しい毎日である。

三階の大家さんの荷物を、今日出してあるが、平成五年五月に、大家さんは身体丈で息子さんの所に行って有ったので、ここも何か、変り目に、来ているのだろう。一回目

一月一四日（日） はれ、ひえる。（13・9度）

恐しい気持になり、一日、一日が、近づいて来たが、二月の家賃は、おさめられないし、どんな風に、不動産に話したものだろうか、二月の年金は、半ばすぎだし、それまで、待ってやられるだろうか、それも、家賃の一カ月分しか年金はないので、又すぐ月末になるし、生活費も、きれいに、なくなってしまうし、だいたい、私と、子供は、どんなにして行くのだるか、不安で、不安でたまらない、一日も早く、解決しないのでしたら、早く、二人とも死なせて下さいお願いたします。

一月一五日（月） 大安、はれ、少しあたたかい。（19・9度）

ガス支払用紙きていた、965円、朝入っていた、土曜日にきていたのだろう。

朝、8時すぎスーパー。甘食⑧180、テンソバ②143×②286、オグラアン500g398⑤、食パン⑧135。（1028円）29円足す

うの花200円

一月一六日（火） はれたり、くもったり、あたたかい。（17・4度）

朝9時前、本町スーパー。ガス代965円、一月分、おさめた。始めて、スーパーで。ジャンボコーン②168×②336、カリントウ②188×②376、サッポロポテト②118×②236。（976円、28円足し）

本町のパン屋さん、食パン⑧103円。

一月一七日（水） はれ、ひえる、かなりひえた、（8・5度）

朝刊が入らない

朝刊が入らないので、公衆電話から、かけたけれども、八時すぎても、もってこられない。

朝8時すぎても、新聞を、もってこられないので、又、8時半すぎ、平和通りの文具店の前で、又、電話した。

朝、8時半すぎ、スーパー。甘食⑧180、カブキ揚⑫218、オグラアン500g398②、ソフトサラダ⑳168。（992円、28円足し）

かえってみたら、入れてあったのでホットした、お陰様で、有難うございました。
電話代（新聞）③30円
バターココナツ②240円

一月一八日(木) うすぐもり、冷える。（8・9度）

私の腰痛は、日に、日に、ひどくなる一方で、まっすぐ立っては歩けない、どこでも、まがったままでないと、歩けなくなって、しまった。

最後まで、歩けるのか、ぜん、ぜん、動けなくなるのか、今はまだ、分からないが、良なる方は、のぞみうすの様である。

邪魔に、勝って結果が、どうなるのか、そして、いつ勝つのかも、わからない。

二月の家賃を、払えないので、おい出されるだろう。

一月一九日(金) はれたり、くもったり、ひえる、夕方雪がふり出した。（5・5度）
先日の一月一七日(水)は、さん、ざんな日であった。朝刊が入らなくて、七時半頃公衆電話を、かけに腰痛を無理して、行ったのに、もって、こられない、又、公衆電話、こんどは、外の所で八時半すぎにかけに行って、やっと、来たが。
子供は、朝早く、おしっこに行って、中に入れないで両わきと、下に、びっくりする程の量のおしっこを、ふりまいて、新聞紙、五、六枚でも、すい取らないし、一〇枚くらいと、布でふいても、どうしても取れなかった。
そして、〈略〉の窓からは、車に處分する物を、どんどん、なげこまれてガラス、焼物、草花、ポリバケツのフタ、ヒモ、その他、びっくりする程、うちのヘイの内がわに、落したままで片づけもしないで行かれたので、手がつけられない程の状態で、ワレモノやガラスでキケンだからどうしようもない、業者の人達は、何回も、ヘイの内がわに入って、その様子は知りながら、自分達の道具を、おいたり、もって行かれた等で、よそに、迷惑かけても、何回顔を合せても、知らぬふりで、ひどかった。
年金の源泉徴収票がきた。
朝、10時すぎ、魚力、黒砂糖310、大根酢物298、ホームパイ五八枚378、かき餅398、天ソバ②110×②220、しょうが70。（1724円、50円足し）
私の年金源泉徴収票がきた。平成七年分512700円、国民年金、老齢年金、夕方、四時すぎ、きていた。

一月二〇日(土) 雪、かなりつもっている、冷える。（3・3度）
今日も又、三階の窓から、處分する物を、どんどん、車になげこんでいるが又、相変らず、うちのヘイの中に、いろんな物が、落ちてきている。一月一七日（木）の二回目の業者の人達が一番悪く、自分勝手な事ばかりして、行れた、今だに、そのまま。

一月二一日(日)　大安、はれたり、くもったり、ひえる。（8・9度）

朝、一寸顔そりした。

今、私は、大変な腰痛が、ひどいですけれど、どうか今日お買物に行かせて下さい、後になる程、ひどくなり行かれないかもわかりませんので。

朝、9時すぎスーパー。甘食⑧180、カブキ揚⑫218、トウフ83、ソフトサラダ⑳168、ハムと大根のサラダ190、福神漬118、チーズアラレ100g128。（1117円、32円足し）

お陰様で無事に、歩かせて頂き、無事にかえらせて頂きまして、有難うございました、途中も、るす中も、有難うございました。

私は、この頃は、お腹のすき通しが、ひどくて困る、実になる物がなく、かるい、お菓子丈だから、だろうが、食べても、すぐに又、食べたくなって困ってしまう、ご飯やおかずがないからだろうけれども、うちで、煮たいが、今、私が、出来ないので店で買うと、大変高いので、今のうちのお金は使えない、たまに、うの花など、一寸おかずを、買って来ても、後のお金の事を考えると、ハラ、ハラで、今後の生活でもつかえない。第一、二月の家賃を払えないので、おい出されて、どこに、行くのだろうか、区のお世話になっても、私と、子供は、運命が違うので、外の人同様には、うけられないで、かえって、苦しまねばならぬので、それも出来ない、どうして今後は、行くのだろうか、一日も早く死なさせて頂きたい、それが、お願いである。

懐中電気に電池、新しくかえた。㊅、ポケット用大きい懐中電気と、ポケット懐中電気の電池、新しく入れかえた。

一月二二日(月)　はれたり、一寸雨、くもったり冷える。（8・3度）

朝、九時少しすぎ、本町スーパー。カリントウ③188×③564、ジャンボコーン168、サッポロポテト118、ジュンボクアゲセン188、ゲンマイコマル㉚198、キネモチアゲセン188。（1466円、42円足し））

一月二三日(火)　はれたり、くもったり。（10・6度）

朝、10時すぎ魚力、味の楽園。おかき・あられ270g398×②796、ポタポタせんぺい二四枚185。（1010

円、２９円足し）
　昨年平成七年一一月二四日(金)よりお茶（抹茶入り玄米茶）２００ｇ３００円を、魚力で買っていたのを、平成七年一一月二四日(金)よりのみ始めて、今日までで終り、明日より、平成八年一月一三日(土)に本町スーパーで買った。宇治抹茶入り玄米茶１５０ｇ３００円をのみ始める。

一月二四日(水)　うすぐもり、時々はれ、冷える。（８・２度）
　今日より、お茶新しくのみ始める。
　今日は、主人の命日であるが、昨年一一月より、特別のお供えも出来なくて、フダン通りの私共と同じ食台で、すみませんでした、おゆるし下さい。
　今日はすみませんが、家賃の事で、不動産に、無事に電話で、ことわりの通知を、間違なく、かけさせて下さい、外に、方法もありませんし、二月の二〇頃に、銀行に、行かれても、一カ月の家賃を、払えればよい方で、外に方法がありません、何卒よろしくお願いいたします。
　朝一〇時すぎ、平和通りの文具店の前で、電話を、かけさせて頂き、不動産は、一応承知されました、お陰様で、今の所は、無事に、すまさせて頂きましたが、二月の家賃を、今月、月末に、もって行かないので、後は、どんな風になる事か、不安でなりません、すぐに、追出されるのか、再々、やかましく言ってこられるのか、何か問題が起るのか、一応、私の力で出来る丈の事は、これまでで、後は、もう人間的には、どうしようもありません、今日は無事に、電話を通じさせて頂まして、有難うございました、今後の事は、よろしくお願いいたします。
　文具店で、ボールペンのかえしん、青がなくて、黒を一本買った。６０円
　その足で、スーパー。オグラアン３９８③、ソフトサラダ⑳１６８、甘食⑧１８０、サイコロアゲ、ノリアジ１００。（８７１円　２５円足し）
食パン⑧１３５。（１３９円、４円足し）
うの花２００円
＜略＞に、電話代１０円
電気検針きた㉔１２２６円、引下げ４円、３時少し前にきた。
次は二月二一日

一月二五日(木)　大安、はれ、ひえる。（７・２度）
　今朝がたに近いときだと思うが、まだやすんでいる時に、私は、ねむっていたが、八年五月、八年九月と言う文句の感じを受けたが、何の事か、わからない。この時に、何かよくない事がおこるものか、何か、変った事があるのか、今までも、いろいろと、しらせは受けたが、何一つとして、わからぬ事ばかりである、自分の口をついて、言わせられた事は、現実に実現し

ているけれども。

一月二六日(金)　うすぐもり、大変ひえる。(6・2度)

昨夕の新聞に〈毎日夫人〉を入れてあったので、今夜は、集金にこられると、思って六時半すぎまで、起きて待っていたが、こられなかったので、今日は、もうこられないと思って、ねてしまっていたところ、朝(紙袋)が入っていたので、やはり昨夜、こられたのだろう、今日は、間違いなく、明るい内に、昼間でも、集金にきて下さい、夜は、具合が悪いのと、寒いので、おそくまでおきては、おりきりません、今日ぜひお願いたします。

一月二七日(土)　はれ、ひえる。(8・9度)

昨日、昼間に、新聞の集金にこられなかったので、夕方、腰痛を無理して、夕刊の配達に、こられるのを、何十回と、窓明けて、見ては、もどって、特別風が、つめたくて、長く窓をあけられぬので、やっと、四時頃、向えに新聞の入ったのを見たので急いで玄関に行って配達の人に、集金を、たのんだが、今日から明日かわからないと、言われたので、やっと、五時前に、やすみは、したけれども、思う様に、物事は解決しない、昼間でないと、私がおきておれないし、二五日は、無理して、六時半すぎまで、おきて、何回も玄関まで行って待ったが、こられないので、その後やすんだ所、朝、紙袋を、入れてあったので、やはり、後で、こられたのだとわかったが、うちは火の気がないので、今年の寒さは、特にこたえるし、私の腰痛はひどいし等、思う様に、行かない事ばかりで、すますものは早く、すまさないと、私は特別、気になる方だから、落付かなくて困る。

一月二八日(日)　はれ、ひえる。(9・3度)

昨夜も、集金にこられると思って、六時すぎまで、起きて待ったけれども、とうとう、こられない、毎日、毎日、寒いのに、夜おそくまでは、待てない、特に、私の腰痛がひどいので、早く、すませて頂きたい。

朝、一寸顔そりした。

今日も、買物にも出ないで、集金を、待っているが、お昼すぎてもこられない。

夕方、4時20分頃、やっと、新聞の集金こられてほっとした、(3850円)、お陰様で、無事にすまさせて頂きまして、有難うございました、ご心配ばかりおかけいたしまして、すみません、今後とも、何かと都合よく、はこばせて下さい、お願いたします。

ただ、二月分の家賃を、すぐには、おさめられません、これが、どんな風になるのでせうか、やかましく言ってこられて、追出されるのでせうか、それが心配です、それに、三月分からは、家賃も、生活費もありません、どんなに、私と子供は、なるのでせうか、行く所もありませんし、区役所に、たのんでも、私と子供は、生活できませんでせう、運命がちがうので、共同生活も出来ませんし、今後私と子供は、どんなになるのでせうか、不安でたまりません、私も子供も、病人ですし、どうしたらよいのでせうか、何卒お助け下さい、お願いたします。

1996年（平成８年）１月29日
～

覚え書き69

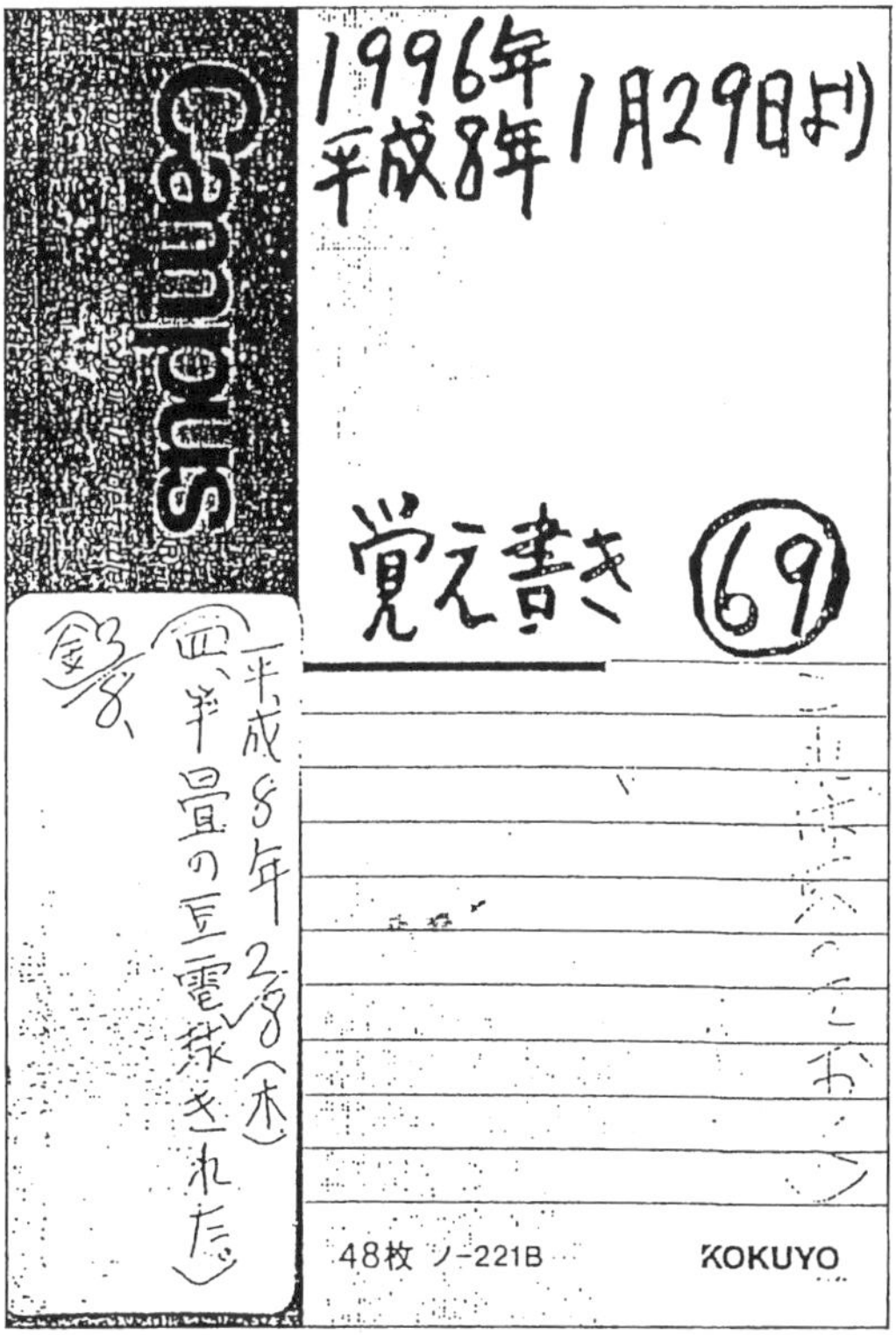

覚え書き(69)
一九九六年（平成八年）一月二九日より

平成五年四月一九日(月)　酉年
夕方、窓を開けて、外の草花をながめていた所。（只、一筋の心在るのみ）と、言う、文句がうかんで来た。

一九九六年、平成八年　子年

一月二九日(月)　はれ、ひえる。（11・6度）
朝8時半ころ本町スーパー。カリントウ88×②376円、サッポロポテト118×②236円、ジャンボコーン168×②336円（976円）28円足し

今から一一年前の昭和六〇年四月に今住んでいるこの池袋本町の家に、転宅して来て間もなくの五月に、（ここが最後、裸になる）と言う文句の感じを昼間、起きている時に、受けたが、

私はその時は、あまり気にもならなかったが、月日が経ち、年数が経つ内にだんだんと気になり出して来たが、この家に来た当時は、生活に必要品や足りない物等を買ったりしていたので、かなり品物等も増え、衣類等も買い足していたので洋服タンス、和ダンス、整理ダンスの大きいの二個と少し小さな小ダンスと押入用のタンス二個と押入れに入れる衣類入れ等、皆わりとぎっしりつまる程、衣類やシャツ類にいたるまで、それでも入りきらない衣類や、下着類は、作り付けの洋服ダンスにもかなりの品を入れる程、どうなり来た当座は、不自由しない程度に、上等ではないけれども、暫くの間は買わないでも良い様にそろえていたし、

ここに移って来たその日の昼食すますと同時に、子供は気分が悪いと言ってやすんだまま、未だに寝たぎり同様の生活で、主人と私は、来た当座から毎日、毎日病院通いをした上に、とうとう主人は六年間寝込まれた後、平成四年三月二四日に亡くなられてしまい、

主人が寝込まれた昭和六二年一月からだん、だんと邪魔のために、無駄金がどんどん出る様になり、この家に来た当座、言われていた（ここが最後、裸になる）との文句の通りになるのではないだろうかと不安な気持ちがいつもおこっていたが、

一方では、主人が亡くなられてから、私は前からの具合の悪いのが日に日にひどくなり出したし、子供も、一向に良くならないし、不安な気持ちは何時もしていたが、目の前の病気、病気で私はその方に気を取られて、何年とすごして来たが、ハッ

ト気付き出したのは、昨年一月一七日(火)から、私は何カ月も病気が直らない上に、今度は、七月三日(月)から又、ひどい病気になり、食事はいけないし、今まで食べていた物をぜんぜん受付ないので、変わった食事を、私はする様になり、

少しづつ、いけて来たので続けていたが、毎日、毎日の食費代がびっくりする様に出てゆき、八月三日(木)に又、新たに病気する等、次々と心配と苦しさでお金の事を考えるゆとりがなかったが、八月になって、残り少ないお金に気付き出したが、もうその時はおそく、食費を切りつめ、電気、ガス、水道とあらゆる物を節約できるかぎり、節約してもお金が足りなく、とうとう昨年一二月に電話を売ってやっと今のところは、食べつないでいるが、二月の家賃も払えないし二月中で、今のお金も全部無くなってしまうだろう。二月の年金を二〇日頃頂いても、年金全部が家賃の85、000円で上げてしまったら、一銭も残らない。

それに、子供が昨年寒くなるのと同時に、鼻水がひどく、ティッシュペーパーは、お金がないのでもうぜんぜん買えないので、衣類を次々と小さく切って使わせているがその鼻水がひどくて、毎日、毎日、小さくは切っていても、日に、シャツや衣類など、一枚分ぐらいづつ毎日使っているので、主人のワイシャツ、カーディガン、下着類、オープンシャツ、パジャマ等丈でも、四〇枚以上は、皆鼻ふき布や少しは掃除布などにも使ってはいるが、私のブラウス、ワンピース、下着類の新しいの等も三〇枚以上は皆子供の鼻ふき布に切って使わせているが、それでもまだ足りない。ここ何年か、衣類もシャツ類も買わないで、タンスはどれもだんだん空になって行きだした。

お金が二月まであればよいけれども、生活費や払物等で、どんなになる事やら、不安であるし、三月からの家賃と一銭もない状態でどうなるのだろうか、まさかタンスまで空同様の状態でどうなるのだろうか、まさかタンスまで空同様の状態になるとは思わなかったし、始めに言われた文句の（ここが最後、裸になる）との言われた通りになるのだろうか、

いよいよ後二日で二月に成るが、不動産がやかましく言ってこられるだろうし、追出されるだろうが、行く所がない上に、一銭もなくして、私と子供は、今後どうなるのかと、毎日不安でたまらない。

冷蔵庫は、非常用の水、少し丈で、食べ物は何一つ入っていない。空になったし、食器棚もほとんど空同様、押入等も空同様、いろいろと大事に取っていた品物もほとんどなくなってしまった。（裸になる）と言われて、心配はしていたが、お金丈でなく、何もかにもなくなってしまいそうであるが、私と子供は、どうなるのだろうか、日に、日に、不安がひどくなり出した。

私と子供はどんな運命をもっているのだろうか。今までが全

部、自分の考えではなく、(陰の力)で動かされて来たのに、何のために、私と子供は生きているのだろうか。

一月三〇日(火)　はれ、ひえる。(10・5度)

朝10時　魚力。おかき398円、ポタポタせんべい㉔185円、ビスケット220円、かきの種198円、しょうが漬70円。(1、103円)

本町パン屋。食パン⑧(103円)

明日は又、不動産に電話をかけさせて下さい。年金を受け取って、家賃をおさめさせて下さい。それまで不動産がやかましく言ってこられない様に、待ってもらうために電話をかけさせて下さい。問題になりませぬ様にお願いいたします。

電気支払用紙きた。1、226円　引下げ4円　夕方4時すぎ、きていた。

一月三一日(水)　大安　はれ、ひえる。(6・6度)

今日は、無事に不動産に電話を通じさせて下さい。どうか無理を言われませぬように、無事に承知して下さる様にお願いします。

朝10時出かけて、平和通り文具店の前の電話で、10時15分頃、不動産に電話して、すぐに通じて良い返事を頂きまして、有り難うございました。お陰様で、ご心配おかけいたしましたが、有り難うございました。

その足でスーパー。甘食⑧②180×②360円、ソフトサラダ⑳168円、ガムテープ198円、せんべい100円。(850円)24円足し

うの花200円

不動産に電話10円

電気代　郵便局で1、226円　一月分おさめた。

間違って70円多くもらってきてしまいました、すみません、近日中にかえしに行かなければ

二月一日(木)　はれ、ひえる。(6・1度)

二月二日(金)　はれ、特別風がつめたい。大変ひえる。(3・8度)

今日は、郵便局に先日知らずにおつりがないと思って、余分に頂きました70円を無事にかえしに行かさせて下さい。後で、問題がおきませぬ様によろしくお願いします。いつも次々と、ご心配をおかけいたしましてすみません。よろしくお願いします。

朝9時少し前、郵便局、先日一月三一日(水)の時の男の受付の人がおられたので、おつり70円を上げて、おわびのアイサツしたが感じよく受け取って頂きまして、有り難うございまし

た。何時も、何時もご心配やごくろうをおかけいたしまして、申し訳ございません、有り難うございました。
その足でスーパー。甘食②360円、トウフ（キヌ）①88円ソフトサラダ⑳168円、サイコロアゲノリアジ100円。（737円）21円足し
うの花200円

二月三日(土)　はれ、毎日きびしい寒さ。（8・9度）
私はとうとう風邪引いてしまった。先日からセキは出ていたが、昨日からは頭が痛く熱があって苦しい。今年はカーペットもないし火の気もないので寒くて、寒くてたまらない。何卒ひどくなりませぬ様にお願いいたします。

二月四日(日)　はれ、寒い。（8・9度）
私はとうとう風邪がひどくなって、土曜日からほとんどねたきりの状態で食事もいけない。

二月四日(日)　はれ、ひえる。（7・5度）
私は今日も具合が悪く食事がぜんぜんいけない。何か変わった物を食べたいが、いけるだろうか、心配である。

二月五日(月)　はれ、ひえる。（10・1度）
朝9時半頃スーパー。牛乳120円、ヨーグルト100×②200円、大根サラダ190円
三幸。ヤクルト⑤175円、アメ玉145円、おにぎり②200円。（854円）24円足し
お陰様で具合悪いのに無事に、行かさせて頂きまして有り難うございました。少しは食もいけました。
二月二日(金)に郵便局に余分に頂いたお金70円を一月三一日(木)の時の受付の男の人に70円だったですねと、念をおして返していたのに、今日手紙に70円多く渡しているからと書いた物が入っているが、先日の男の人は、受け取った事を誰にも言ってないのだろうか。
又、うちが70円余分に上げるのだろうか。フにおちない、なぜあの男の人は、だまっていたのだろうか。
又、明日にでも、郵便局に行ってはっきりとしなければ、出来ない。
ガス検針きた②1時少し前にきた。来月は三月五日

二月六日(火)　大安　はれ、ひえる。（9・4度）
今日は、郵便局のお金の問題を無事に解決させて下さい。お願いいたします。私が早とちりで、間違っていましたが、既に70円は返しておりますので又、70円上げねばならぬ事になりませぬ様に、よろしくお願いいたします。いつもご心配おかけし

てすみません。
朝9時半すぎ、郵便局へ先日、お金70円をお返しした男の人がおられたので、たずねたところ、手紙は入れちがいに出した、たしかに、お金は受け取っていると言われたのでほっとした。
お陰様で、無事すみまして有り難うございました。
その足でスーパー。ハムヤサイサンド（サンカク）①220円。（226円）6円足し
三幸で、いなりずし③（一コ40円）（120円）
私は、風邪が一向になおらない。夜通しセキもひどくて困る。頭痛、熱が取れなくて苦しい。
今月の年金の通知が無事に来ます様にお願いいたします。そして無事銀行から間違いなく、家賃代を引出させて頂き、無事に二月分の家賃をおさめさせて下さい。
もう今月で家賃も終り、生活費もなくなります。後はどうなるのでしょうか。不安でなりません。
水道の検針きた。⑤3、637円
子供も風邪で苦しんでいるが、ひどくなりませぬ様に、お願いいたします。頭痛、熱が少しある上に、子供の鼻水は、昨年の一一月、一二月頃からひどくて、この頃は、特別で布を紙がわりにオープンシャツ、下着類、ブラウス、ワンピース、シャツ、カーディガンと七〇枚、八〇枚と切って使わせているが、それもなくなってしまったし、紙は高いし困っている。私が具合わるく、布も切れない。

二月七日(水)　はれ、ひえる。（9・6度）
朝10時一寸すぎ魚力。わんぱくおかし⑳330円、ソバボーロ200円、ソバ①110円、うどん①110円、おぼろこんぶ145円、ミカン⑥340円、しょうが漬70円。（1、333円）28円足し
私も子供も気分が悪く、長い事、同じお菓子ばかりで食事をしてきたが、どうもいけなくて、何か変わったものをほしくて仕方がない。ミカンを初めて食べた。
昨年からほとんど果物は食べていない。お金をしまつして、よくないけれども、不安だから。
平成八年二月分の年金の通知書がきた。
年金の平成八年二月分の通知書がきた。
85、650円　夕方きていた、四時すぎに。
お陰様でご心配おかけいたしておりました今年二月の年金の通知書が参りました。有り難うございました。
後は無事に銀行に行かさせて頂きまして、無事に二月の家賃をおさめさせて下さい。お願いいたします。

二月八日(木)　はれ、ひえる。（8・7度）

子供は、今朝は目まいまでして、気分わるくおそばとミカンを食べた丈で、食事もすすまず、寒気がするとて、大変苦しんでいる。ひどくなりませぬ様にお願いいたします。

平成八年度申告書きた。

朝9時頃より、平和通りの八百屋さんにゆき、ミカン⑳500円。（500円）

スーパー。ハムヤサイサンド①220円。（226円）6円足し

三幸。イナリズシ③一コ40円。（120円）

平成八年度の区民税申告書がきた。

夕方四時近く、四畳半の豆電球がきれた。

二月九日（金） はれ、ひえる。（11・1度）

朝一寸顔そりした。

朝九時半前スーパー。カップテンプラソバ230円、マルゴトバナナ180円、封筒用切手①80円（申告用）。（502円）12円足す

子供は今朝も目まいがして、気分悪く食事もあまりいけないで困っている。ひどくならぬとよいけれども、今、子供が入院とか死ぬ様な事があったら、私はどうなるのだろうか。誰一人、相手になる様な人もいないし、生活費もない状態でどんなにして生きていくのだろうか。ただ、毎日が不安である。

二月一〇日（土） はれ、ひえる。（7・2度）

子供は今朝は少し食事がいけたので、ほっとしている。私は、頭痛、熱が一向に取れないで食事がすすまない。

朝10時　魚力。ソバ110×④440円、わんぱくおかし330円。（793円）23円足し

本町パン屋。玉子パン100円、野菜サラダパン100円、食パン⑧100円。（309円）9円足し

お昼より申告書の下書きを始める。

申告書の下書き丈は出来たが㊞はまだ、返信用封筒に住所、名前をかき、切手もはった。差し出す封筒に住所、名前を書いた。

本式の書類には㊞を忘れずにおすこと。年金のハガキをはること、良くしらべた上でテープで封をして〆をかくこと。書類と返信用封筒入れる。日付を忘れずにかく事。子供の扶養家族の名前、年令、長男、同居

二月一一日（日） はれ、ひえる。（9・9度）

二月一二日（日） 大安　はれ、ひえる。（13度）

今朝、ガス代支払用紙が入っていたが、一〇日の（土）にきていたのだろう。965円

朝から本式の書類申告書にかき込んだ。一通りお陰様で、書

いた様ですが、間違いがありましたら、お知らせ下さい。㊞も(日付)もハガキも年金のをはりつけた。封筒もかいて、切手もはっている。

お陰様で、無事かかせて頂きまして有り難うございました。無事につきます様、問題がおきませぬようよろしくお願いたします。

二月一三日(火) はれたり、うすぐもり、少しあたたか、少しひえる。(15・1度)

朝、九時少し前郵便局、ガス代二月分おさめた。965円その足でスーパー。サンカクムシパン100円、ソフトロールチョコ88円、サイコロアゲセン100円。(二九六円)8円足し うの花200円

二月一四日(水) はれ、あたたかい。(20・9度)

どうか一九日(月)は、無事に銀行に行かさせて下さい。二月分の家賃を無事おさめさせて下さい。

朝10時 魚力。ソバ110×④440円、クッキー180円、ソバボーロ200円、わんぱくかし⑳330円、とろろこんぶ145円、しょうが漬70円。(1、405円) 40円足し

本町パン屋。食パン⑧100円、玉子パン90円、サラダパン90円。(288円)

二月一五日(木) はれ、うすぐもり。あたたかい。(14・7度)

何卒二月分の家賃を無事におさめさせて下さい。後の三月分の家賃と生活費はぜんぜんありません。どうしたらよいのでせうか。

二月一二日(月)に申告書の本式を書かせて頂いておりましたのを、今日封をさせて頂きました。二月一八日(日)に無事に出させて下さい。

無事に着きます様に、無事に返信封筒も参ります様にお願いたします。二月一八日(日)は大安だから、出させて頂きます。今後、私と子供はどうなるのでせうか。三月の家賃を上げないではこのままおられませんでせうが、外に行く所もありませんし、生活費は今月でなくなってしまいますでせう。

のまず食わずで死なせて頂ければ、それが今の私共には一番良いのですが、すぐに死ねなくて困ります。

水道代支払用紙きた(3、637円)夕方3時半すぎにきていた二月二六日(月)までに、おさめること。

二月一六日(金) くもり、雪まじりの雨、ひえる、かなり冷える。(7・4度)

朝、一寸顔そりした。

朝、9時すぎスーパー、白飯210、チョコクリームサンド100、サンカクムシパンシロ100、福神漬118、アメ玉145、豆腐88、サイコロアゲセン100。（886円）25円たし

二月一七日(土)　雪、大雪、ひえる、大変ひえる。（2度）
朝、8時すぎ、本町スーパー。カリントウ188、スナックアラレ128。（325円）9円たし
明日は、申告書を無事に出させて下さい、無事に着きます様返信封筒も無事にきます様、よろしくお願いたします。買物も途中無事に、るす中もよろしくお願いたします。
一九日(月)は、何卒無事に、銀行に行かせて頂き、年金のお金を二月の家賃代に引出させて下さい、無事に、歩いて行かせて下さい、るすも、よろしく、お願いたします。無事にかえらせて下さい。

二月一八日(日)　大雪　大変ひえる。（2・8度）
今日は申告書も出して、買物も、ゆくつもりにしていたが大雪で行けない。明日は、どんなにしてでも、銀行に行かせて頂かないと、又、次々と、雪としてあるので、無事に明日は、二月分の家賃分としてのお金を、引出ささせて下さい、お願いたします。

二月一九日(月)　はれ　ひえる。（4・5度）

どこも氷ついてあぶない。

お陰様で、今日は、無事に、銀行に行かせて頂き、お金も無事に引出させて引きまして有難うございました、途中も無事に、歩かせて頂き、るすの子供も有難うございました。

毎日、この頃は、悪い夢ばかり見ているので、今日行ったものか、大分まよった末思いきって雨グツはいて出かけた。

朝、9時少し前に車で北口までのって、後は歩いて、銀行にゆき、年金の記入と8、608円全額引出させて頂いた、これで明日は、二月分の家賃を無事に、おさめさせて下さい、ご心配おかけいたしましたが、有難うございました。

区民税の申告書を出した。

昨日申告書を、出すつもりにしていたが、大雪で、行けなくて、今日銀行をすませて、西武前の、ポストに、入れさせて頂きました、よろしくお願いたします。

太子堂で、ヒナアラレ②200×②400、饅頭⑥50×⑥300、おかき390、せんぺい③200×③600、クシダンゴ⑤200、（1、947円）

タクシー650円

二月二〇日(火)　はれ　きびしい毎日のひえ方。(5・7度)

今日は、何卒(二月分の家賃を、無事に、おさめさせて下さい。何回も、行かなくて、すみます様に、よろしくお願いいたします、腰痛が、ひどくて、歩けませんので。

今後の事が、どうしてもわかりません、よろしくお願いいたします。

朝、10時頃、不動産に行ったが、外出の由で、大分待った後に、かえってきた。

かえり魚力で、しそこんぶ195、しょうが漬70×②140、そば②110×②220、わんぱくおかし330、おかき398(1、321円)38円たし

12時すぎより郵便局に、水道代3、637円、一月、二月分おさめた。

郵便局に行く前に、文具店で、不動産に電話したところ、出かけるので、3時頃にとの事で又、そのころ行くことにしているが、今度は何卒無事に、おさめさせて下さい、お願いいたします。

小林で、バターココナッツ②(240円)

電話代　10円

本町パン屋(309円)

3時前に、出かけて、おられたので、すぐに、二月分の家賃を上げて、かえってきた、お陰様で、無事に、二月分は、すませて頂きまして、有難うございました、今後の事何卒、よろしくお願いいたします。

かえりに本町スーパーで、宇治抹茶入り玄米茶150g300円のを買った。カリントウ②188×②376。(696円)20円足し

二月二一日(水)　はれ　ひえる。(7・6度)

朝、10時前魚力、天ソバ④110×④440、わんぱくおかし⑳330、とろろこんぶ145。(942円)27円足し

二月二二日(木)　はれ　ひえる(7・5度)

昨日、電気の検針がくると、一日待ったがこないので、今日かと思っていたところ、よその紙が、とんできて、やわり、昨日来ていたが、うちはいつも家に入れられるからと待っていたが、人が代って、家に入れなかったのだろう、今まで、十年以上、一度も、こんな事はなかったのに、何か、よくない事が、おこらねばよいが、

私は、毎日、お金の事で、不安な毎日丈に、はっきりとした事を、しりたいが、だめだった、何回も、さがしに行ったが、みつからない。

二月二三日(金)　はれ　ひえる。(9・5度)

朝一寸、顔そりした。
朝、9時すぎ、スーパー。チョコクリーム100、イチゴブレッド100、チーズアラレ128、アメ玉145。(487円)14円足し
三幸。いなりずし⑤40×⑤200。(200円)
うの花(200円)

二月二四日(土) はれ ひえる。(10・3度)
今日は、主人の命日だけど、一一月から、とうとう、別のお台に、お供えが出来なくなって、毎日の私共と一緒の、お供えになってしまってすみません。
私は、すべて、出来なくなってしまいました。身体が悪いためばかりではなく、何かがあるのだろうか、何もかも、やめてしまっている。仕様にも、されない状態で、今後、どうなるのだろうか、
三月の家賃がやれない丈でなく、生活費が、ぜんぜんないので、食べて行けないし、ガス、電気、水道、新聞なども全部おさめられない。
朝10時前、本町パン屋、食パン⑧100。(103円)
その足で、魚力、天そば④110×④440、おかき398、黒パン⑩140、わんぱくおかし330、おばぼしろ200、しょうが漬70。(1、625円)47円足し

二月二五日(日) はれたり うすぐもり ひえる。(9・1度)

昨日夕刊に毎日夫人を入れられ、後で、紙袋もいれてあったが、今日集金にきてもらうと、助かるけれど、電気の支払用紙も、間違なくきます様に、お願いたします。

区民税申告書の返信用封筒が、昨日きていたのだろう、二月一九日(月)に出していたので、お陰様で無事にすまさせて頂きまして有難うございました。

平成八年一月二四日(水)よりのみ始めていたお茶が、今日までで明日より又、宇治抹茶入り玄米茶を、のみ始める。

お昼、1時頃、毎日新聞の集金きた 3、850円、お陰様で、次々と、すまさせて頂き有難うございます。どうか、電気代も無事に、すまさせて下さい、お願いたします。


二月二六日(月) はれ ひえる。(10・9度)

二月二七日(火) うすぐもり ひえる。(9・1度)
今朝は、又、不動産に、電話を、無事に、かけさせて下さい、結果が、悪くなりませぬ様に、今、私共は、どうしたら、よいかが、わかりません、どうか、通じます様に、お願いたします。
電話代 10円
朝、10時少しすぎ、平和通り文具店の前で、不動産に電話

した、無事に、すませて頂きまして有難うございました。
その足で、スーパー、チョコクリームサンド100、フランスパン130、サンカクムシパンクロ100、トウフ88、チーズアラレ。（562円）16円たし
うの花（200円）

二月二八日(水) はれ 少しあたたかい。（13・3度）
朝10時近く魚力、天そば④110×④440、ビスケット228、おかき398、わんぱくおかし330、（1、437円）41円足し
電気支払用紙きた。⑲1、137円
夕方3時半すぎに来ていた、お陰様で、支払用紙も無事にきました、ご心配おかけいたしておりましたが、有難うございました。
どうか、三月も、新聞を見させて下さい、外に、何一つ分かる事が、出来ませんので、何卒、忘れないで、入れて頂きます様、勝手な、お願いですけれども、他に、方法がありませので、よろしくお願いいたします。

二月二九日(木) 大安 はれ いく分あたたかい。（12・4度）
朝、9時前郵便局電気代、二月分おさめた。1、137円
その足でスーパー、チョコクリームサンド100、福神漬118、サンカクムシパン②100×②200。（430円）12円足し
お陰様で、今月も皆支払なども、無事に、すませて頂きまして、有難うございました、今後の事は、どんな風に、したら、よいのでせうか、すべてが、終りになってしまいました、
いよいよ、明日から三月になりますが、第一、家賃を始め、ガス、電気、新聞、水道などは、どうなるのでせうか、
今やっと、食べさせて頂いているのも、後、何日もは、ないでせう、毎日、子供も、私も、実になる物やおかず等、食べていませんので、かるいスナック菓子や、せんぺい、ビスケット等でこの頃少しパンや、ソバなど頂いていますが、すぐにお腹がすいてしまって、苦しくガマン出来ない状態で、つい、つい、後日の分まで、食べるなど、もう何年もですから、ひもじさは、たまらぬ程です。
子供と、私は、今後、どうなるのでせうか、心配と、ひもじさで、どうしたらよいか、わかりません、お助け下さい。

三月一日(金) 私は、髪の後と横を切った
雨 後少しひえ 後はれ 少しあたたかい。（12・8度）
私は、髪の後と、横を切って、お湯でふいた。お陰様で、何か月ぶりで、すっきりと、気持よくなりました。有難うござい

ました。
いよいよ、私共は、最後の月になりました、食事も、後何日かで終りです、後は、どんなにしてゆくのでせうか、毎日、毎日、不安でたまりません、どうぞ、教えて下さい、どうぞ、お助け下さい、お願いいたします。

三月二日(土) はれ 少しひえる。(11・5度)
朝、一寸顔そりした。
朝、10時頃、魚力、天そば④110×④440、わんぱくおかし330、おかき②298×②796。(1、612円)
46円足し
かえって今度はスーパー、コッペパンジャムとマーガリン88、サンカクムシパン、白、黒200。(296円)8円足し

三月三日(日) はれ 少しひえ 少しあたたかい。(9・6度)
子供は散髪した
子供の散髪と、ヒゲ切りをした、電気カミソリも使った、お陰様で、無事にさせて頂きまして、有難うございました。
子供はパンスかえた。

三月四日(月) はれ 少しひえ、少しあたたかい。(11・5度)

三月五日(火) はれ 風がつよく、冷えがひどい。(8・1度)
ガス検針きた。
朝、9時頃、スーパー、サンカクムシパン、白、黒100×②200 コッペパンツブアンマーガリン100。(309円)
9円足し
お陰様で、今日まで、いろいろと、買物を、させて頂きまして、有難うございました、今日で、食べ物の買物も、全部終りました、残金は(28円)で、これ丈が全財産です。後、二、三日で、食べ物も全部なくなります、後、子供と私は、どうなるのでせうか。

三月六日(水) はれ ひえる。(10・7度)

三月七日(木) はれ ひえる。(10・6度)
いよいよ、子供と、私は、後、二、三日で、食べ物はなくなってしまう。この頃は、早くより、少しずつ食べて、日数を、のばす丈、のばしてきたが、もうこれ以上、少なくしては、今までが、お腹はすき通しで、子供も、私も、苦しい毎日を、すごしてきたが、もう限度以上に、毎日の食事は、ひかえ通しで、子供は、今日までのばしてきたソバ(一つ丈あったそば)に、小さなうすいせんぺい二枚や、小さなお菓子等で、すまさせたが、私も小さなうすいせんぺい二枚と、小さなお菓子を少し丈

で、それを、朝少し食べて後で夕食がわりに食べる様に残して、毎日、それ丈で、すましているので、苦しくて、苦しくて、たまらない、

何一つ、食べ物が、無くなって、しまったら、後どうなるのだろうか、お茶も後少しで買う事が出来ない。私と、子供は、どんな運命を、持っているのだろうか、五十年以上、特別苦しんで来た結果が、食べ物まで、なくなるとは。

三月八日(金) 雨 ひえる。(6・2度)

私は、まだフトンに、やすんでいた、朝5時すぎ頃、サバイバルと言う文句を感じたが、意味は、ぜん、ぜん、分からない、新聞か何かでよんだ事はある様だけど、自分勝手に、昔に返ることだろうぐらいに、解釈していたが、

英語の書いてある物を、みつけて、私の間違っていた解釈が、わかったけれども、私共の現状の苦しみや、食事をされない、毎日の状態に対して、言われたのだろうか。

サバイバルとの意味(こころ。わけ。意義)は、異常事態のもとで、生き残ること。生き残り術。異常(普通とちがう)事態(ことがらのありさま 術(わざ。はかりごと。てだて。手段。方法。魔法)

私共は、もう長い間、まともな食事を、していない上に、子供も、私も、一寸丈のお菓子で、一日を、過ごしているが、無理に、日数をのばしているので、いよ、いよ、明日か、明後日が、私共の食事の終りになる。毎日、毎日、子供も、何かほしい、も少しほしいと言うのを、ガマンさせてはいるが、私自身も、子供より、大分少なく食べているので、その苦しさは、たまらない。

きれいに、食べ物が、なくなった後は、お茶丈で、毎日何も食べられないが、そのお茶も、後少し丈になってしまった。(28円)丈、残しているが、これでは、何一つ買えない。子供が、すいじゃくして、死ぬのではないかと、それが心配である。

子供と、私は、後、どんなにして行くのだろうか、いくら考えても、分からない。

区役所等に、たのんでも、私共は、まともには、世話してもらえないし、どんな所に、やられて、共同生活をしなければ、出来ないかを考えると、子供も私も病気で苦しんでも、だれも、分かってもらえそうにないので、今の自由のきく生活のままで、二人共、死なせて頂きたい、

ただ、子供一人丈先に死んだら、どうしようかと、それが、心配である。二人共一緒に死なせて下さい。

三月九日(土) はれ ひえる。(13・1度)

昨日、サバイバルと言う文句を、教えて頂きましたが、今の

私共の異常事態の中で生き残るには、どんな方法を、したらよいのか、ぜん、ぜん、分かりません、明日までで、食べ物は、何一つ無い状態になります、今、毎日、少しずつ、お菓子丈を頂いて、おりましても、お腹が、すき通しで苦しい毎日です、

後は、お茶丈で、毎日すごさねばならぬ状態でそのお茶も、後、何日分と、すべて口に、する物は、きれいに、無くなります、

昨年八月までで、私共は、生活は、終りと、思っていましたのに、今日まで、続けさせて頂きましたのは、有難うございますが、子供は、生まれた時から邪魔を受け、二〇年以上の病人生活で、私も、四〇年、五〇年と普通でない生活を、させられて、きました上に、ここ一〇年くらいは、病人生活の上に、精神的にも、苦しみ通しの毎日で、特に、一昨年平成六年からの、病気、病気と、続いた上に、一方では、お金の心配を、仕通しで、子供と、私は、何時まで、こんな苦しみを、続けねば、ならぬのでせうか、

私の今までの因縁の結果でしたら、当然の事だと思いますが、邪魔を引受けた結果の苦しみでしたら、人間的には、どうする事も出来ません、

なぜ、私共は、こんなにひどい苦しみを、何十年と、しなければ出来ないのでせうか、小さい時から、いろ、いろと教えられ、又、人の口を、借られて色んな事を、聞かさせて、来ましたのは、皆、邪魔の、しわざだったのでせうか、

四二年前は、突然に、宣言させられて、大勢の人々を、助けさせられたのは、あれは、何んだったのでせうか、欲等は、一度も起しておりません、自分の考えでは、何一つ、仕て来ておりません、

自然の状態、陰の力の持主のされるがままで、今日まで来ました結果は、普通でない、苦しみの生活を、続けて、何十年と、二一年前に、教えられましたが、（ここが最後、裸になる）と、言う文句を、言われた通りに、悪い方はハッキリと、現われて、品物も、お金も、無くなって、しまいました、

今まで、色、色と、教えられ、感じさせられた事が、皆、本当の事でしたら、一昨年五月二七日（金）に、言われました、（ここが最後、裸になる）との文句を裏返しされて、（この世の終り）と、知らせられましたのは、現実の（世の中の終り）とは、現状では、今すぐは、有りそうにも思えませんし、この言われた事は、子供と、私が、（この世の終り）ではないだろうかと、思う様になりましたし、又、この家に転宅して来ました翌年に、家には入らないと、私の口から言っておりますが、

裸になるとは、（負担が無くなる）、（身軽くなる）、（体が軽い）、（心が晴れる）、（心がさっぱりする）、等と、自分では想像出来ない文句を、書かせられて、おります等、どうも、今の私共に、あてはまる事ばかりだと、思ってはおりますが、邪魔

のために、（最後の最後）まで、分からない様にしてあると、これも四二年前に、知らせてありますが、その最後の最後とは、何時の事でせうか、

私共、自身が、もう食べ物が無くなってしまったとは、これ以上は、生きておられませんし、現在の私共自体が、もう最後の時が来たと、思っておりますのに、（最後の最後）丈が、まだ先、先に、なるのでせうか、教えて頂いて来ました事が、総て、本当でしたら、どうか、苦しんで来ました、

私共に、訳を教えて下さい、役に立たない、私共が、何時まででも、生きて、ご心配を、おかけしたり、世の中に、迷惑をかけるよりも、一日も早く、子供と私は、死なせて頂きとうございます、本当に、もう私共の最後は、目の前まで来て、おります、

何も、良い目を受けたいとか、特別に成りたいとか、子供も、私も、望んではおりません、平凡な一生を送らせて頂けなかったのは、何か私共に、原因が、有りましたのでせう、最後に、不足ばかり、のべまして、申しわけございません、

何十年と、お世話になりました、有難うございました、

何一つ、世の為や、人のためには役立つ事も出来ませぬままで、多くの人々のお世話になり、特に、神々様には、何時も、ご無理な、お願いや、お助けばかりを、一方的に、お願して参りまして、本当に、ご迷惑ばかりを、おかけ致して来ましたが、何時も、都合よくして頂きまして、本当に、有難うございました、ただお礼を申します丈ですが、おゆるし下さい、

書きます時は、何時も心配事ばかりで、すみませんでした。

三月一〇日（日）　はれ　ひえる。（11・7度）

今日までで、私共の食事は、終りと思っていたところ、子供が、明日から、お茶丈では苦しいからとて、毎日うすいせんぺいを、三枚食べているのに、一枚明日のに残すと言って食べないで、残したが、私は、毎日、一枚のせんぺい丈を、朝と、後からとの二回にわけて食べているので、明日に残す物がない、子供は、毎日、ひもじいのを、じっと、ガマンして、不足も言わないし、気げんも悪くしてないので、大変、助かるが、今後の事が、不安である。

朝、一寸顔そりした。

かえって、私は、この頃のひもじさは、苦しくて、苦しくて、以前は、少し、しか食べなくても、どうもなかったのが、この頃のひもじさは、本当にひどくて困る、

後、きれいに、なくなったら、気が狂うのではないかと、思う程、私は、毎日、毎日が、何んでもよい（食べたい）、（食べたい）と、言う気持で、何時も、頭から食べ物の事が、はなれなくて困る、なぜ、こんなになったのだろうか、二〇才の頃は、三年間、ほとんど、私は、食事はしなかったが、ぜんぜん、ど

うもなかったのに。

三月一一日(月)　はれ　ひえる

とうとう、今朝までで、私共は、食事が終った。明日からは、何一つ、口にする物がない、少し丈、お茶の残りがあるが、ただ、お茶丈を毎日、のみつづけられるだろうか、

子供も、私も、この頃は、まね方の量のお菓子を、毎日食べている丈で、子供も、私も、身体が、きつくて苦しい、

私は、その上、頭痛、熱で、苦しいのを、ガマンしているが、第一起きる事が出来るだろうか、もう長い間、昨年一月一七日(火)からの病気が、直らない上に、次、次と、病気、病気が、その都度、新しくおこって、私は、(ふらつき)が、どうしても、取れない、夜、フトンに、休んでからは、一寸横を向いても、ふらつくので苦しい、

これは、もう一年以上から、取れなくて、困っているが、どうしようもない、私は、今朝、夢の中で(歯が、全部ぬけた夢)を見ているが、これは身内に死人がある知らせと、聞いているので、子供が、先に、死ぬのではないかと、心配である。一緒に、死なせて頂きたい、後に残った者が、不幸だから。

新装版 **池袋・母子餓死日記** 覚え書き（全文）

2017 年 12 月 20 日　新装版　発行

編　者　　公人の友社
発行人　　武内　英晴
発行所　　株式会社 公人の友社
〒 112-0002　東京都文京区小石川 5-26-8
ＴＥＬ ０３－３８１１－５７０１
ＦＡＸ ０３－３８１１－５７９５
Ｅメール　info@koujinnotomo.com
ホームページ　http://koujinnotomo.com/

ISBN978-4-87555-810-1　C0030

福島インサイドストーリー

役場職員が見た原発避難と震災復興

編著 今井 照・自治体政策研究会　定価（本体 2400 円＋税）

ISBN978-4-87555-690-9

東日本大震災と東京電力福島第一原発事故発生時に被災地自治体職員はどう行動し何に苦しんだか。富岡町、南相馬市、会津美里町、国見町の職員による生々しい証言の記録。

第１章　原発非難のリアル
第２章　分断自治体のリアル
第３章　自治体連携のリアル
　　　　―自治体はいかにして地域住民を守ったのか―
第４章　震災と庁舎復旧　―福島県国見町の経験を踏まえて―
第５章　自治体職員と役場のレジリエンス

「質問力」でつくる政策議会

土山希美枝（龍谷大学教授）　定価（本体 2500 円＋税）　ISBN978-4-87555-803-3

第Ⅰ部　政策議会―政策議会と一般質問
　第１章　都市型社会の「政策議会」
　第２章　「議会改革」の潮流と本質
　第３章　政策と一般質問
第Ⅱ部　一般質問の質問力を高める
　第４章　一般質問の機能としくみ
　第５章　一般質問の現状と課題
　第６章　質問力をあげる（１）　論点をみがく
　第７章　質問力をあげる（２）情報で支える
　第８章　質問力をあげる（３）登壇の前から後まで
第Ⅲ部　政策議会と自治のすがた
　第９章　質問力から議会力へ
　第 10 章　政策議会の政策資源
　第 11 章　市民の政府としての政策議会

増補 自治・議会基本条例論　自治体運営の先端を拓く

神原　勝（北海学園大学教授・北海道大学名誉教授）　定価（本体 2500 円＋税）

生ける基本条例で「自律自治体」を創る。その理論と方法を詳細に説き明かす。7 年の試行を経て、いま自治体基本条例は第 2 ステージに進化。めざす理想型、総合自治基本条例＝基本条例＋関連条例

プロローグ
Ⅰ　自治の経験と基本条例の展望
Ⅱ　自治基本条例の理論と方法
Ⅲ　議会基本条例の意義と展望
エピローグ
条例集
　1　ニセコ町まちづくり基本条例
　2　多治見市市政基本条例
　3　栗山町議会基本条例

自律自治体の形成　すべては財政危機との闘いからはじまった

西寺雅也（前・岐阜県多治見市長）　四六判・282頁　定価（本体2600円＋税）

ISBN978-4-87555-530-8

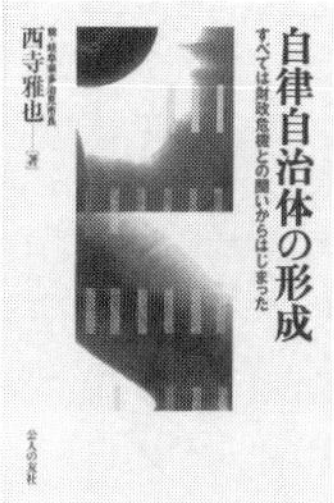

多治見市が作り上げたシステムは、おそらく完結性という点からいえば他に類のないシステムである、と自負している。そのシステムの全貌をこの本から読み取っていただければ、幸いである。
（「あとがき」より）

Ⅰ　すべては財政危機との闘いからはじまった
Ⅱ　市政改革の土台としての情報公開・市民参加・政策開発
Ⅲ　総合計画（政策）主導による行政経営
Ⅳ　行政改革から「行政の改革」へ
Ⅴ　人事制度改革
Ⅵ　市政基本条例
終章　自立・自律した地方政府をめざして
資料・多治見市市政基本条例

フィンランドを世界一に導いた100の社会政策

フィンランドのソーシャル・イノベーション

イルッカ・タイパレ-編著　山田眞知子-訳者

A5判・306頁　定価（本体2800円＋税）

ISBN978-4-87555-531-5

フィンランドの強い競争力と高い生活水準は、個人の努力と自己開発を動機づけ、同時に公的な支援も提供する、北欧型福祉社会に基づいています。民主主義、人権に対する敬意、憲法国家の原則と優れた政治が社会の堅固な基盤です。

‥‥この本の100余りの論文は、多様でかつ興味深いソーシャルイノベーションを紹介しています。‥フィンランド社会とそのあり方を照らし出しているので、私は、読者の方がこの本から、どこにおいても応用できるようなアイディアを見つけられると信じます。

（刊行によせて-フィンランド共和国大統領　タルヤ・ハロネン）

公共経営入門　―公共領域のマネジメントとガバナンス

トニー・ボベール／エルク・ラフラー-編著　みえガバナンス研究会-翻訳

A5判・250頁　定価（本体2500円＋税）

ISBN978-4-87555-533-9

本書は、大きく３部で構成されている。まず第１部では、ＮＰＭといわれる第一世代の行革から、多様な主体のネットワークによるガバナンスまで、行政改革の国際的な潮流について概観している。第２部では、行政分野のマネジメントについて考察している。………本書では、行政と企業との違いを踏まえた上で、民間企業で発展した戦略経営やマーケティングをどう行政経営に応用したらよいのかを述べている。第３部では、最近盛んになった公共領域についてのガバナンス論についてくわしく解説した上で、ガバナンスを重視する立場からは地域社会や市民とどう関わっていったらよいのかなどについて述べている。　　　　（「訳者まえがき」より）

介護保険制度の強さと脆さ　2018年改正と問題点

編著 **鏡諭**（淑徳大学教授）企画 **公益社団法人東京自治研究センター**

定価（本体2600円＋税）　ISBN978-4-87555-699-2

たび重なる厚労省による対処療法的な制度改正は、自治体現場の思考停止と中央集権的な政策依存体質を招いている。本書は、介護保険の理念を再度ひもとき、これからの介護保険制度のあり方を、議論するために企画したものである。

第Ⅰ章　介護保険制度　―2018年介護保険改正と問題点―
第Ⅱ章　地域包括ケアシステムは可能か
　　―総合事業と地域包括ケアの市町村対応―
第Ⅲ章　介護保険　―これからの10年でできること―
第Ⅳ章　ねりま介護保険問題研究会　―事業所の取り組み―
第Ⅴ章　共助のまちづくりシンポジウムと市民協働
第Ⅵ章　オール西東京モデルの構築を目指して
　　―西東京市の地域包括ケアシステム構築に向けた取り組み―

自治体政府の福祉政策

加藤　良重著　　A5判・238頁　定価（本体2500円＋税）　ISBN978-4-87555-541-4

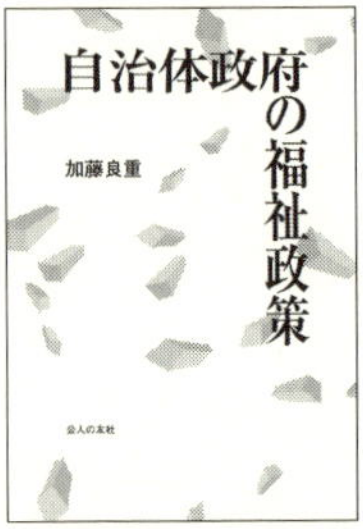

本書では、政府としての自治体（自治体政府）の位置・役割を確認し、福祉をめぐる環境の変化を整理し、政策・計画と法務・財務の意義をあきらかにして、自治体とくに基礎自治体の福祉政策・制度とこれに関連する国の政策・制度についてできるかぎり解りやすくのべ、問題点・課題の指摘と改革の提起もおこなった。

第1章　自治体政府と福祉環境の変化　第2章　自治体計画と福祉政策
第3章　高齢者福祉政策　第4章　子ども家庭福祉政策
第5章　障害者福祉政策　第6章　生活困窮者福祉政策
第7章　保健医療政策　第8章　福祉の担い手
第9章　福祉教育と福祉文化　＜資料編＞

鴎外は何故袴をはいて死んだのか

志田　信男著　四六判・250頁　定価（本体2500円＋税）　ISBN978-4-87555-540-7

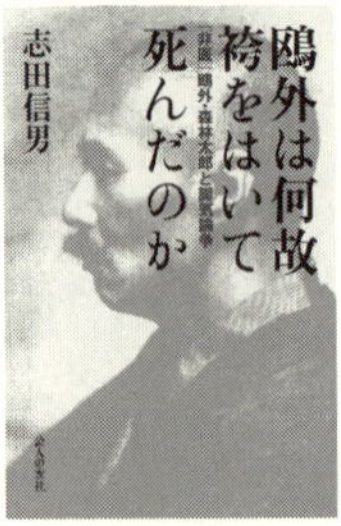

「医」は「医学」に優先し、「患者を救わん」（養生訓）ことを第一義とするテクネー（技術）なのである！

陸軍軍医中枢部の権力的エリート軍医**「鴎外」は**「脚気病原菌説」に固執して、日清・日露戦役で3万数千人の脚気による戦病死者を出してしまう！

そして手の込んだ謎の遺書を残し、袴をはいたまま死んだ。何故か！？

その遺書と行為に込められたメッセージを今解明する。